致力于中国人的心灵成长与文化重建

立　品　图　书 · 自觉 · 觉他
www.tobebooks.net
出　品

灵魂的事

一个中国人写下的最光彩灿烂的随笔经典……

Think On Soul

史铁生 著

天津教育出版社
TIANJIN EDUCATION PRESS

图书在版编目（CIP）数据

灵魂的事 / 史铁生著 . —天津：天津教育出版社，2010.4
ISBN 978-7-5309-6013-4

Ⅰ . ①灵…　Ⅱ . ①史…　Ⅲ . ①散文—作品集—中国—当代　Ⅳ . ① I267

中国版本图书馆 CIP 数据核字（2010）第 054688 号

灵魂的事

出版人　胡振泰

作　　者　史铁生
责任编辑　王轶冰
装帧设计　成　劼「北京大诚艺术设计机构」

出版发行　天津教育出版社
天津市和平区西康路 35 号
邮政编码　300051
经　　销　新华书店
印　　刷　三河市华晨印务有限公司
版　　次　2012 年 1 月第 2 版
印　　次　2012 年 1 月第 1 次印刷
规　　格　16 开（787 × 1092 毫米）
字　　数　235 千字
印　　张　24.75

书　　号　ISBN 978-7-5309-6013-4
定　　价　35.00 元

轻轻地走与轻轻地来

（代序）

现在我常有这样的感觉：死神就坐在门外的过道里，坐在幽暗处，凡人看不到的地方，一夜一夜耐心地等我。不知什么时候它就会站起来，对我说：嘿，走吧。我想那必是不由分说。但不管是什么时候，我想我大概仍会觉得有些仓促，但不会犹豫，不会拖延。

“轻轻地我走了，正如我轻轻地来”——我说过，徐志摩这句诗未必牵涉生死，但在我看，却是对生死最恰当的态度，作为墓志铭真是再好也没有。

死，从来不是一次性完成的。陈村有一回对我说：人是一点一点死去的，先是这儿，再是那儿，一步一步终于完成。他说得很平静，我漫不经心地附和，我们都已经活得不那么在意死了。

人是一点一点死去的，先是这儿，再是那儿，一步一步终于完成。

这就是说，我正在轻轻地走，灵魂正在离开这个残损不堪的躯壳，一步步告别着这个世界。这样的时候，不知别人会怎样想，我则尤其想起轻轻地来的神秘。比如想起清晨、晌午和傍晚变幻的阳光，想起一方蓝天，一个安静的小院，一团扑面而来的柔和的风，风中仿佛从来就有母亲和奶奶轻声的呼唤……不知道别人是否也会像我一样，由衷地惊讶：往日呢？往日的一切都到哪儿去了？

生命的开端最是玄妙，完全的无中生有。好没影儿的忽然你就进入了一种情况，一种情况引出另一种情况，顺理成章天衣无缝，一来二去便连接出一个现实世界。真的很像电影，虚无的银幕上，比如说忽然就有了一个蹲在草丛里玩耍的孩子，太阳照耀他，照耀着远山、近树和草丛中的一条小路。然后孩子玩腻了，沿小路蹒跚地往回走，于是又引出小路尽头的一座房子，门前正在张望他的母亲，埋头于烟斗或报纸的父亲，引出一个家，随后引出一个世界。孩子只是跟随这一系列情况走，有些一闪即逝，有些便成为不可更改的历史，以及不可更改的历史的原因。这样，终于有一天孩子会想起开端的玄妙：无缘无故，正如先哲所言——人是被抛到这个世界上来的。

其实，说“好没影儿的忽然你就进入了一种情况”和“人是被抛到这个世界上来的”，这两句话都有毛病，在“进入情况”之前并没有你，在“被抛到这世界上来”之前也无所谓人。——不过这应该是哲学家的题目。

对我而言，开端，是北京的一个普通四合院。我站在炕上，扶着窗台，透过玻璃看它。屋里有些昏暗，窗外阳光明媚。近处是一排绿油油的榆树矮墙，越过榆树矮墙远处有两棵大枣树，枣树枯黑的枝条镶嵌进蓝天，枣树下是四周静静的窗廊。——与世界最初的相见就是这样，简单，但印象深刻。复杂的世界尚在远方，或者，它就蹲在那安恬的时间四周窃笑，看一个幼稚的生命慢慢睁开眼睛，萌生着欲望。

奶奶和母亲都说过：你就出生在那儿。

其实是出生在离那儿不远的一家医院。生我的时候天降大雪。一天一宿罕见的大雪，路都埋了，奶奶抱着为我准备的铺盖蹚着雪走到医院，走到产房的窗檐下，在那儿站了半宿，天快亮时才听见我轻轻地来了。母亲稍后才看见我来了。奶奶说，母亲为生了那么个丑东西伤心了好久，那时候母亲年轻又漂亮。这件事母亲后来闭口不谈，只说我来的时候“一层黑皮包着骨头”，她这样说的时候已经流露着欣慰，看我渐渐长得像回事了……但这一切都是真的吗？

我蹒跚地走出屋门，走进院子，一个真实的世界才开始提供凭证。太阳晒热的花草的气味，太阳晒热的砖石的气味，阳光在风中舞蹈、流动。青砖铺成的十字甬道连接起四面的房屋，把院子隔成四块均等的土地，两块上面各有一棵枣树，另两块种满了西番莲。西番莲顾自开着硕大的花朵，蜜蜂在层叠的花瓣中间钻进钻出，嗡嗡地开采。蝴蝶悠闲飘逸，飞来飞去，悄无声息，仿佛幻影。枣树下落满移动的树影，落满细碎的枣花。青黄的枣花像一层粉，覆盖着地上的青苔，很滑，踩上去要小心。天上，或者是云彩里，有些声音，有些缥缈不知所在的声音——风声？铃声？还是歌声？说不清。很久我都不知道那到底是什么声音，但我一走到那块蓝天下面就听见了它，甚至在襁褓中就已经听见它了。那声音清朗，欢欣，悠悠扬扬不紧不慢，仿佛是生命固有的召唤，执意要你去注意它，去寻找它，看望它，甚或去投奔它。

我迈过高高的门槛，艰难地走出院门，眼前是一条安静的小街，细长、规整，两三个陌生的身影走过，走向东边的朝阳，走进西边的落日。东边和西边都不知通向哪里，都不知连接着什么，唯那美妙的声音不惊不懈，如风如流……

我永远都看见那条小街，看见一个孩子站在门前的台阶上眺望。朝阳或是落日弄花了他的眼睛，浮起一群黑色的斑点，他闭上眼睛，有点怕，不知所措，很久，再睁开眼睛，啊，好了，世界又是一片光明……有两个黑衣的僧人在沿街的房檐下悄然走过……几只蜻蜓平稳地盘桓，翅膀上闪动着光芒……鸽哨声时隐时现，平缓，悠长，渐渐地近了，扑棱棱飞过头顶，又渐渐远了，在天边像一团飞舞的纸屑……这是件奇怪的事，我既看见我的眺望，又看见我在眺望。

那些情景如今都到哪儿去了？那时刻，那孩子，那样的心情，惊奇和痴迷的目光，一切往日情景，都到哪儿去了？它们飘进了宇宙，是呀，飘去五十年了。但这是不是说，它们只不过飘离了此时此地，其实它们依然存在？

梦是什么？回忆，是怎么一回事？

倘若在五十光年之外有一架倍数足够大的望远镜，有一个观察点，料必那些情景便依然如故，那条小街，小街上空的鸽群，两个无名的僧人，蜻蜓翅膀上的闪光和那个痴迷的孩子，还有天空中美妙的声音，便一如既往。如果那望远镜以光的速度继续跟随，那个孩子便永远都站在那条小街上，痴迷地眺望。要是那望远镜停下来，停在五十光年之外的某个地方，我的一生就会依次重现，五十年的历史便将从头上演。

真是神奇。很可能，生和死都不过取决于观察，取决于观察的远与近。比如，当一颗距离我们数十万光年的星星实际早已熄灭，它却正在我们的视野里度着它的青年时光。

时间限制了我们，习惯限制了我们，谣言般的舆论让我们陷于实际，让我们在白昼的魔法中闭目塞听不敢妄为。白昼是一种魔法，一种符咒，让僵死的规则畅行无阻，让实际消磨掉神奇。所有的人都在白昼的魔法之下扮演着紧张、呆板的角色，一切言谈举止一切思绪与梦想，都仿佛被预设的程序所圈定。

因而我盼望夜晚，盼望黑夜，盼望寂静中自由的到来。

甚至盼望站到死中，去看生。

我的躯体早已被固定在床上，固定在轮椅中，但我的心魂常在黑夜出行，脱离开残废的躯壳，脱离白昼的魔法，脱离实际，在尘嚣稍息的夜的世界里游逛，听所有的梦者诉说，看所有放弃了尘世角色的游魂在夜的天空和旷野中揭开另一种戏剧。风，四处游走，串连起夜的消息，从沉睡的窗口到沉睡的窗口，去探望被白昼忽略了的心情。另一种世界，蓬蓬勃勃，夜的声音无比辽阔。是呀，那才是写作啊。至于文学，我说过我跟它好像不大沾边儿，我一心向往的只是这自由的夜行，去到一切心魂的由衷的所在。

目录

01 重病之时

重病之时，有几行诗样的文字清晰地走进过我的昏睡：

最后的练习是沿悬崖行走
梦里我听见，灵魂
像一只飞虻
在窗户那儿嗡嗡作响
在颤动的阳光里，边舞边唱
眺望就是回想。

重病之时整天是梦。梦见熟悉的人，熟悉的往事，也梦见陌生的人，和完全陌生的景物。偶尔醒来，窗外是无边的暗夜，是恍惚的晴空，是心里的怀疑：

谁说我没有死过？

出生以前，太阳

已无数次起落

悠久的时光被悠久的虚无吞并

又以我生日的名义

卷土重来。

重病之时，寒冷的冬天里有过一个奇迹——我在梦中学会了一支歌。梦中，一群男孩和女孩齐声地唱：生生露生雪，生生雪生水，我们友谊，幸福长存。莫名其妙的歌词，闻所未闻的曲调，醒来竟还会唱，现在也还会。那些孩子，有我认识的，也有的我从未见过，他们就站在我儿时的那个院子里，轻轻地唱，轻轻地摇，四周虚暗，瑞雪霏霏。

这奇妙的歌，不知是何征兆。

懂些医道的人说好——“生生”，是说你还要活下去；“生水”嘛，肾主水，你不是肾坏了吗？那是说你的生命之水枯而未竭，或可再度丰沛。

是吗？不有些牵强？

不过，我更满意后两句：我们友谊，幸福长存。

那群如真似幻的孩子，在我昏黑的梦里翩然不去。那清明畅朗的童歌，确如生命之水，在我僵冷的身体里悠然荡漾。

妻子没日没夜地守护着我；任何时候睁开眼，都见她在我

我真的又活过来。太阳重又真实。昼夜更迭，重又确凿。我把梦里的情景告诉妻子，她反倒脆弱起来，待我把那支歌唱给她听，她已是泪水涟涟。

身旁。我看她，也像那群孩子中的一个。

我说："这一回，恐怕真是要结束了。"

她说："不会。"

我真的又活过来。太阳重又真实。昼夜更迭，重又确凿。我把梦里的情景告诉妻子，她反倒脆弱起来，待我把那支歌唱给她听，她已是泪水涟涟。

我又能摇着轮椅出去了，走上阳台，走到院子里，在早春的午后，把那几行梦中的诗句补全：

午后，如果阳光静寂
你是否能听出
往日已归去哪里？
在光的前端，或思之极处
在时间被忽略的存在之中
生死同一。

（本文曾收入随笔集《记忆与印象》）

我真正想要的是将每一种生活都过一遍，一个作家的生活似乎包含了最多。

——苏珊·桑塔格

02

好运设计

要是今生遗憾太多，在背运的当儿，尤其在背运之后情绪渐渐平静了或麻木了，你独自待一会儿，抽支烟，不妨想一想来世。你不妨随心所欲地设想一下（甚至是设计一下）自己的来世。你不妨试试。在背运的时候，至少我觉得这不失为一剂良药——先可以安神，而后又可以振奋。就像输惯了的赌徒把屡屡的败绩置于脑后，输光了裤子也还是对下一局存着饱满的好奇和必赢的冲动。这没有什么不好。这有什么不好吗？无非是说迷信，好吧你就迷信它一回。无非是说这不科学，行，况且对于走运和背运的事实，科学本来无能为力。无非说这是空想，这是自欺，是做梦，没用，那么希望有用吗？希望是不是必得在被证明了是可以达到的之后才能成立？当然，这些差不多都是废话，背了运的时候哪想得起来这么多废话？背了运的时候只是想走运有多么好，要是能走运有多好。到底会有多好呢？想想吧，想想没什么坏处，干吗不想一想呢？我就常常这样去想，我常常浪费很多时间去做这样的蠢事。

我想，倘有来世，我先要占住几项先天的优越：聪明、漂亮和一副好身体。命运从一开始就不公平，人一生下来就有走运的和不走运的。譬如说一个人很笨，生来就笨，这该怨他自己吗？然而由此所导致的一切后果却完全要由他自己负责——他可能因此在兄弟姐妹之中是最不被父母喜爱的一个，他可能因此常受老师的斥责和同学们的嘲笑，他于是便更加自卑，更加委顿，饱受了轻蔑却终也不知这事到底该怨谁。再譬如说，一个人生来就丑，相当丑，再怎么想办法去美容都无济于事，这难道是他的错误是他的罪过？不是。好，不是。那为什么就该他难得姑娘们的喜欢呢？因而婚事就变得格外困难，一旦有个漂亮姑娘爱上他，却又赢得多少人的惊诧和不解，终于有了孩子，不要说别人，就连他自己都希望孩子长得千万别像他自己。为什么就该他是这样呢？为什么就该他常遭取笑，常遭哭笑不得的外号，或者常遭怜悯，常遭好心人小心翼翼的对待呢？再说身体，有的人生来就肩宽腿长潇洒英俊（或者婀娜妩媚娉娉婷婷），生来就有一身好筋骨，跑得也快跳得也高，气力足耐力又好，精力旺盛，而且很少生病，可有的人却与此相反，生

命运从一开始就不公平，人一生下来就有走运的和不走运的。

来就样样都不如人。对于身体，我的体会尤甚。譬如写文章，有的人写一整天都不觉得累，可我连续写上三四个钟头眼前就要发黑。譬如和朋友们一起去野游，满心欢喜妙想联翩地到了地方，大家的热情正高雅趣正浓，可我已经累得只剩了让大家扫兴的份儿了。所以我真希望来世能有一副好身体。今生就不去想它了，只盼下辈子能够谨慎投胎，有健壮优美如卡尔·刘易斯一般的身材和体质，有潇洒英俊如周恩来一般的相貌和风度，有聪明智慧如阿尔伯特·爱因斯坦一般的大脑和灵感。

既然是梦想不妨就让它完美些罢。何必连梦想也那么拘谨那么谦虚呢？我便如醉如痴并且极端自私自利地梦想下去。

我们谈论命运，似乎它是某种惩罚我们的东西，然而却忘记了我们活着的时候每日都在创造命运。

——亨利·米勒

降生在什么地方也是件相当重要的事。二十年前插队的时候，我在偏远闭塞的陕北乡下，见过不少健康漂亮尤其聪慧超群的少年，当时我就想，要是生在一个恰当的地方，他们必都会大有作为，无论他们做什么都必定成就非凡。但在那穷乡僻壤，吃饱肚子尚且是一件颇为荣耀的成绩，哪还有余力去奢想什么文化呢？所以他们没有机会上学，自然也没有书读，看不到报纸电视，甚至很少看得到电影，他们完全不知道外面的世界是什么样子，便只可能遵循了祖祖辈辈的老路，日出而作日入而息，春种秋收夏忙冬闲，日复一日年复一年。光阴如常地流逝，然后他们长大了，娶妻生子成家立业，才华逐步耗尽，变作纯朴而无梦想的汉子。然后，可以料到，他们也将如他们的父辈一样地老去，唯单调的岁月在他们身上留下注定的痕迹，而人为什么要活这一回呢？却仍未在他们苍老的心里成为问题。然后，他们恐惧着、祈祷着、惊慌着，听命于死亡随意安排。再然后呢？再然后倘若那地方没有变化，他们的儿女们必定还是这样地长大、老去，磨钝了梦想，一代代去完成同样的过程。或许这倒是福气？或许他们比我少着梦想，所以也比我少着痛苦？他们会不会也设想过自己的来世呢？没有梦想或梦想如此微薄的他们又是如何设想自己的来世呢？我不知道。我不知道。我只希望我的来世不要是他们这样，千万不要是这样。

那么降生在哪儿好呢？是不是生在大城市，生在个贵府名门就肯定好呢？父亲是政绩斐然的总统，要不是个家财万贯的大亨，再不就是位声名赫赫的学者，或者父母都是不同寻常的人物，你从小就在一个备受宠爱备受恭维的环境中长大，你从小就在一个五彩缤纷妙趣频逢的环境中长大，呈现在你面前的是无忧无虑的现实，绚烂辉煌的前景，左右逢源的机遇，一帆风顺的坦途……不过这样是不是就好呢？一般来说这样的境遇也是一种残疾，也是一种牢笼。这样的境遇经常造就着蠢材，不蠢的几率很小，有所作为的比例很低，而且大凡有点水平的姑娘都不肯高攀这样的人；固然他们之中也有智能超群的天才，也有过大有作为的人物，也出过明心见性的悟者，但毕竟几率很小比例很低。这就有相当大的风险，下辈子务必慎重从事，不可疏忽大意不可掉以轻心，今生多舛，来生再受不住是个蠢材了。

生在穷乡僻壤，有孤陋寡闻之虞，不好。生在贵府名门，又有骄狂愚妄之险，也不好。

生在一个介于此二者之间的位置上怎么样？嗯，可能不错。

既知晓人类文明的丰富璀璨，又懂得生命路途的坎坷艰难，这样的位置怎么样？嗯，不错。

既了解达官显贵奢华而危惧的生活，又体会平民百姓清贫而深情的岁月，这位置如何？嗯！不错，好！

既有博览群书并入学府深造的机缘，又有浪迹天涯独自在社会上闯荡的经历；既能在关键时刻得良师指点如有神助，又时时事事都要靠自己努力奋斗绝非平步青云；既饱尝过人情友爱的美好，又深知了世态炎凉的正常，故而能如罗曼·罗兰所说："看清了这个世界，而后爱它"——这样的位置可好？好。确实不错。好虽好，不过这样的位置在哪儿呢？

在下辈子。在来世。只要是好，咱可以设计。咱不慌不忙仔仔细细地设计一下吧。我看没理由不这样设计一下。甭灰心，也甭沮丧，真与假的说道不属于梦想和希望的范畴，还是随心所欲地来一回"好运设计"吧。

你最好生在一个普通知识分子的家庭。

也就是说，你父亲是知识分子，但千万不要是那种炙手可

有些人说：『我运气不好。』那是他们还没有足够的成功，而且还不知道这一点。

——波德莱尔

我将幸福与富有意义区别开来，目的是想以此说明，一种充满意义的人生也许并不总是特别幸福的。

——艾温·辛格

热过于风云的知识分子，否则，贵府名门式的危险和不幸仍可能落在你头上：你将可能没有一个健全、质朴的童年，你将可能没有一群烂漫无猜的伙伴，你将会错过唯一可能享受到纯粹的友情、感受到圣洁的忧伤的机会，而那才是童年，才是真正的童年。一个人长大了若不能怀恋自己童年的痴迷，若不能默然长思或仍耿耿于怀孩提时光的往事，当是莫大的缺憾；对于我们的“好运设计”，则是个后患无穷的错误。你应该有一大群来自不同家庭的男孩儿和女孩儿做你的朋友，你跟他们一块认真地吵架并且翻脸，然后一块哭着和好如初。把你的秘密告诉他们，把他们告诉给你的秘密对任何人也不说。你们订一个暗号，这暗号一经发出你们一个个无论正在干什么也得从家里溜出来，密谋一桩令大人们哭笑不得的事件。当你父母不在家的时候，随便找个理由把你的好朋友都叫来——比如说为了你的生日或为了离你的生日还差一个多月，你们痛痛快快随心所欲地折腾一天，折腾饿了就把冰箱里能吃的东西都吃光，然后继续载歌载舞地庆祝，直到不小心把你父亲的一件贵重艺术品摔成分文不值，你们的汗水于是被冻僵了一会儿，但这是个机会，是你为朋友们献身的时刻，你脸色煞白但拍拍胸脯说这怕什么这没啥了不起，随后把朋友们都送走，你独自胆战心惊地策划一篇谎言（要是你家没有猫，你记住：邻居家不一定都没有猫）。你还可以跟你的朋友们一起去冒险，到一个据说最可怕的地方，比如离家很远的一片野地、一幢空屋、一座孤岛、孤岛上废弃的古刹、古刹四周阴森零落的荒冢……都是可供选择的地方。你从自己家的抽屉里而不要从别人家的抽屉里拿点钱，以备不时之需；你们瞒过父母，必要的话还得瞒过姐姐或弟弟；你们可以不带那些女孩子去，但如果她们执意要跟着也就别无选择，然后出发，义无反顾。把你的新帽子扯破了新鞋弄丢了一只这没关系，把膝盖碰出了血往白衬衫上洒了一瓶紫药水这没关系，作业忘记做了还在书包里装了两只活蛤蟆一只死乌鸦这都毫无关系，你母亲不会怪你，因为当晚霞越来越淡继而夜色越来越重的时候，你父亲也沉不住气了，他正要动身去报案，你们突然都回来了，累得一塌糊涂但毕竟完整无缺地回来了，你母亲庆幸还庆幸不过来呢还会再存什么别的奢望吗？“他们回来啦，他们回来啦！”仿佛全世界都和平解放了，一群平素威严的父亲都乖乖地跑出来迎接你们，同样多的一群母亲此刻转忧为喜，光顾得摩娑你们的脸蛋和亲吻你们的脑门儿：“你们这是上哪儿去了呀，哎哟天哪，你们还知道回来吗！”你就大模大样地躺在沙发上呼吃唤喝，“累死了，哎呀真是累死了！”——你就这样，没问题，再讲点莫须有的惊险故事既吓唬他们也陶醉自己，你就得这样，只要这样，一切帽子、裤子、鞋、作业和书包、活蛤蟆以及死乌鸦，就都微不足道了。（等你长到我这样的年龄时，你再告诉他们那些惊险的故事都是你为了逃避挨揍而获得的灵感，那时你年老的父母肯定不会再补揍你一顿，而仍可能摩娑你的脸甚至吻你的脑门儿了。）但重要的是，这次冒险你无那些生命最有意义和意味的人，才是最大的赢家。
——艾温·辛格

论如何得安全地回来——就像所有的戏剧还没打算结束时所需要的那样，否则接下去的好运就无法展开了。不错，你的童年就应该是这样的，就应该按照这样的思路去设计，一个幸运者的童年就得是这样。我的纸写不下了，待实施的时候应该比这更丰富多彩。比如你还可颇具分寸地惹一点小祸，一个幸运的孩子理应惹过一点小祸，而且理应遇到过一些困难，遇到过一两个骗子、一两个坏人、一两个蠢货和一两个不会发愁而很会说笑话的人。一个幸运的孩子应该有点野性。当然你的父亲是个地地道道的知识分子，因为一个幸运的人必须从小受到文化的熏陶，野到什么份儿上都不必忧虑，但要有机会使你崇尚知识，之所以把你父亲设计为知识分子，全部的理由就在于此。

你的母亲也要有知识，但不要像你父亲那样关心书胜过关心你。也不要像某些愚蠢的知识妇女，料想自己功名难就，便把一腔希望全赌在了儿女身上，生了个女孩就盼她将来是个居里夫人，养了个男娃就以为是养了个小贝多芬。这样的母亲千万别落到咱头上，你不听她的话你觉得对不起她，你听了她的话你会发现她对不起你。她把你像幅名画似的挂在墙上后退三步眯起眼睛来观赏你，把你像颗话梅似的含在嘴里颠来倒去地品味你，你呢？站在那儿吱吱嘎嘎地折磨一把挺好的小提琴，长大了一想起小提琴就发抖，要不就是没日没夜地背单词背化学方程式，长大了不是傻瓜就是暴徒。你的母亲当然不是这样。

有知识不是有文凭，你的母亲可以没有文凭。有知识不是被知识霸占，你的母亲不是知识的奴隶。有知识不能只是有对物的知识，而是得有对人的了悟。一个幸运者的母亲必然是一个幸运的母亲，一个明智的母亲，一个天才的母亲，她自打当了母亲她就得了灵感，她教育你的方法不是来自于教育学，而是来自她对一切生灵乃至天地万物由衷的爱，由衷的颤栗与祈祷，由衷的镇定和激情。在你幼小的时候她只是带着你走，走在家里，走在街上，走到市场，走到郊外，她难得给你什么命令，从不有目的地给你一个方向，走啊走啊你就会爱她，走啊走啊，你就会爱她所爱的这个世界。等你长大了，她就放你到你想要去的地方去，她深信你会爱这个世界，至于其他她不管，至于其他那是你的自由你自己负责，她只有一个愿望，就是你能常常回来，你能有时候回来一下。

一个幸运的孩子应该有点野性。当然你的父亲是个地地道道的知识分子，因为一个幸运的人必须从小受到文化的熏陶……

在你两三岁的时候你就光是玩，成天就是玩，别着急背诵《唐诗三百首》和弄通百位数以内的加减法，去玩一把没有钥匙的锁和一把没有锁的钥匙，去玩撒尿和泥，然后用不着洗手再去玩你爷爷的胡子。到你四五岁的时候你还是玩，但玩得要高明一点了，在你母亲的皮鞋上钻几个洞看看会有什么效果，往你父亲的录音机里撒把沙子听听声音会不会更奇妙。上小学的时候，我看你门门功课都得上三四分就够了，剩下的时间去做些别的事，以便让你父母有机会给人家赔几块玻璃。一上中学尤其一上高中，所有的熟人几乎都不认识你了，都得对你刮目相看：你在数学比赛上得奖，在物理比赛上得奖，在作文比赛上得奖，在外语比赛上你没得奖，但事后发现那不过是老师的一个误判。但这都并不重要，这些奖啊奖啊奖啊并不足以构成你的好运，你的好运是说你其实并没花太多时间在功课上，你爱好广泛，多能多才，奇想迭出，别人说你不务正业你大不以为然，凡兴趣所至仍神魂聚注若癫若狂。

你热爱音乐，古典的交响乐，现代的摇滚乐，温文尔雅的歌剧清唱剧，粗犷豪放的民谣村歌，乃至悠婉凄长的叫卖，孤零萧瑟的风声，温馨闲适的节日的音讯，你都听得心醉神迷，听得怆然而沉寂，听出激越和威壮，听到玄缈与空冥。你真幸运，生存之神秘注入你的心中，使你永不安规守矩。

你喜欢美术，喜欢作画，喜欢雕塑，喜欢异彩纷呈的烧陶，喜欢古朴稚拙的剪纸，喜欢在渺无人迹的原野上独行，在水阔天空的大海里驾舟，在山林荒莽中跋涉，看大漠孤烟看长河落日，看鸥鸟纵情翱翔看老象坦然赴死。你从色彩感受生命，由造型体味空间，在线条上嗅出时光的流动，在连接天地的方位发现生灵的呼喊，你是个幸运的人，因为你真幸运，你于是匍匐在自然造化的脚下，奉上你的敬畏与感恩之心吧，同时上苍赐予你不屈不尽的创造情怀。

你幸运得简直令人嫉妒，因为体育也是你的擅长。9″ 91，懂吗？2:5′ 59″，懂吗？就是说，从一百米到马拉松，不管多长的距离没有人能跑得过你；2.45m，8.91m，知道这是什么意思吗？就是说没人比你跳得高也没人比你跳得远；突破 23m、80m、100m，就是说，铅球也好铁饼也好标枪也好，在投掷比赛中仍然没有你的对手。当然这还不够，好运气哪有个够呢？差不多所有的体育项目你都行：游泳、滑雪、溜冰、踢足球、打篮球，乃至击剑、马术、射击，乃至铁人三项……你样样都玩得精彩、洒脱、漂亮。你跑起来浑身的肌肤像波浪一样滚动，像旗帜一般飘展；你跳起来仿佛土地也有了弹性，空中也有着依托；你劈波戏水，屈伸舒卷，鬼没神出；在冰原雪野，你翻转腾挪，如风驰电掣；生命在你那儿是一个节日，是一个庆典，是一场狂欢……那已不再是体育了，你把体育变得不仅仅是体育了，幸运的人，那是舞蹈，那是人间最自然最坦诚的舞蹈，那是艺术，是上帝选中的最朴实最辉煌的艺术形式，这时连你在内，连你的肉体你的心神，都是艺术了。你这个幸运的人，世界上最幸运的人，偏偏是你被上帝选作了美的化身。

理解生活比改变生活重要得多，因为生活一旦被理解，它就会自愿地改变。

——梅特林克

接下来你到了恋爱的季节。你十八岁了，或者十九或者二十岁了。这时你正在一所名牌大学里读书，读一个最令人仰慕的系，最令人敬畏的专业，你读得出色，各种奖啊奖啊又闹着找你。现在你的身高已经是一米八八，你的喉结开始突起，嘴唇上开始有了黑色但还柔软的胡须，就是在这时候你的嗓音开始变得浑厚迷人，就是在这时候你的百米成绩开始突破十秒，你的动静坐卧举手投足都流溢着男子汉的光彩……总之，由于我们已经设计过的诸项优点或说优势，明显地追逐你的和不露声色地爱慕着你的姑娘们已是成群结队，你经常在教室里看见她们异样的目光，在食堂里听到她们对你嘁嘁嚓嚓的议论。在晚会上，她们为你的歌声所倾倒，在运动会上，她们被你的身姿所激动而忘情地欢呼雀跃，但你一向只是拒绝，拒绝，婉言而真诚地拒绝，善意而巧妙地逃避，弄得一些自命不凡的姑娘们委屈得流泪。但是有一天，你在运动场上正放松地慢跑，你忽然看见一个陌生的姑娘也在慢跑，她的健美一点不亚于你，她修长的双腿和矫捷的步伐一点不亚于你，生命对她的宠爱、青春对她的慷慨这些绝不亚于你，而她似乎根本没有发现你，她顾自跑着目不斜视，仿佛除了她和她的美丽，这世界上并不存在其他东西，甚至连她和她的美丽她也不曾留意，只是任其随意流淌，任其自然地涌荡。而你却被她的美丽和自信震慑了，被她的优雅和茁壮惊呆了，你被她的倏然降临搞得心恍神惚手足无措（我们同样可以为她也做一个“好运设计”，她是上帝的一个完美的作品，为了一个幸运的男人，这世界上显然该有一个完美的女人，当然反过来也是一样），于是你不跑了，伏在跑道边的栏杆上忘记了一切，光是看她。她跑得那么轻柔，那么从容，那么飘逸，那么灿烂。你很想冲她微笑一下，向她表示一点敬意，但她并不给你这样的机会，她跑了一圈又一圈，却从来没有注意到你，然后她走了。简单极了，就是说她跑完了

也许人生最大的问题是如何度过。

——布莱克曼

该走了，就走了。就是说她走了，走了很久而你还站在原地。就是说操场上空空旷旷只剩了你一个人，你头一回感到了惆怅和孤零——她不知道你是谁，你也不知道她从哪儿来。但你把她记在了心里。但幸运之神仍然和你在一起。此后你又在图书馆里见到过她，你费尽心机总算弄清了她在哪个系。此后你又在游泳池里见到过她，你拐弯抹角从别人那儿获悉了她的名字。此后你又在滑冰场上见到过她，你在她周围不露声色地卖弄你的千般技巧万种本事，终于引起了她的注意。此后你又在领奖台上和她站到过一起，这一回她对你笑了笑，使你一生再也没能忘记。此后你又在朋友家里和她一起吃过一次午饭（你和你的朋友为此蓄谋已久），这下你们到底算认识了，你们谈了很多，谈得融洽而且热烈。此后不是你去找她，就是她来找你，春夏秋冬春夏秋冬，不是她来找你就是你去找她，春夏秋冬……总之，总而言之，你们终成眷属；你是一个幸运的人——至少我们的“幸运设计”是这样说的——所以你万事如意。

也许你已经注意到了，我们的“好运设计”至此显得有些潦草了。是的。不过绝不是我们不能把它搞得更细致、更完善、更浪漫、更迷人，而是我忽然有了一点疑虑，感到了一点困惑，有一道淡淡的阴影出现了，并正在向我们靠近，但愿我们能够摆脱它，能够把它消解掉。

阴影最初是这样露头的：你能在一场如此称心、如此顺利、

你能在一场如此称心、如此顺利、如此圆满的爱情和婚姻中饱尝幸福吗？

如此圆满的爱情和婚姻中饱尝幸福吗？也就是说，没有挫折，没有坎坷，没有望眼欲穿的企盼，没有撕心裂肺的煎熬，没有痛不欲生的痴癫与疯狂，没有万死不悔的追求与等待，当成功到来之时，你会有感慨万端的喜悦吗？在成功到来之后，还会不会有刻骨铭心的幸福？或者，这喜悦能到什么程度？这幸福能被珍惜多久？会不会因为顺利而冲淡其魅力？会不会因为圆满而阻塞了渴望，而限制了想象，而丧失了激情，从而在以后漫长的岁月中只是遵从了一套经济规律、一种生理程序、一个物理时间，心路却已荒芜，然后是腻烦，然后靠流言飞语排遣这腻烦，继而是麻木，继而用插科打诨加剧这麻木——会不会？会不会是这样？地球如此方便如此称心地把月亮搂进了自己的怀中，没有了阴晴圆缺，没有了潮汐涨落，没有了距离便没有了路程，没有了斥力也就没有了引力，那是什么呢？很明白，那是死亡。当然一切都在走向那里，当然那是一切的归宿，宇宙在走向静寂。但此刻宇宙正在旋转，正在飞驰，正在高歌狂舞，正借助了星汉迢迢，借助了光阴漫漫，享受着它的路途，享受着坍塌后不死的沉吟，享受着爆炸后辉煌的咏叹，享受着追寻与等待，这才是幸运，这才是真正的幸运，恰恰死亡之前这波澜壮阔的挥洒，这精彩纷呈的燃烧才是幸运者得天独厚的机会。你是一个幸运者，这一点你要牢记。所以你不能学那凡夫俗子的梦想，我们也不能满意这晴空朗日水静风平的设计。所谓好运，所谓幸福，显然不是一种客观的程序，而完全是心

会不会因为顺利而冲淡其魅力？会不会因为圆满而阻塞了渴望，而限制了想象，而丧失了激情……

灵的感受，是强烈的幸福感罢了。幸福感，对了。没有痛苦和磨难你就不能强烈地感受到幸福，对了。那只是舒适只是平庸，不是好运不是幸福，这下对了。

所谓好运，所谓幸福，显然不是一种客观的程序，而完全是心灵的感受，是强烈的幸福感罢了。

现在来看看，得怎样调整一下我们的“设计”，才能甩掉那道不祥的阴影，才能远远地离开它。也许我们不得不给你加设一点小小的困难，不太大的坎坷和挫折，甚至是一些必要的痛苦和磨难，为了你的幸福不致贬值我们要这样做，当然，会很注意分寸。

仍以爱情为例。我们想是不是可以这样：一开始，让你未来的岳父岳母对你们的恋爱持反对态度，他们不大看得上你，包括你未来的大舅子、小姨子、大舅子的夫人和小姨子的男朋友等等一干人马都看不上你。岳父说要是这样他宁可去死。岳母说要是这样她情愿少活。大舅子于是奉命去找了你们单位的领导说你破坏了一个美满的家庭。小姨子流着泪劝她的姐姐三思再三思，爹有心脏病娘有高血压。岳父便说他死不瞑目。岳母说她死后做鬼也不饶过你们。你是个幸运的人，你真没看错那个姑娘，她对你一往情深始终不渝，她说与其这样不如她先于他们去死，但在死前她有必要提个问题：“请问他哪点不如你们？请问他有哪点不好？”是呀，他哪点不好呢？你，是说你，你有哪点不好呢？不仅这姑娘的父母无言以对，就连咱们也无以作答。按照已有的设计，你好像没有哪点不好，你简直无懈可击，那两个老人倘不是疯子不是傻瓜不是心理变态，他们为什么会反对你成为他们的女婿呢？所以对此得做一点修改，你不能再是一个完人，你得至少有一个弱点，甚至是一种很要紧的缺欠，一种大凡岳父岳母都难以接受的缺欠，然后你在爱情的鼓舞下，在那对蛮横老人颇合逻辑的蔑视的刺激下，痛下决心破釜沉舟发愤图强历尽艰辛终于大功告成终于光彩照人终于震撼了那对老人令他们感动令他们愧悔于是心悦诚服地承认了你这个女婿使你热泪盈眶欣喜若狂忽然发现天也是格外的蓝地球也是出奇的圆柔情似水佳期如梦幸福地久天长……是不是得这样呢？得这样。大概是得这样。

什么样的缺欠呢？你看给你设计什么样的缺欠比较适合？

笨？不不，这不行，笨很可能是一件终生的不幸，几乎不是努力可以根本克服的，此一点应坚决予以排除。

丑呢？不，丑也不行，丑也是无可挽回的局面，弄不好还会殃及后代，不行，这肯定不行。

无知呢，行不行？不，这比笨还不如，绝对的（或相当严重的）无知与白痴没什么区别；而相对的无知又不是一项缺欠，我们每个人都是这样。

相对的无知又不是一项缺欠，我们每个人都是这样。

你总得做一点让步嘛。譬如说木讷一点，古板一点行吗？缺乏点活力，缺乏点朝气，缺乏点个性，缺乏点好奇心，譬如说这样，行吗？噢，你居然还在问行吗，再糟糕不过！接下来你会发现他还缺乏勇气，缺乏同情，缺乏感觉，遇事永远不会激动，美好不能使其赞叹，丑恶也不令其憎恶，他既不懂得感动也不懂得愤怒，他不怎么会哭又不大会笑，这怎么能行？他还是活的吗？他还能爱吗？他还会为了爱而痛苦而幸福吗？不行。

那么狡猾一点可以吗？狡猾，唉，其实人们都多多少少地有那么一点狡猾，这虽不是优点但也不必算作缺点，凡要在这世界上生存下去的种类，有点狡猾也是在所难免。不过有一点需要明确：若是存心算计别人、不惜坑害别人的狡猾可不行。那样的人我怕大半没什么好下场。那样的人同样也不会懂得爱（他可能了解性，但他不懂得爱；他可能很容易猎获性器的快感，但他很难体验性爱的陶醉，因为他依靠的不是美的创造，而仅仅是对美的赚取），况且这样的人一般来说都没什么真正的才华和魅力，否则也无需选用了狡猾。不行。无论从哪个角度想，狡猾都不行。

要不，有一点病？噢老天爷，千万可别，您饶了我吧，无论如何帮帮忙，下辈子万万不能再有病了，绝对不能。咱们辛辛苦苦弄这个“好运设计”因为什么您知道不？是的，您应该知道，那就请您再别提病，一个字也别再提。

只是有一点小病呢？小病也不行，发烧感冒拉肚子？不不，这没用，有点小病对人不构成什么威胁，也不能如我们所期望的那样最终使你的幸福加倍，有也是白有。但这绝不是说你没

一个人还活着的时候，就别说他是幸福的。

——亚里士多德

病则已，有就有它一种大病，不不！绝没有这个意思；你必须要明白，在任何有期徒刑（注意：有期）和有一种大病之间，要是你非得做出选择不可的话，你要选择前者，前者！对对，没有商量的余地。

要是你得了一种大病，别急，听我说完，得了一种足以使你日后的幸福升值的大病，而这病后来好了，完全好了，这怎么样？唔，这倒值得考虑。你在病榻上躺了好几年，看见任何一个健康的人你都羡慕，你想你是他们中间的任何一个你都知足，然后你的病好了，完好如初，这怎么样？说下去。你本来已经绝望了，你想即便不死，未来的日子也是无比暗淡，你想与其这样倒不如死了痛快，就在这时你的病情突然有了转机。说下去。在那些绝望的白天和黑夜，你祷告许愿，你赌咒发誓，只要这病还能好，再有什么苦你都不会觉得苦，再有什么难你也不会觉得难，一文不名呀，一贫如洗呀，这都有什么关系呢？你将爱生活，爱这个世界，爱这世界上所有的人……这时，就在这时，奇迹发生了，一个奇迹使你完全恢复了健康，你又是那么精力旺盛健步如飞了，这样好不好？好极了，再往下说。你本来想只要还能走就行，可你现在又能以 9″ 91 的速度飞跑了；你本来想要是再能跳就好了，可你现在又可以跳过 2.45m 了；你本来想只要还能独立生活就够了，可现在你的用武之地又跟地球一样大了；你本来想只要还能算个人不至于把谁吓跑就谢天谢地了，可现在喜欢你的好姑娘又是数不胜数铺天盖地

你必须要明白，在任何有期徒刑（注意：有期）和有一种大病之间，要是你非得做出选择不可的话，你要选择前者，前者！

而来了。往下说呀，别含糊，说下去。当然你痴心不改——这不是错误，大劫大难之后人不该失去锐气，不该失去热度，你镇定了但仍在燃烧，你平稳了却更加浩荡，你依然爱着那个姑娘爱得山高海深不可动摇，这时候你未来的老丈人老丈母娘自然也不会再反对你们的结合了，不仅不反对，而且把你看作是他们的光彩是他们的荣耀是他们晚年的福气是他们九泉之下的安慰。此刻你是多么幸福，你同你所爱的人在一起，在蓝天阔野中跑，在碧波白浪中游，你会是怎样的幸福！现在就把前面为你设计的那些好运气都搬来吧，现在可以了，把它们统统搬来吧，劫难之后失而复得，现在你才真正是一个幸福的人了。苦尽甜来，对，这才是最为关键的好运道。

苦尽甜来，对，只要是苦尽甜来其实怎么都行，生生病呀，失失恋呀，要要饭呀，挨挨揍呀（别揍坏了），被抄抄家呀，坐坐冤狱呀，只要能苦尽甜来其实都不是坏事。怕只怕苦也不尽，甜也不来。其实都用不着甜得很厉害，只要苦尽也就够了。其实都用不着什么甜，苦尽了也就很甜了。让我们为此而祈祷吧。让我们把这作为一条基本原则，无论如何写进我们的“好运设计”中去吧，无论如何安排在头版头条。

劫难之后失而复得，现在你才真正是一个幸福的人了。苦尽甜来，对，这才是最为关键的好运道。

问题是，苦尽甜来之后又怎样呢？苦尽甜来之后又当如何？哎哟，那道阴影好像又要露头。苦尽甜来之后要是你还没死，以后的日子继续怎样过呢？我们应当怎样继续为你设计好运呢？好像问题还是原来的问题，我们并没能把它解决。当然现在你可以不断地忆苦思甜，不断地知足常乐，我们也完全可以把你以后的生活设计得无比顺利，但这样下去我们是不是绕了一圈又回到那不祥的阴影中去了？你将再没有企盼了吗？再没有新的追求了吗？那么你的心路是不是又要荒芜，于是你的幸福感又要老化、萎缩、枯竭了呢？是的，肯定会是这样。幸福感不是能一次给够的，一次幸福感能维持多久这不好计算，但日子肯定比它长，比它长的日子却永远要依靠着它。所以你不能失去距离，不能没有新的企盼和追求，你一时失去了距离便一时没有了路途，一时没有了企盼和追求便一时失去了兴致和活力，那样我们势必要前功尽弃，那道阴影必会不失时机地又用无聊、用乏味、用腻烦和麻木来纠缠你，来恶心你，同时葬送我们的“好运设计”。当然我们不会答应。所以我们仍要为你设计新的距离，设计不间断的企盼和追求。不过这样你就仍然要有痛苦，一直要有。是的是的，一时没有了痛苦的衬照便一时没有了幸福感。

幸福感不是能一次给够的，一次幸福感能维持多久这不好计算，但日子肯定比它长，比它长的日子却永远要依靠着它。

真抱歉，我们没想到会是这样。我们一向都是好意，想使你幸福，想使你在来世频交好运，没想到竟还得不断地给你痛苦。那道讨厌的阴影真是把咱们整惨了。看看吧，看看是否还有办法摆脱它。真对不起，至少我先不吹牛了，要是您还有兴趣咱们就再试试看，反正事已至此，我想也不必草草率率地回心转意。看在来世的分上，就再试试吧。

看来，在此设计中不要痛苦是不大可能了。现在就只剩了一条路：使痛苦尽量小些，小到什么程度并没有客观的尺度，总归小到你能不断地把它消灭就行了。就是说，你能够不断地克服困难，你能够不断地跨越距离，你能够不断地实现你的愿望，这就行了。痛苦可以让它不断地有，但你总是能把它消灭，这就行了，这样你就巧妙地利用了这些混账玩意儿而不断地得到幸福感了。只要这样行，接下来的事由我们负责。我们将根据以上要求为你设计必要的才能、必要的机运、必要的心理素质、意志品质，以及必要的资金、器械、设施、装备，乃至大夫护士、贤妻良母、孝子乖孙等等一系列优秀的后勤服务。总之，这些我们都能为你设计，只要一个人永远是个胜利者这件事是可能的，只要无论什么样的痛苦总归是能被消灭的这件事是可能的，只要这样，我们的“好运设计”就算成了。只好也就这样了，这样也就算成了。

不过，这是不是可能的？你见没见过永远的胜利者？好吧，没见过并不说明这是不可能的，没见过的我们也可以设计。你，譬如说你就是一个永远的胜利者，那么最终你会碰见什么呢？死亡。对了，你就要碰见它，无论如何我们没法使你不碰见它，感到自己已不再是孩子，是我一生中最致命、最沉重的感觉之一。从那时起，我的自我评价就开始变老——而按照我的观点，年龄是无法估算的。

——拜伦

不感到它的存在，不意识到它的威胁。那么你对它有什么感想？你一生都在追求，一直都在胜利，一向都是幸福的，但当死亡来临的时候，你想你终于追求到了什么呢？你的一切胜利到底都是为了什么呢？这时你不沮丧，不恐惧，不痛苦吗？你从来没碰到过不可逾越的障碍，从来没见过不可消除的痛苦，你就像一个被上帝惯坏了的孩子，从来不知道什么叫失败，从来没遭遇过绝境，但死神终于驾到了，死神告诉你这一次你将和大家一样不能幸免，你的一切优势和特权（即那“好运设计”中所规定的）都已被废黜，你只可俯首帖耳听凭死神的处治，这时候你必定是一个最痛苦的人，你会比一生不幸的人更痛苦（他已经见到了的东西你却一直因为走运而没机会见到），命运在最后跟你算总账了（它的账目一向是收支平衡的），它以一个无可逃避的困境勾销你的一切胜利，它以一个不容置疑的判决报复你的一切好运，最终不仅没使你幸福反而给你一个你一直有幸不曾碰到的——绝望。绝望，当死亡到来之际，这个绝望是如此的货真价实，你甚至没有机会考虑一下对付它的办法了。

怎么办？你怎么办？我们怎么办？你说事情不会是这样，你的胜利依旧还是胜利，它会造福于后人；你的追求并没有白费，它将为后人铺平道路；而这就是你的幸福，所以你不会沮丧不会痛苦你至死都会为此而感到幸福。这太好了，一个真正的幸运者就应该有这样的胸怀有如此高尚的情操——让我们暂时忘记我们只是在为自己设计好运吧，或者让我们暂时相信所有的人都能够享有同样的好运吧——一个幸运者只有这样才能最终保住自己的好运，才能使自己最终得享平安和幸福。但是——但是！就算我们没有发现您的不诚实，一个如您这般聪明高尚的人总该知道您正在把后人的路铺向哪儿吧？铺到哪儿才算成功了呢？铺到所有的人都幸福都没了痛苦的地方？那么他们不是又将面对无聊了吗？当他们迎候死亡时不是就不能再像您这样，以“为后人铺路”而自豪而高尚而心安理得了吗？如果终于不能使所有的人都幸福都没了痛苦，您的高尚不就成了一场骗局，您的胜利又怎么能胜得过阿Q呢？我们处在了两难境地。如果您再诚实点，事情可能会更难办：人类是要消亡的，地球是要毁灭的，宇宙在走向热寂。我们的一切聪明和才智、奋斗和努力、好运和成功到底有什么价值？有什么意义？我们在走向哪儿？我们在朝哪儿走？我们的目的何在？我们的欢乐何在？我们的幸福何在？我们的救赎之路何在？我们真的已经无路可走真的已入绝境了吗？

我们的一切聪明和才智、奋斗和努力、好运和成功到底有什么价值？有什么意义？我们在走向哪儿？我们在朝哪儿走？我们的目的何在？我们的欢乐何在？我们的幸福何在？我们的救赎之路何在？我们真的已经无路可走真的已入绝境了吗？

是的，我们已入绝境。现在你就是对此不感兴趣都不行了，你想糊弄都糊弄不过去了，你曾经不是傻瓜你如今再想是也晚了，傻瓜从一开始就不对我们这个设计感兴趣，而你上了贼船，这贼船已入绝境，你没处可退也没处可逃。情况就是这样。现在我们只占着一项便宜，那就是死神还没驾到，我们还有时间想想对付绝境的办法，当然不是逃跑，当然你也跑不了。其他的办法，看看，还有没有。

事实上你唯一具有的就是过程。一个只想（只想！）使过程精彩的人是无法被剥夺的……

过程。对，过程，只剩了过程。对付绝境的办法只剩它了。不信你可以慢慢想一想，什么光荣呀，伟大呀，天才呀，壮烈呀，博学呀，这个呀那个呀，都不行，都不是绝境的对手，只要你最最关心的是目的而不是过程，你无论怎样都得落入绝境，只要你仍然不从目的转向过程，你就别想走出绝境。过程——只剩了它了。事实上你唯一具有的就是过程。一个只想（只想！）使过程精彩的人是无法被剥夺的，因为死神也无法将一个精彩的过程变成不精彩的过程，因为坏运也无法阻挡你去创造一个精彩的过程，相反你可以把死亡也变成一个精彩的过程，相反坏运更利于你去创造精彩的过程。于是绝境溃败了，它必然溃败。你立于目的的绝境却实现着、欣赏着、饱尝着过程的精彩，你便把绝境送上了绝境。梦想使你迷醉，距离就成了欢乐；追求使你充实，失败和成功都是伴奏；当生命以美的形式证明其价值的时候，幸福是享受，痛苦也是享受。现在你说你是一个幸福的人，你想你会说得多么自信，现在你对一切神灵鬼怪说谢谢你们给我的好运，你看看谁还能说不。

过程！对，生命的意义就在于你能创造这过程的美好与精彩，生命的价值就在于你能够镇静而又激动地欣赏这过程的美丽与悲壮。但是，除非你看到了目的的虚无，你才能够进入这审美的境地，除非你看到了目的的绝望，你才能找到这审美的救助。但这虚无与绝望难道不会使你痛苦吗？是的，除非你为此痛苦，除非这痛苦足够大，大得不可消灭大得不可动摇，除非这样，你才能甘心从目的转向过程，从对目的的焦虑转向对过程的关注，除非这样的痛苦与你同在，永远与你同在，你才能够永远欣赏到人类的步伐和舞姿，赞美着生命的呼喊与歌唱，从不屈获得骄傲，从苦难提取幸福，从虚无中创造意义，直到死神和天使一起来接你回去，你依然没有玩够，但你却不惊慌，你知道过程怎么能有个完呢？过程在到处继续，在人间、在天堂、在地狱，过程都是上帝巧妙的设计。

但是我们的设计呢？我们的设计是成功了呢还是失败了？如果为了使你幸福，我们不仅得给你小痛苦，还得给你大痛苦，不仅得给你一时的痛苦，还得给你永远的痛苦，我们到底帮了你什么忙呢？如果这就算好运，我，比如说我——我的名字叫史铁生，这个叫史铁生的人又有什么必要弄这么一份“好运设计”呢？也许我现在就是命运的宠儿？也许我的太多的遗憾正是很有分寸的遗憾？上帝让我终生截瘫就是为了让我从目的转向过程，所以有那么一天我终于要写一篇题为《好运设计》的散文，并且顺理成章地推出了我的好运？多谢多谢。可我不，可我不！我真是想来世别再有那么多遗憾，至少今生能做做好梦！

每天早上，我通常在九点钟醒来，拿起晨报，查看报上的讣告。如果上面没有我的名字，我就起床。

——哈里·赫什菲尔德

我看出来了——我又走回来了，又走到本文的开头去了。我看出来了，如果我再从头开始设计，我必然还是要得到这样一个结尾。我看出来了，我们的设计只能就这样了。我不知道怎么办了，不知道还能怎么办。上帝爱我！——我们的设计只剩这一句话了，也许从来就只有这一句话吧。

1990 年 2 月 27 日

（本文最初发表于 1990 年《海南纪事》）

03

爱情问题

1. 有人说，世界上，每分每秒都有贝多芬的乐曲在奏响在回荡，如果真有外星人的话，他们会把这声音认作地球的标志（就像土星有一道美丽的环），据此来辨认我们居于其上的这颗星星。这是个浪漫的想象。何妨再浪漫些呢？若真有外星人，外星人爷爷必定会告诉外星人孙子，这声音不过是近二百年来才出现的，而比这声音古老得多的声音是爱情。爱情，几千年来，人类以各种发音说着、唱着、赞美着和向往着它，缠绵激荡片刻不息。因此，外星人爷爷必定会纠正外星人孙子：爱情——这声音，才是银河系中那颗美丽星星的标志呢。

2. 但，爱情是什么？爱情，都是什么呢？

大约不会有人反对：美满的爱情必要包含美妙的性（注：本文中的“性”意指性吸引、性行为、性快乐），而美满的性当然要以爱情为前提。因为世上还有一种叫做友爱的情感，以及一种叫做嫖娼和一种叫做施暴的行为。因而大约也就不会有人反对：爱情不等于性，性也不能代替爱情。如同红灯区里的男人或女人都不能代替爱人。

爱情不等于性，性也不能代替爱情。如同红灯区里的男人或女人都不能代替爱人。

这差不多能算一种常识。

问题是：那个不等同于性的爱情是什么？那个性所不能代替的爱情，是什么？包含性并且大于性的那个爱情，到底是怎么一种事？

3. 也许爱情，就是友爱加性吸引？

就算这机械的加法并不可笑，但是，为什么你的异性朋友不止十个，而爱人却只有一个（或同时只有一个）呢？因为只有一个对你产生性吸引？是吗？

也许有人是。可我不是。我不是而且我相信，像我这样不止从一个异性那儿感受到吸引的人很多，像我这样不止被一个美丽女人惊呆了眼睛和惊动了心的男人很多，像我这样公开或暗自赞美过两个以上美妙异性的人肯定占着人类的多数。

证明其实简单：你还没有看见你的爱人之时，你早已看见了异性的美妙，你被异性惊扰和吸引之后，你才开始去寻找爱人。你在寻找一个事先并不确定的异性做你的爱人，这说明你在选择。你在选择，这说明对你有性吸引力的异性并不只有一个。那么，选择的根据是什么？若仅仅是性，便没有什么爱情发生，因而那是动物界司空见惯的事件，与本文无关。你的根据当然是爱情。

在语言的突变过程中，恋人终于因为对爱情的专注而抹去了他的情偶；通过一种纯粹爱的变态，恋人爱上的是爱情，而非情偶。

——罗兰·巴特

但是爱情是什么眼下还不知道。

现在只知道了一件事：性吸引从来不是一对一的，从来是多向的，否则物种便要在无竞争中衰亡。

4. 我读过一篇小说，写一对恋人（或夫妻）出门去，走在街上、走进商店、坐上公共汽车和坐进餐厅里，女人发现男人的目光常常投向另外的女人（一些漂亮或性感的女人），于是她从扫兴到愤怒终至离开了那男人。这篇小说明显是嘲讽那个男人，相信他不懂得爱情和不忠于爱情。

但该小说作者的这一判断只有一半的可能是对的，只有一半的可能是，那个男人尚未走出一般动物的行列。另外一半的可能是那个女人不懂爱情。首先她没弄清性与爱的分别，性是多指向的，而性的多指向未必不可以与爱的专一共存。其次她把自己仅仅放在了性的位置上，因为只有在这个位置上她与另外那些女人才是可比的。第三，那男人没有因为众多的性吸引而离开她，她可想过这是为什么吗？她显然没想过，因为倒是她仅仅为了性妒忌而离开了她的恋人或丈夫。

性吸引从来不是一对一的，从来是多向的，否则物种便要在无竞争中衰亡。

恋人们或夫妻们，应该承认性吸引的多向性，应该互相允许（公开或暗自）赞赏其他异性之魅力。但是！但是恋人们或夫妻们，可以承认和允许多向的性行为么？不，当然不，至少我不，至少当今绝对多数的人都——不！这，是为什么？这是一个最严重也最有价值的问题。

5. 毫无疑问，是因为爱情，因为必须维护爱情的神圣与纯洁，因为专一的爱情才受到赞扬。但是，这就有点奇怪，这就必然引出两个不能含混过去的问题：

一是，爱情既然是一种美好的情感，为什么要专一？为什么只能对一个人？为什么必须如此吝啬？为什么这吝啬或自私倒要受到赞扬，和被誉为神圣与纯洁？

二是，性吸引既然是多向的，为什么性行为不应该也是多向的？为什么性行为要受到限制，而且是以爱情（神圣与纯洁）的名义来限制？为什么对性的态度，竟是对爱情忠贞与否的（一个很重要的）证明？为什么多向的性吸引可与爱情共存，而多向的性行为便被视为对爱情的不忠？

6. 先说第二个问题。

这不忠的观念，可能是源于早先的把爱情与婚姻、家庭混为一谈，源于婚姻、家庭所关涉的财产继承。所以这不忠，曾经主要是一个经济问题，现在则不过是旧观念的遗留问题。这不无道理。但，这么简单么？那么在今天，爱情已不等同于婚姻、家庭，已常常与经济无涉，这不忠的观念是否就没有了基础就很快可以消逝了呢？或者这不忠的观念，仅仅是出于动物式的性争夺，在宽厚豁达和更为进步的人那儿已不存在？

我知道一位现代女性，她说只要她的丈夫是爱她的，她丈夫的性对象完全可以不限于她，她说她能理解，她说她自己并不喜欢这样，但是她能理解她的丈夫，她说“只要他爱我，只要他仍然是爱我的，只要他对别人不是爱，他只爱我”。可是，当那男人真的有了另外的性对象，而且这样的事情慢慢多起来时，这位现代女性还是陷入了痛苦。不，她并不推翻原来的诺言，她的痛苦不是因为旧观念的遗留，更不是性忌妒，而是一个始料未及的问题：“可我怎么能知道，他还是爱我的？”她说，虽然他对她一如既往，但是她忽然不知道为什么他还是爱她的。她不知道在他眼里和心中，她与另外那些女人有什么不同。她不知道为什么她不是与另外那些女人一样，也仅仅是他的一个性对象？她问：“什么能证明爱情？”一如既往的关心、体贴、爱护、帮助……这些就是爱情的证明么？可这是母爱、父爱、友爱、兄弟姐妹之爱也可以做到的呀？但是爱情，需要证明，需要在诸多种爱的情感中独树一帜，表明那不是别的那正是爱情！

什么，能证明爱情？

7. 曾有某出版社的编辑，约我就爱情之题写一句话。我想了很久，写了：没有什么能够证明爱情，爱情是孤独的证明。

什么是爱？这其实很简单。凡是提高、充实、丰富我们的生活的东西就是爱。通向一切高度和深度的东西就是爱。

——卡夫卡

爱由两个人以不同种类的孤独方式构成。

——路易·阿拉贡

这句话很可能引出误解，以为就像一首旧民谣中所表达的愿望，爱情只是为了排遣寂寞（那首旧民谣这样说：小小子儿，坐门墩儿，哭着喊着要媳妇儿。要媳妇儿干吗呀？点灯说话儿，吹灯就伴儿，早上起来梳小辫儿）。不，孤独并不是寂寞。无所事事你会感到寂寞，那么日理万机如何呢？你不再寂寞了，但你仍可能孤独。孤独也不是孤单。门可罗雀你会感到孤单，那么门庭若市怎样呢？你不再孤单了，但你依然可能感到孤独。孤独更不是空虚和百无聊赖。孤独的心必是充盈的心，充盈得要流溢出来要冲涌出去，便渴望有人呼应他、收留他、理解他。孤独不是经济问题，也不是生理问题，孤独是心灵问题，是心灵间的隔膜与歧视甚或心灵间的战争与戕害所致。那么摆脱孤独的途径就显然不能是日理万机或门庭若市之类，必须是心灵间戕害的停止、战争的结束、屏障的拆除，是心灵间和平的到来。心灵间的呼唤与呼应、投奔与收留、袒露与理解，那便是心灵解放的号音，是和平的盛典是爱的狂欢。那才是孤独的摆脱，是心灵享有自由的时刻。

但是这谈何容易，谈何容易！

没有什么能够证明爱情，爱情是孤独的证明。

让我们记起人类社会是怎样开始的吧。那是从亚当和夏娃偷吃了禁果于是知道了善恶之日开始的，是从他们各自用树叶遮挡起生殖器官以示他们懂得了羞耻之时开始的。善恶观（对与错、好与坏、伟大与平庸与渺小等等），意味着价值和价值差别的出现。羞耻感（荣与辱、扬与贬、歌颂与指责与唾骂等等），则宣告了心灵间战争的酿成。这便是人类社会的独有标记，这便是原罪吧。从那时起，每个人的心灵都要走进千万种价值的审视、评判、褒贬乃至误解中去（枪林弹雨一般），每个人便都不得不遮挡起肉体和灵魂的羞处，于是走进隔膜与防范，走进了孤独。但从那时起所有的人就都生出了一个渴望：走出孤独，回归乐园。

那乐园就是，爱情。

8. 寻找爱情，所以不仅仅是寻找性对象，而根本是寻找乐园，寻找心灵的自由之地。这样看来，爱情是可以证明的了。自由可以证明爱情。自由或不自由，将证明那是爱情或者不是爱情。

寻找爱情，所以不仅仅是寻找性对象，而根本是寻找乐园，寻找心灵的自由之地。

自由的降临要有一种语言来宣告。文字已经不够，声音已经不够，自由的语言是自由本身。解铃还须系铃人。孤独是从遮掩开始的，自由就要从放弃遮掩开始。孤独是从防御开始的，自由就要从拆除防御开始。孤独是从羞耻开始的，自由就要从废除羞耻开始。孤独是从衣服开始，从规矩开始，从小心谨慎开始，从距离和秘密开始，那么自由就要从脱去衣服开始，从破坏规矩开始，从放浪不羁开始，从消灭距离和泄露秘密开始……（我想，相视如仇一定是爱的结束，相敬如宾呢，则可能还不曾有爱。）

性行为是一种语言。在爱人们那儿，袒露肉体已不仅仅是生理行为的揭幕，更是心灵自由的象征；炽烈地贴近已不单单是性欲的催动，更是心灵的相互渴望；狂浪的交合已不只是繁殖的手段，而是爱的仪式。爱的仪式不能是自娱，而必得是心灵间的呼唤与应答。爱的仪式，并不发生在一个与世隔绝的孤岛，爱的仪式是百年孤独中的一炬自由之火。在充满心灵战争的人间，唯这儿享有自由与和平。这儿施行与外界不同甚或相反的规则，这儿赞美赤身裸体，这儿尊敬神魂颠倒，这儿崇尚礼崩乐坏，这儿信奉敞开心扉。这就是爱的仪式。爱的表达。爱的宣告。爱的倾诉。爱之祈祷或爱之祭祀。

9. 君王与嫔妃、嫖客与娼妓、爱人之间，其性行为之方式的相同点想必很多，那是由于身体的限制。但其性行为之方式的不同点肯定更多，因为，即便是相同的行动也都流溢着不同的表达，那是源自心灵的创造。

譬如哭，是忧伤还是矫情，一望可知。譬如笑，是欢欣还是敷衍，一望可知。譬如西门庆和查泰莱夫人的情人，其境界的大不同一读可知。这很像是人们用着相同的文字，而说着不同的话语。相同的文字大家都认得，不同的话语甚至不能翻译。

顺便想到：什么是淫荡呢？在不赞成禁欲的人看来，并没有淫荡的肉身，只有淫荡的心计。只要是爱的表达（譬如查泰莱夫人与其情人），一切礼崩乐坏的作为都是真理，并无淫荡可言。而若有爱之外的指向（譬如西门庆），再规范再八股的行动也算流氓。

10. 性是爱的仪式，爱情有多么珍重，性行为就要多么珍重。好比，总不能在婚礼上奏哀乐吧，总不能为了收取祭品就屡屡为亲娘老子行葬礼吧。仪式，大约有着图腾的意味，是要虔敬的。改变一种仪式，意味着改变一种信念，毁坏一种仪式就是放弃一种相应的信念。性行为，可以是爱的仪式，当然也可以是不爱的告白。

这就是为什么，对性的态度，是对爱情忠贞与否的一个重要证明。这就是为什么，性要受到限制，而且是以爱情的名义。

爱情，不是自然事件，不是荒野上交媾的季节。爱情是社会事件，在亚当夏娃走出伊甸园之后发生，爱情是在相互隔膜的人群里爆发的一种理想，并非一种生理的分泌。所以性不能代替爱情。所以爱情包含性又大于性。

性是爱的仪式，爱情有多么珍重，性行为就要多么珍重……改变一种仪式，意味着改变一种信念，毁坏一种仪式就是放弃一种相应的信念。性行为，可以是爱的仪式，当然也可以是不爱的告白。

11. 再说第一个问题：爱情既然是美好的感情，为什么要专一？为什么不该多向呢？为什么不该在三个以至一万个人之间实现这种感情呢？好东西难道不应该扩大，倒应该缩小到只是一对一？多向的爱情，正可与多向的性吸引相和谐，多向的性行为何以不能仍然是爱的仪式呢？那岂不是在更大的范围里摆脱孤独么？岂不是在更大的范围里敞开心扉，实现心灵的自由与和平么？这难道不是更美好的局面？

不能说这不是一个美好的理想。这差不多与世界大同类似，而且不单是在物质享有上的大同。在我想来，这更具有理想的意味。至少，以抽象的逻辑而论，没有谁能说出这样的局面有什么不美和不好。若有不美和不好，则必是就具体的不能而言。问题就在这儿，不是不该，而是不能。不是理想的不该，不是逻辑的不通，也不是心性的不欲，而是现实的不能。

为什么不能？

非常奇妙：不能的原因，恰恰就是爱情的原因。简而言之：孤独创造了爱情，这孤独的背景，恰恰又是多向爱情之不能的原因。倘万众相爱可如情侣，孤独的背景就要消失，于是爱情的原因也将不在。孤独的背景即是我们生存的背景，这与悲观和乐观无涉，这是闭上眼睛也能感受到的事实，所以爱情应当珍重，爱情神圣。

倘有三人之恋，我看应当赞美，应当感动，应当颂扬。这与所谓第三者绝无相同，与群婚、滥交、纳妾、封妃更是天壤之别。唯其可能性微乎其微。更别说四。

倘有三人之恋，我看应当赞美，应当感动，应当颂扬。

12. 我知道有一位性解放人士，他公开宣称他爱着很多女人，不是友爱而是包含性且大于性的爱情，他的宣称不是清谈，他宣称并且实践。这实践很可能值得钦佩。但不幸，此公还有一个信条：诚实。（这原不须特别指出，爱情嘛，没有诚实还算什么？）于是苦恼就来了，他发现他走进了一个二律背反的处境：

要保住众多爱情就保不住诚实，要保住诚实就保不住众多爱情。因为在他众多地诚实了之后，众多的爱人都冲他嚷：要么你别爱我，要么你只爱我一个！于是他好辛苦：对A瞒着B，对B瞒着C，对C瞒着A B，对B瞒着A C……于是他好荒唐：本意是寻找自由与和平，结果却得到了束缚和战争，本意要诚实，结果却欺瞒，本意要爱，结果他好孤独。他说他好孤独，我想他已开始成人。他或者是从动物进化成人了，或者是从神仙下凡成人了，总之他看见了人的处境。这处境是：心与心的自由难得，肉与肉的自由易取。这可能是因为，心与心的差别远远大于肉与肉的差别，生理的人只分男女，心灵的人千差万别。这处境中自由的出路在哪儿？我想无非两条：放弃爱情，在欺瞒中去满足多向的性欲，麻醉掉孤独中的心灵，和，做爱情的信徒，知道她非常有限，因而祈祷因而虔敬，不恶其少，恶其不存，唯其存在，心灵才注满希望。

13. 不过真正的性解放人士，可能并不轻视爱，倒是轻视性。他们并不把性与爱联系在一起，不认为性有爱之仪式的意义，为什么吃不是爱的告白呢？性也不必是。性就是性，如同吃就是吃，都只是生理的需要与满足，爱情嘛，是另一回事。这不失为一个聪明的主张。你可以有神圣的专注的爱情，同时也可以有随意的广泛的性行为，既然爱与性互不相等，何妨更明朗些，把二者彻底分割开来对待呢？真的，这不见得不是一个好

人群不是伴侣，面孔只是画廊，只用清脆的高音说话，便没有爱情可言。

——弗朗西斯·培根

主意，性不再有自身之外的意义，性就可以从爱情中解放出来，像吃饭一样随处可吃，不再引起其他纠葛了。但是，爱，还包含性么？当然包含，爱人，为什么不能也在一块吃顿饭呢？爱情的重要是敞开心扉不是吗，何须以敞开肉体为其宣布？敞开肉体不过是性行为一项难免的程序，在哪儿吃饭不得先有个碗呢？所以我看，这主张不是轻视了爱，而是轻视了性，倘其能够美满，就真是人类的一次伟大转折。

但是这样，恐怕性又要失去光彩，被轻视的东西必会变得乏味，唾手可得的东西只能使人舒适，不能令人激动，这道理相当简单，就像绝对的自由必会葬送自由的魅力。据说在性解放广泛开展的地方，同时广泛地出现着性冷漠，我相信这是真的，这是必然。没有了心灵的相互渴望，再加上肉体的沉默（没有另外的表达），性行为肯定就像按时的服药了。假定这不重要，但是爱呢？爱情失去了什么没有？

爱情失去了一种最恰当的语言。这语言随处滥用，在爱的时候还能表达什么呢？还怎么能表达这不同于吃饭和服药的爱情呢？正所谓“假作真时真亦假，无为有处有还无”了。爱情，必要有一种语言来表达，心灵靠它来认同，自由靠它来拓展，和平靠它来实现，没有它怎么行？而且它，必得是不同寻常的、为爱情所专用的。这样的语言总是要有的，不是性就得是其他。不管具体是什么，也一样要受到限制，不可滥用，滥用的结果不是自由而是葬送自由。

既然这样，作为爱的语言或者仪式，就没有什么别的东西能够优于性。因为，性行为的方式，天生酷似爱。其呼唤和应答，其渴求和允许，其拆除防御和解除武装，其放弃装饰和袒露真实，其互相敞开与贴近，其互相依靠与收留，其随心所欲及轻蔑规矩，其携力创造并共同享有，其极乐中忘记你我，刹那间仿佛没有了差别，其一同赴死的感觉但又一起从死中回来，曾经分离但现在我们团聚，我们还要分离但我们还会重逢……这些形式都与爱同构。说到底，性之中原就埋着爱的种子，上帝把人分开成两半，原是为了让他们体会孤独并崇尚爱情吧。上帝把性和爱联系起来，那是为了，给爱一种语言或一个仪式，给性一个引导或一种理想。上帝让繁衍在这样的过程里面发生，不仅是为了让一个物种能够延续，更是为了让宇宙间保存住一个美丽的理想和美丽的行动。

14. 可为什么，性，常常被认为是羞耻的呢？我想了好久好久，现在才有点明白：禁忌是自由的背景，如同分离是团聚的前提。

可为什么，性，常常被认为是羞耻的呢？我想了好久好久，现在才有点明白：禁忌是自由的背景，如同分离是团聚的前提。

这是一个永恒的悖论。

这是一切“有”的性质，否则是“无”。

我们无法谈论“无”，我们以“有”来谈论“无”。

我们无法谈论“死”，我们以“生”来谈论“死”。

我们无法谈论“爱情”，我们以“孤独”来谈论“爱情”。

一个永恒的悖论，就是一个永恒的距离，一个永恒孤独的现实。

永恒的距离，才能引导永恒的追寻。永恒孤独的现实，才能承载永恒爱情的理想。所以在爱的路途上，永恒的不是孤独也不是团聚，而是祈祷。

祈祷。

一切谈论都不免可笑，包括企图写一篇以《爱情问题》为题的文章。某一个企图写这样一篇文章的人，必会在其文章的结尾处发现：问题永远比答案多。除非他承认：爱情的问题即是爱情的答案。

1993 年 12 月 28 日

（本文最初发表于 1994 年《钟山》）

04

记忆迷宫

人们越来越多地使用电脑写作了。人们夸奖“386”比“286”好、“486”比“386”更好，那情形很像是在夸奖这个人比那个人更聪明。就像智力比赛，所谓“更聪明”即是说：运算（理解）的速度更快，存储（记忆）的信息更多，以及表达得更准确和联想的范围更宽广。于是有一个可笑的问题提出：用“486”写作，会比用“286”写得更好吗？这个可笑的问题甚至不用回答。但与这个问题同样可笑的逻辑却差不多通行，比如：要是我们写得不及某人，我们首先会怪罪我们的大脑不及某人。

如果作品的美妙和作者的智商不成正比，如果我们的文学止步不前而世界上仍在不断涌现出伟大的作家，我们主要应该怪罪什么呢？如果“486”并没有写出比“286”更有新意更有

如果作品的美妙和作者的智商不成正比，如果我们的文学止步不前而世界上仍在不断涌现出伟大的作家，我们主要应该怪罪什么呢？

我的无意识的思想总能找到我无法找到的中心。

——奥登

魅力的作品，大家都明白，是坐在“486”前面敲打键盘的那个人不行。如果一个智商很高的大脑却缺乏创造力，只能不断地临摹前人和复制生活，其原因何在呢？

我看过一位哲学家写的一篇谈“电脑与灵魂”的文章，其中有这样一段话：

躯体和灵魂之间的模糊分别通常是理解为躯体与心灵，或者大脑与心灵之间的分别。研究这分别的一个途径是问：大脑是否能够做到心灵所能做的一切……

当然，目前更受注目的一个问题是电子计算机（电脑）是否有人……一样的能力……假如电子计算机能做到的跟人一样，则我们也只不过是电子计算机而已；也就是说，我们的存在也并不独特。从这个角度看，我们其实正在问“人是否存在”——一个与传统问题“神是否存在”有同样重要性的问题。

显然，大脑做不到心灵所能做到的一切。心灵比大脑广阔得多，深远得多，复杂得多。甚至所谓无限，我想其实也只是就心灵的浩渺无边而言。我们生存的空间有限，我们经历的时间有限，但我们心灵的维度是无限的。在电脑方兴未艾突飞猛进的时代，我们更容易发现，人的独特之处，究其根本不在于大脑，不在于运算得更快和记忆得更牢，而在于心灵的存在。浩渺无边的心灵，是任何大脑和电脑所无法比拟的。再高超的电脑也是人的造物，再聪明的大脑如果没有心灵隐于其后，也只近似传声筒或复印机。恰恰是心灵的浩渺无边，使人的大脑独具创造力，使文学成为必要，使创作能够永恒，使作家常常陷入迷茫也使作家不断走进惊喜。大脑不能穷尽心灵，因此我们永远为心灵所累不得彻底解脱，也因此，我们的创作才有了永无穷尽的前途。

所以，如果“486”写得不如“286”，我们应该怀疑的是：在“486”前面，“人是否存在”？键盘噼噼啪啪地敲响着，当然不能怀疑一个血肉之躯的存在，也不能怀疑一个正常大脑的存在，但我们有理由怀疑心灵是否存在，就是说，聪明的电脑或者聪明的大脑是否联通了心灵，其运作是否听命于心灵？心灵不在，即是人的不在，一台聪明的电脑或大脑便是人或上帝的一次盲目投资。当然，并不否定聪明的作用，但写作如果仅仅是大脑对大脑的操作，则无论是什么级别的大脑都难免走入文学的穷途。文学的无穷天地，我想可以描述为：大脑对心灵的巡察、搜捕和缉拿归案。聪明对于写作是一件好事，正如侦探的本事高超当然更利于破案，但侦探如果单单乐意走进市场而不屑于巡察心灵，我们就可能只有治安和新闻，而没有文学了。

聪明对于写作是一件好事，正如侦探的本事高超当然更利于破案，但侦探如果单单乐意走进市场而不屑于巡察心灵，我们就可能只有治安和新闻，而没有文学了。

心灵是什么呢？以及，心灵在哪儿？

我记得有一位哲学家（记不住他的名字）写过一本书（也记不住它的题目），书中问道：“我在哪儿？”胳膊是我的，“我”

在胳膊里么？但没有了胳膊，却依然故“我”。腿呢？也一样，“我”也不在腿里。那么“我”在心脏或大脑里了？但是把心脏或大脑解剖开来找吧，还是找不到“我”。虽然找不到，但若给心脏或大脑上加一个弹孔，“我”便消失。

“我”，看来是一个结构，心灵是一个结构，死亡即是结构的消散或者改组。那么这个结构都包含什么呢？设想把一个人所有不致命的器官都摘除，怎样呢？这个人很可能就像一棵树或者一株草了。健全的生理就能够产生心灵么？那么把一个生理健全的人与世隔绝起来，隔绝得完全彻底，他的心灵还能有什么呢？心灵并不像一个容器，内容没有了容器还可以存在，不，心灵是一个结构，是信息的组织，是与信息共生共灭的。所以，心灵的构成当然不等于生理的构成，心灵的构成正是“天人合一”，主观与客观的共同参与，心灵与这个世界同构。世界是什么？如果世界不能被我们认识穷尽，我们一向所说的世界到底是什么呢？我想，这世界，就重叠在我们的心灵上。虽然我们不能穷尽它，但是它就在那儿，以文学的名义无止无休地诱惑着我们，召唤着我们。

这世界，就重叠在我们的心灵上。虽然我们不能穷尽它，但是它就在那儿，以文学的名义无止无休地诱惑着我们，召唤着我们。

我在写一篇小说的时候，发现了一个悖论：

我是我的印象的一部分

而我的全部印象才是我

我没有用“记忆”，而是用了“印象”。因为往日并不都停留在我的记忆里，但往日的喧嚣与骚动永远都在我的印象中。因为记忆只是阶段性的僵死记录，而印象是对全部生命变动不居的理解和感悟。记忆只是大脑被动的存储，印象则是心灵仰望神秘时，对记忆的激活、重组和创造。记忆可以丢失，但印象却可使丢失的生命重新显现。一个简单的例证是：我们会忘记一行诗句，但如果我们的心绪走进了那句诗的意境，我们就会丝毫不差地记起它；当然那得是真正的诗句。一个众所周知的例证是：普鲁斯特在吃玛德莱小点心时，一瞬间看遍了自己的一生。如普鲁斯特一样的感受，几乎我们每个人都有过。

但是，印象中的往事是否真实呢？这也许就先要问问：真实是什么？当我们说“真实”的时候，这“真实”可能指的是什么？

我想引用我正在写着的一部小说中的一段话：

当一个人像我这样，坐在桌前，沉入往事，想在变幻不住的历史中寻找真实，要在纷纷纭纭的生命中看出些真实，真实便成为一个严重的问题。真实便随着你的追寻在你的前面破碎、分解、融化、重组……如烟如尘，如幻如梦。

我走在树林里，那两个孩子已经回家。整整那个秋天，整整那个秋天的每个夜晚，我都在那片树林里踽踽独行。一盏和一盏路灯相距很远，一段段明亮与明亮之间是一段段黑暗与黑暗，我的影子时而在明亮中显现，时而在黑暗中隐没。凭空而来的风一浪一浪地掀动斑斓的落叶，如同

普鲁斯特在吃玛德莱小点心时，一瞬间看遍了自己的一生。如普鲁斯特一样的感受，几乎我们每个人都有过。

写作，那是我生命中唯一存在的事，它让我的生命充满乐趣。我这样做了。始终没有停止过写作。

——玛格丽特·杜拉斯

掀动着生命的印象。我感觉自己就像是这空空的来风，只在脱落下和旋卷起斑斓的落叶之时，才能捕捉到自己的存在。

往事，或者故人，就像那落叶一样，在我生命的秋风里，从黑暗中飘转进明亮，从明亮中逃遁进黑暗。在明亮中的，我看见他们，在黑暗里的我只有想象他们，依靠那些飘转进明亮中的去想象那些逃遁进黑暗里的。我无法看到黑暗里他们的真实，只能看到想象中他们的样子，随着我的想象，他们飘转进另一种明亮。这另一种明亮，是不真实的么？当黑暗隐藏了某些落叶，你仍然能够想象它们，因为你的想象可以照亮黑暗，可以照亮它们，但想象照亮的它们并不就是黑暗隐藏起的它们，可这是我所能得到的唯一的真实。即便是那些明亮中的，我看着它们，它们的真实又是什么呢？也只是我印象中的真实吧，或者说仅仅是我真实的印象。往事，和故人，也是这样，无论他们飘转进明亮还是逃遁进黑暗，他们都只能在我的印象里成为真实。

真实并不在我的心灵之外，在我的心灵之外并没有一种叫做真实的东西原原本本地待在那儿。真实，有时候是一个传说甚至一个谣言，有时候是一种猜测，有时候是一片梦想，它们在心灵里鬼斧神工地雕铸我的印象。而且，它们在雕铸我的印象时，顺便雕铸了我。否则我的真实又是什么呢，又能是什么呢？这些印象的累积和编织，那便是我了。

所有的小说，也许都可以说是记忆的产物，因为没有记忆便不可能有小说。但这样类推的话，我们也可以说没有乐器便没有音乐，没有刀斧便没有雕塑，没有颜料便没有图画，没有地球便没有人类。如此逻辑不失为真理，但如此真理也不失为废话。有意义的问题是：记忆，在创作者那儿，发生了什么？相关的问题是：为什么会发生？相似的问题是：我们为什么要写作？

记忆，在创作者那儿已经面目全非，已经走进另一种存在。我又要引一段我曾写过的话：

记忆，在创作者那儿，发生了什么？相关的问题是：为什么会发生？相似的问题是：我们为什么要写作？

> 我生于1951年。但在我，1951年却在1955年之后发生。1955年的某一天，我记得那天日历上的字是绿色的，时间，对我来说就始于这个周末。在此之前，1951年是一片空白，1955年那个周末之后它才传来，渐渐有了意义，才存在。但1955年那个周末之后，却不是1955年的一个星期天，而是1951年冬天的某个凌晨——传说我在那个凌晨出生，我想象那个凌晨，于是1951年的那个凌晨抹杀了1955年的一个星期天。那个凌晨，我来到人间，奶奶说那天下着大雪。但在我，那天却下着1956年的雪，我不得不用1956年的雪去理解1951年的雪，从而1951年的冬天有了形象，不再是

每个魔术师都有自己的仪式。比如说，海顿只有戴着撒有扑粉的假发时才能作曲。写作也是一种招魔法术。

——卡夫卡

空白。然后是1958年，这年我上了学，这一年我开始理解了一点儿太阳、月亮和星星的关系。而此前的1957年呢，则是1964年时才给了我突出的印象，那时我才知道一场反右运动大致的情况，因而1957年下着1964年的雨。再之后有了公元前，我知道了并设想着远古的某些历史，而公元前中又混含着对2001年的幻想，我站在今天设想远古又幻想未来，远古和未来在今天随意交叉，因而远古和未来都刮着现在的风。

我理解，博尔赫斯的《交叉小径的花园》是指一个人的感觉、思绪和印象，在一个人的感觉、思绪和印象里，时间成为错综交叉的小径。他强调的其实不是时间，而是作为主观的人的心灵，这才是那迷宫的全部。

这已经不能说是记忆了，这显然也不是大脑猎奇的企图所致。这样的重组或者混淆，以及重组和混淆的更多可能性，乃是大脑去巡察心灵的路径，去搜捕和缉拿心灵的作为。昆德拉说（大意）：“没有发现，就不能算得好小说。”我想，写作肯定不是为了重现记忆中的往事，而是为了发现生命根本的处境，发现生命的种种状态，发现历史所不曾显现的奇异或者神秘的关联，从而，去看一个亘古不变的题目：我们心灵的前途，和我们生命的价值，终归是什么？

我们心灵的前途，和我们生命的价值，终归是什么？

这样的发现，是对人独特存在的发现，同时是对神的独特存在的发现。

这样的发现肯定是永无终结的，因为，比如说我们的大脑永远巡察不尽我们的心灵，比如说我们的智力永远不能穷尽存在的神秘，比如说存在是一个无穷的运动我们永远都不能走到终点，比如说我们永远都在朝圣的途中但永远都不能走到神的位置。也就是说，我们对终极的发问，并不能赢得终极的解答和解决。就像存在是一个永恒的过程一样，生命的意义是一个永恒的问题。比如艺术，谁能给它一个终极的解答么？比如爱，谁能给它一个终极的解决，从而给我们一个真正自由和博爱的世界？自由和爱永远是一个问题。自由和爱，以问题的方式而不是以答案形态，叠入我们的心灵。要点在于：这样的问题，有，还是没有？有和没有，即是神的存在和不存在，即是心灵的醒悟或者迷途。这差不多就是我们为什么要写作的理由了。

记忆给了我们这样的方便。

1994 年 4 月 12 日

（本文最初发表于 1994 年《今天》）

就像眼睛需要光线才能看见一样，大脑需要思想才能构想。
——拿破仑·希尔

05 私人大事排行榜

这半个世纪留给了我们些什么？你能说出这半个世纪对你而言的一件或十件大事吗？当然，当你收到这份组稿函时，你就已经知道了这里所谓的“大事”，纯粹是就个人的思想经历而言的。——引自《1999 独白》组稿函。

佛家有一说：杀一生命，等于杀一世界。那么，一个生命的出生也就是一个世界的出生了，任何个人，都是独一无二的世界。

1

于我而言，本世纪下半叶的头一件大事，自然是我的出生。因为这是一切于我而言的经验和意义（包括“本世纪下半叶”这样一个概念）的前提，是独白的不容商量的出发点。

由于我的出生，世界开始以一个前所未有的角度被观察，历史以一个前所未有的编排被理解，意义以一次前所未有的情感被询问。尽管这对他人来说是一件微乎其微的小事，对历史来说是一个完全可以忽略的小小颤动，但那却是我的全部——全部精神际遇的严峻。佛家有一说：杀一生命，等于杀一世界。那么，一个生命的出生也就是一个世界的出生了，任何个人，都是独一无二的世界。

有一年，由报纸传来了一个消息：地球上已经活着五十亿个人了。我不曾计算这是第几件，但是我立刻相信这是一件大事：五十亿个世界中有多少被忽略的严峻呢？但可以肯定，五十亿个世界之间，有着趋近无限的相互沟通的欲望。

2

沟通的欲望，大约可算作第二件大事。当出生不由分说地把我局限在纷纭历史和浩瀚人群中的一个点上，我感到，我就是在这样的欲望中长大的；我猜测别人也会是这样。我说“大约可算作第二件大事”，是因为我预料这可能还是最后一件大事：这个欲望会毫不减弱地跟随我，直到生命的终点。

然而，沟通的欲望，却暗含了沟通的悲观处境：沟通既是欲望和永远的欲望，这欲望就指示了人之间的阻障和永远的阻障。人所企盼的东西必不是已经成为现实的东西，人之永久的企盼呢，当然就表明着永久的不可实现。

沟通的欲望，却暗含了沟通的悲观处境：沟通既是欲望和永远的欲望，这欲望就指示了人之间的阻障和永远的阻障。

不久前我参加了一次文学讨论会，题目就是：“沟通”。但就在这样一个美好的题目下，语言这个老奸巨猾的魔术家（抑或水性杨花的风流娘们儿）略施小计，就把一群安分与不安分的作家搞得晕头转向。我看见：语言的阻障，就像语言的求生一样坚强。我听见：同操汉语的讨论者们，谁也没有真正听懂谁的话，在几乎每一个词上都发生不止一个误解。我感到：这些误解是解释不清的，至少我不知道怎样才能解释清楚，因为在解释的过程中，你不得不又去求助那些狡猾的语言，继续繁衍同样多的误解。那一刻，我对语言甚至有了鲁迅先生对阿Q的那种情绪：怒其不争，怜其不幸。

确实，人一直是在解释的路上，且无尽头。事实上，未必是我们在走路，而是路在走我们，就像电路必要经由一个个电子元件才成其为一个完整的游戏。上帝在玩其莫测高深的“电路”，而众人看那游戏，便有了千差万别的指向或意味。写作（或文学）自然也就是这样，唯一可能的共识就是这条路的没有尽头，而每个路口或路段都是独特的个人的命运，其不可替代性包含着相互不可彻底理解的暗示。

写作（或文学）自然也就是这样，唯一可能的共识就是这条路的没有尽头，而每个路口或路段都是独特的个人的命运，其不可替代性包含着相互不可彻底理解的暗示。

沉默就常常是必要的。沉默可以通向有声有形的语言所不能到达的地方，就像浪，舒缓下来，感悟到了水的深阔、水对浪的包容、水于浪的永久的梦想意义。

3

因此梦想成为第三件大事。但绝不是说梦想是第三等大

我写作不是因为那里有一位读者，
我写作是因为那里有文学。
——苏珊·桑塔格

事——好比排在元帅之后的上将，不，梦想也是元帅，第三位元帅倒可能是最能征善战的一位。

沟通，在现实那儿不受重用，便去投在梦想的麾下。

想一想，人可能实现的事物都有什么呢？无外乎衣食住行、生老病死、劳作与繁衍。而这一切，比如说荒野上的狼群和蜂族也都在一一执行，代代相传。一旦破出这个范围，则必发现：已是在梦想的领地。想一想吧：果腹之后的美食，御寒之外的时装，繁殖之上的爱情，富足之下的迷茫，死亡面前的意义，以及眺望中的远方，猜测中的未来，童年的惊奇与老年的回忆……人更多的时候是在梦想里活的。但人却常常忘恩负义，说梦想是最没有用处的东西。“做梦！”——这不是斥责便是嘲讽，否则是警告。但是，倘无梦想——我曾在另外的地方写过类似的话——人又是什么呢？电脑？机器？定理？程序？布设精确的多米诺骨牌？仪态得体的五十亿蜡像？由于电脑的不可一世，我们终于有机会发现，人的优势只有梦想了。有了梦想，人才可以在无限的时空与未知的威慑下，使信心得着源泉，使未来抱住希望，使刻板的一天二十四小时有其变化万千的可能。简而言之，它有无限的未知，我有无限的知欲；它有无限的阻障，我有无限地跨越阻障的向往；它是命定之规限，我是舍命之狂徒。这就是可尊可敬的梦想，是梦想可以欢笑的理由。

在没有终点的路上，可否说，沟通（以及一切属于精神的向往）已在梦想中实现了呢？但不是实现了，而是实现着。永远地实现着，不是更好么？我时刻感到，梦想是人生唯一乐观的依仗，尽管你也可以说这里面藏着无可奈何的因素。但是若问：梦想终于把我们送去何处？这就显得有点智力迟钝，它既无终点，当然是把我们送去对梦想的梦想，送去对梦想的爱戴与跟随。

除非遁入世界之中，否则又怎么会对这个世界感到欣喜呢？
——卡夫卡

4

关于梦想的意义，没有谁比加斯东·巴什拉在其《梦想的诗学》（刘自强译）中说得更好。我信手拣几句抄在这里（抄它，本身就有一种梦想的快乐）：

- 面对真实的世界，人们能在自己身上发现那忧虑的本体存在。那时他们感到被抛到世界上，被抛到消极无人性的世界里，这时的世界是杳无人性的虚无。这时，我们的现实机能使我们不得不去适应现实，不得不把自己作为某种现实建立起来……但是梦想就其本质而言，不正是要把我们从现实的机能中解放出来吗？
- 由于非现实机能的巧妙性，我们通过想象回到信任的世界，有自信的生存世界，梦想固有的世界。
- 爱是两种诗情的相逢，两种梦想的融会……两颗孤独心灵的梦想滋润着温馨的爱情。一位对爱的激情持现实主义态度的人在爱情的表达中只能看到一种窠臼。但是伟大的激情仍然从伟大的梦想产生。如果将爱情与其整个非现实的性质相分离，那么爱情的现实性便会被破坏殆尽。

• 童年持续于人的一生，童年的回归使成年生活的广阔区域呈现出蓬勃的生机。……当梦想为我们的历史润色时，我们心中的童年就为我们带来了它的恩惠。必须和我们曾经是的那个孩子共同生活……从这种生活中人们得到一种对根的认识，人的本体存在这整棵树都因此而枝繁叶茂。

• 记忆是心理的废墟，是回忆的旧货铺。应该重新对我们的整个童年进行想象。在重新想象童年时，我们有可能在孤独孩子的梦想生活本身之中再发现这一童年。

• 因此，让我们不按数字去梦想，梦想我们的青年时代、童年时代。啊！这些时代已经远去！我们内在的千年如此古远！那属于我们的，在我们身心中的千年，几乎行将吞没先于我们的存在！当人深入梦想时，会永远无休止地开始。

• 对宇宙的梦想使我们离开有谋划的梦想。对宇宙的梦想将我们放在一个天地中而不是一个社会里。……那会是一种心灵状态……那是整个心灵与诗人的诗的天地的全盘表露。

• 想象力致力于展示未来。它首先是一种使我们摆脱沉重的稳定性羁绊的危险因素。……这些遐想拓宽了我们的生存空间，并使我们对宇宙充满信心。

生命问题的解决，是在于这个问题的消失……但是，对一个人来说，生命不再成为问题，这样活下去难道是可能的吗？

——维特根斯坦

是啊，尽管很快乐，但是不能再抄了，否则这篇文章到底算是谁写的呢？——这是一个挺无聊的现实概念，但你不能不记住它，因为我们不得不把自己作为某种现实建立起来。

5

电脑是一件大事吗？暂时还不是，它还只是一种很好用的小机器。但它将来也许是，倘其也有了梦想那才真正是一件大事。要是它有一天梦想着消灭人的梦想，试图与我们调换一下位置，那才是一件可怕的大事。它又吟诗又作画又谈情说爱，而我们待在一个小箱子里被标明型号被叫做“信息高速公路”，那事儿可就大了。我们唧唧吱吱地在地上跑，唧唧吱吱地在天上飞，唧唧吱吱地在太空中传递，被压扁成为图像，被抻长成为数据，被拷贝得千篇一律，被贮存得规规矩矩，被调动得奴颜婢膝，然后我们损坏，过时，成为有害的垃圾去污染上帝的田园……

不见得没有这样的危险。

记不得从20世纪下半叶的哪一天起了，信息成千上万倍地增殖，成千上万倍地加速，在人的大脑里占据越来越多的空间，广告词顶替着儿歌，股市情报充当起神话，童年成了游戏机的赞助人，晚年成了电视机的守望者，而人们还在喜气洋洋地奔走相告：“信息就是财富”，“未来的天下乃信息之天下”，“谁占有的信息越多，谁就越是这世界上的强者（强国，强族，强商，

狡猾是思想的品性，性格的缺陷。
——S. 杜贝

强集团，强男人与强女人）”。这样下去，生性好强的人们，为什么无限的信息不可能把你们有限的大脑占满呢？凭什么去指望它们善良厚道，不把你们的梦想删除，不把你们生命的神奇篡改呢？

危言耸听！

——很高兴听见这样的呵斥。为了它永远有理由遭此呵斥，20世纪下半叶的大事记中，应该保留这类耸人听闻的危言。

耗子准是因为被信息挤掉了梦想而将做人的机会得而复失的。

事实上，那类很好用的小机器已经开始不把我们当人了。比如：它们才不想把体育奉为人之梦想的仪式呢，它们才不想把艺术辟为心之沟通的无限机会呢，它们只想把我们好歹归置进程序里去，发射到利润里去，把歌星、影星、体育明星一律推行为广告的宿主。据说猴子是因为懒怠下树而终未取得做人的机会，我常猜想：耗子呢？耗子准是因为被信息挤掉了梦想而将做人的机会得而复失的。耗子们，无论攫食、安居、衍子、预警、备荒、避险、扩张……其能力之高妙，不能不使人相信它们有着卓越的信息交通，与人相比它们只是搞丢了梦想（鬼知道丢到哪儿去了），故而它们一味盯住地上，从不看天一眼。

6

因而想到一件事，不知算大算小。有一回我冲口说出：人与人的差别大于人与猪的差别。在场的人撇嘴或喷饭，嘲笑：这不过是一个无聊的调侃。我一时糊涂，也就犹豫。当时我真该多想一想：此一相信与彼一嘲笑之间的差别，或此一无聊与彼一英明之间的差别，难道是人与猪之间可能有的差别？这岂不正是我之相信的剀切证据吗？我绝没有想说谁是猪的意思，也许倒是我长了一份猪脑子。

大约没有人会反对：人与猪的差别，根本在于人思想，猪不思想。至于其他功能，人与猪则大同小异。（听说，已有人试图把猪的除大脑以外的器官往人身上移植了。我感觉他们终会成功。）那么就是说，只要能证明思想与思想的差别大于思想与不思想的差别，也就证明了人与人的差别大于人与猪的差别了。可这还需要证明吗？不思想的猪固然为人间的一道大菜，而思想却是思想永远摸不透的邻居，人才是人的无常处境。举个例子：人喂猪，猪顶多以为那是爱它，绝不会有人的灵动，猜这未必不是个圈套。猪以其肉喂人呢，猪唯遭一回惊吓或抱一阵冤屈，断不会生出“奉献”之豪情或“苦肉”之诡计。再举几例：你想绕过一面墙，绕就是了，目测好它的长宽高不去碰它就好，它以其长宽高表明它对你的全部阻碍，绝不至于中途变卦。你想躲开一棵危然欲倾的树，只要看明它倾倒的方向即可以平安，不必像逃避一条人间的大棒，到底搞不清它从上下左右何处下手。如是等等。

不思想的猪固然为人间的一道大菜，而思想却是思想永远摸不透的邻居，人才是人的无常处境。

这当然不是说，我就相信人不如猪好，进而去发“当人不如当猪”的牢骚。我只是说，人之复杂的欲念，乃由上帝之复杂的嗜好所牵动，绝非人的自以为足够复杂的智力可以全知，

没有根据的信仰，就是冲动对于理性所表示的敬意。——罗素

别以为有什么伟大的公式、主义或旗手，可以令其交出全部秘密。老子——我以为那是他在表扬人的时候——说：知不知为上。浪漫些想：若在天国的动物园，有一栏叫作人的生物展出，诸神会否送给他们一个俗称呢？如果送，料必就是这“知不知”，相仿于麋鹿的俗称是“四不像”。

但是，听“知不知”们讨论起随便什么问题（比如文学）来，你又会觉得，单此一个“知不知”远不够概括这一物种的特点，完全有必要在（王朔先生已经留意到的）写有“动物凶猛”的地方，换上尼采先生的发现：权力意志。确实，其凶猛盖由于此。因为，你慢慢听吧，那里面常常只有一句话：（文学，或者随便什么）当如此，不当如彼，如此者当助其昌隆，如彼者则莫如早早扼其于摇篮。当然，人有这样自由地思想与表达的权利，但幸好止于权利，倘变成权力呢？尤其要是在灿烂的旗帜上飘舞呢？

这样的时候，我就更加地相信了：人与人的差别大于人与猪的差别，以及这样一种警醒多么有益于心情的健康。

人的思路一旦统一，人就要变成魔鬼手中的小机器了。

文思之不同，恰如命运之大异，怎么能把它们捆到一条路上去呢？你比上帝高明吗？潇洒一生的人看不懂坎坷一世的心，屡屡遭殃的命进入不了好运频逢者的联翩妙想，人之间有着无形的永固的墙。人们都是在一条条无形且永固的巷子里走，大多时候，其情其思隔墙隔巷老死难相往来。世界真大，墙与巷多到不可计数。世界其实小，谁若能摸住三五面墙走进三五条

巷也就不坏。这世界真是很糟糕吗？但上帝造它时，看这是好的，才这样成了。上帝却让通天塔不成，这肯定是一个伟大的寓言：人的思路一旦统一，人就要变成魔鬼手中的小机器了。这大约，不，这肯定是上帝与魔鬼的一次赌博：上帝说他创造的是一场无穷无尽、美不胜收的舞蹈；魔鬼说不，你等着看我怎么把他们变成一群呆头呆脑、丑不堪言的小玩偶吧。

7

有两件似乎很大的事，我百思而终未得到哪怕稍稍可以满意的回答。

其一：人应该更崇尚理性呢，还是更尊重激情？（最勇敢可爱的，到底是哪一个？啊，山楂树呀，请你告诉我。）最好是鱼与熊掌兼得——但这不是回答。理性之为理性，就因为它要限制激情，继而得寸进尺还会损害激情、磨灭激情。激情之为激情，就因为它要冲破理性，随之贪得无厌还要轻蔑理性甚至失去理性。（山楂树下统共这么两位可爱的青年，你到底要哪一个？）但是你抛弃哪一个似乎都不可能，首先（姑娘啊）你忧郁地想念（他）它们，这就是激情；其次，你犹豫不决地选择，这就是理性。是呀，没有激情，人原地不动地成了泥胎，连理性也无从发展；丧失理性，人满山遍野地跑成兽类，连激情的美妙也不能发现、不能享受。这便如何是好？我想：姑娘她这么苦着，真是理性的罪行，否则她闭上眼睛去山楂树下摸一

理性之为理性，就因为它要限制激情，继而得寸进尺还会损害激情、磨灭激情。激情之为激情，就因为它要冲破理性，随之贪得无厌还要轻蔑理性甚至失去理性。

个回来，岂不省事？我又想：姑娘她这么苦着，实乃激情的作恶，否则她颈上套一串珠子远远地躲开山楂树，不就了结？或者我还想：这完全是那两个青年的责任，他们为什么不能有一个坚具理性慨然告退，而另一个饱富激情冲过来把姑娘抱回家去！——但这无论是对姑娘，对两个青年，还是对我自己，都像是什么也没回答。

其二：人应该保留欲望呢，还是应该灭断欲望？不要欲望，亿万泥胎实际就已经掉进魔鬼的陷阱。甚至比这还要糟。鸟不叫云不飞，风不动心不摇，恶行灭尽善念不生，没有欲望则万物难存，甚至宇宙也不再膨胀，那是什么？有一种说法：那是一种凡夫俗子无从想见的美妙世界。——但是，这已经动了欲望，不过更为奢侈些罢了。看来还是得大大方方地保留欲望。可是，欲望不见得是一种甘于保留的东西，欲望之为欲望，注定它要无止境地扩展。但是，看看河流已经让它弄成了什么吧，看看草原、森林、海洋、土地和空气……都让它作践成了什么，地球千疮百孔空乏暗淡已经快被榨干了！那么，保留欲望同时限制欲望，如何？啊，这是不是又回到“其一”的逻辑里去了？限制的边界画到哪儿，画到什么地方什么时间？就是说欲望，应该到什么地方停下，什么时候截止呢？截止以后呢，咱们干嘛？咱们可不是一群傻瓜，能把一件玩具来回来去玩上一辈子。咱们总是要看看边界（不管什么边界）之外的奇妙。看看就够了？不行，还要拿来。拿来就够了？不行，我们总是看见边界就总是想越过边界。有人说：远游或探险，与窃盼外遇同出一源。又有俗话：男人不坏，女人不爱。真是真是，谁会爱一个没有好奇心、想象力和创造欲的呆子呢？呆子不坏但不可爱，聪明的家伙可爱但可能坏，女人们的这份难处很像上帝的难处：把地球给泥胎去做花园呢，还是请欲望横生的人们去把它变成垃圾站？

8

我以为我终于听懂了人性恶。

说“人之初性本善”，恶行都是后天土壤的教唆，这很像是说种瓜得豆，种豆得海洛因。人性恶，当然也并非是说人这种坏东西只配铲除，而是说人性中原就埋着险恶。

还说“权力意志”吧。陈鼓应先生宁可把它译为“冲创意志”，认为尼采的本意是指人的创造力，而不是指世俗的权力，并引了尼采的原话，证明他是蔑视权势的。而章国锋先生相信还是“权力意志”译得正确，说尼采认为“权力意志是一种无法遏止的追求权力和占有的欲望，存在于世界万物之中，是世界的本质和存在的基础”。说“事实上，尼采所说的权力不仅指世俗权力，更重要的是指精神权力，即在精神上压倒、征服别人，从而取得控制、支配、统治别人的权力”。尼采的原意到底是什么，当是专家的讨论，我没有资格作判断。但我注意到了章国锋先生的这一句话：“维持生存、追求发展和渴求控制异体

呆子不坏但不可爱，聪明的家伙可爱但可能坏，女人们的这份难处很像上帝的难处：把地球给泥胎去做花园呢，还是请欲望横生的人们去把它变成垃圾站？

战争不仅焚烧摧毁了世界，而且也照亮了世界。我们看见，这是由人自己建造的迷宫，冰冷的机器世界，这个世界的舒适和表现上的各得其所越来越剥夺了我们的权利和尊严。

——卡夫卡

是权力意志的两种本质。”我倾向这句话。于是想到：我们赞美梦想，崇尚创造，同时提防欲望，但梦想、创造和欲望实为一母同胞。我虽然相信尼采的原意是要鼓动人的创造与超越，但“冲创”的本性中肯定携带了“权力”的基因。

记得诗人西川有一首诗，写笼中之豹的美丽生动，我已记不住原句，但我记住了那很像是人性的注脚与警示：绚耀的皮毛，浪动的脚步，警敏的眸光贮满勃勃生气，但是别忘了铁栏——千万别忽略它。唉，我们如何走近那美丽与生动呢？要么把它关进笼中，要么把自己关进笼中，走近它，中间隔着铁栏，去看它，赞美它和倾向它。否则，我们若不想成为猎物，就只好去做杀手。

战争的概念，绝不限于刀枪与火药、导弹与核武器——比这悠久并长命的战争是精神的歧视、心灵的戕害。陀思妥耶夫斯基的《地下室手记》中的那个“我”，即这类战争的受害者与继承人。20 世纪末，有“话语霸权”的消息传来，有新一轮的反抗热情兴起，但慢慢听去，都还是来自“控制异体”的古老恨怨。

战争的概念，绝不限于刀枪与火药、导弹与核武器——比这悠久并长命的战争是精神的歧视、心灵的戕害。

9

于是我又碰见一件想不大懂的大事——“价值相对主义”。

是呀，如果价值真理是绝对的、独尊的，它一向都应该由谁来审查和发布呢？霸主的宝座虚位以待，众人有幸可以撞上一位贤哲，倘事不凑巧，岂不又在魔鬼掌中？何况——“价值相对主义”说——真理压根儿就是：此一时也彼一时也，此一地也彼一地也，或时过境迁，或入乡随俗，绝难以一概全。譬如：西方有西方的价值理想，东方有东方的传统信念，凭什么要由你或者他说了算？可是我却总也想不明白：西方是谁？东方又是谁呢？西方有很多国度有若干亿人，东方也有很多民族有若干亿人，一国又有若干省，一省又有若干市、县……如此仔细地“相对”下去，只好是每人一面旗，各行其是去吧。

我有时觉得应该赞成这样的主张。每个人有每个人的梦，本来就是别人管不了的事。每个人有每个人惬意的活法，本来就不该遭受谁的干涉。每个人有每个人的爱情，虽可能有失恋的苦果，但绝不容忍谁来包办一份“甜食”。但我又想，这肯定行不得长久。孤独的旗上早晚还要飘起沟通的渴望，便是玄奥的禅语，不也还是希望俗众悟出其公案的含意？各行其是的人们呢，终于还会像最初那样谋求协作，但协作必要有规则，而规则的建立能不赖于价值的共识？

孤独的旗上早晚还要飘起沟通的渴望，便是玄奥的禅语，不也还是希望俗众悟出其公案的含意？

人呀，这可是在上帝的园中跳那永恒的舞蹈呢？还是中了魔鬼的符咒，在宇宙中这块弹丸之地疯牛一样地走圈儿？

10

大事很多，愚钝如我者，没弄懂的、弄不懂的以及没弄懂而自以为弄懂了的大事就更多。但按“排行榜”的惯例，以十为限。那就把最后的机会用以说明：在各种大事上，我是乐得走自己的路大约是你能给别人提供的最差劝告。

——托马斯·L.马森

让别人开导一番乃至教训一顿的。当然这不意味着盲从，在没听懂别人的意思之前，我还得保留自己的糊涂，总也听不懂呢，就只好愚顽不化——这像是没有第二种逻辑可供替换的事。跟好多人一样，我是想说话的，想说自己想说的话，也想听别人的话，甚至想听自己不喜欢的话。我很可能既是一个“价值相对主义者”，又是一个“非价值相对主义者”。比如：爱情，这件事我固执己见，不听外人劝告，我相信劝告者并没有弄懂我是怎么一回事，否则他就不会劝告。再比如：还是爱情，这件事你又不能一意孤行，必得听懂对方的意思，倘对方说“请你走开”，而你偏闭目自语“这不是我的习惯”，岂不是要把一番好意弄成了性骚扰？是呀，爱情，真是妙，这是你个人的不容干涉的梦想，但其中又必要有一个他者，他者的必要恰说明对话的必要，否则爱情倒又是为哪般？看过许纪霖先生的一篇文章，题目很长，但记得其中有“独白，还是对话”之句。于是想：在爱情中正如在人世间，便是独白，也仍是对话的结果与继续。

沟通是我至死的欲望，虽然它总在梦想之域跋涉。

所以我知道，沟通是我至死的欲望，虽然它总在梦想之域跋涉。所以，我又知道：永存梦想的人间，比全是现实的世界，更能让我坦然面对死——这就像你在告别故乡的时候，是仍然怀念她，还是已经不想再来。

1996年9月7日

（本文最初发表于1998年《花城》）

06 皈依是一种心情

一

所谓命运，就是说，这一出“人间戏剧”需要各种各样的角色，你只能是其中之一，不可以随意调换。

写过剧本的人知道，要让一出戏剧吸引人，必要有矛盾，有人物间的冲突。矛盾和冲突的前提，是人物的性格、境遇各异，乃至天壤之异。上帝深谙此理，所以“人间戏剧”精彩纷呈。

写剧本的时候明白，之后常常糊涂，常会说：“我怎么这么倒霉！”其实谁也有“我怎么这么走运”的时候，只是这样的时候不嫌多，所以也忘得快。但是，若非“我怎么这么”和“我

所谓命运，就是说，这一出『人间戏剧』需要各种各样的角色，你只能是其中之一，不可以随意调换。

怎么那么”，我就是我了吗？我就是我。我是一种限制。比如我现在要去法国看世界杯，一般来说是坐飞机去，但那架飞机上天之后要是忽然不听话，发动机或起落架谋反，我也没办法再跳上另一架飞机了，一切只好看命运的安排，看那一幕戏剧中有没有飞机坠毁的情节，有的话，多么美妙的足球也只好由别人去看。

尼采主张爱命运——amor fati，爱天命、爱真实的事物。这种态度要求我们必须有英雄气概和健康的心灵去接受现实，既然现实是糟糕的……

——艾温·辛格

二

把身体比作一架飞机，要是两条腿（起落架）和两个肾（发动机）一起失灵，这故障不能算小，料必机长就会走出来，请大家留些遗言。

躺在透析室的病床上，看鲜红的血在透析器里汩汩地走——从我的身体里出来，再回到我的身体里去，那时，我常仿佛听见飞机在天上挣扎的声音，猜想上帝的剧本里这一幕是如何编排的。

有时候我设想我的墓志铭，并不是说我多么喜欢那路东西，只是想，如果要的话最好要什么？要的话，最好由我自己来选择。我看好《再别康桥》中的一句：我轻轻地走，正如我轻轻地来。在徐志摩先生，那未必是指生死，但在我看来，那真是最好的对生死的态度，最恰当不过，用作墓志铭再好也没有。我轻轻地走，正如我轻轻地来，扫尽尘嚣。

我看好《再别康桥》中的一句：我轻轻地走，正如我轻轻地来。在徐志摩先生，那未必是指生死，但在我看来，那真是最好的对生死的态度……

但既然这样，又何必弄一块石头来作证？还是什么都不要吧，墓地、墓碑、花圈、挽联以及各种方式的追悼，什么都不要才好，让寂静，甚至让遗忘，去读那诗句。我希望“机长”走到我面前时，我能镇静地把这样的遗言交给他。但也可能并不如愿，也可能“筛糠”。就算“筛糠”吧，讲好的遗言也不要再变。

三

有一回记者问到我的职业，我说是生病，业余写一点东西。这不是调侃，我这四十八年大约有一半时间用于生病，此病未去彼病又来，成群结队好像都相中我这身体是一处乐园。或许“铁生”二字暗合了某种意思，至今竟也不死。但按照某种说法，这样的不死其实是惩罚，原因是前世必没有太好的记录。我有时想过，可否据此也去做一回演讲，把今生的惩罚与前生的恶迹一样样对照着摆给——比如说，正在腐败着的官吏们去作警告？但想想也就作罢，料必他们也是无动于衷。

四

生病也是生活体验之一种，甚或算得一项别开生面的游历。这游历当然是有风险，但去大河上漂流就安全吗？不同的是，漂流可以事先做些准备，生病通常猝不及防；漂流是自觉的勇猛，生病是被迫的抵抗；漂流，成败都有一份光荣，生病却始终不便夸耀。不过，但凡游历总有酬报：异地他乡增长见识，

『健康的理想，只是在科学上才令人感兴趣而已。』真正有趣的是疾病，『它是个性化的一个方面。』
——苏珊·桑塔格

名山大川陶冶性情，激流险阻锤炼意志，生病的经验是一步步懂得满足。发烧了，才知道不发烧的日子多么清爽。咳嗽了，才体会不咳嗽的嗓子多么安详。刚坐上轮椅时，我老想，不能直立行走岂非把人的特点搞丢了？便觉天昏地暗。等到又生出褥疮，一连数日只能歪七扭八地躺着，才看见端坐的日子其实多么晴朗。后来又患尿毒症，经常昏昏然不能思想，就更加怀恋起往日时光。终于醒悟：其实每时每刻我们都是幸运的，因为任何灾难的前面都可能再加一个“更”字。

五

坐上轮椅那年，大夫们总担心我的视神经会不会也随之作乱，隔三差五推我去眼科检查，并不声张，事后才告诉我已经逃过了怎样的凶险。人有一种坏习惯，记得住倒霉，记不住走运，这实在有失厚道，是对神明的不公。那次摆脱了眼科的纠缠，常让我想想后怕，不由得瞑揖默谢。

不过，当有人劝我去佛堂烧炷高香，求佛不断送来好运，或许能还给我各项健康时，我总犹豫。不是不愿去朝拜（更不是不愿意忽然站起来），佛法博大精深，但我确实不认为满腹功利是对佛法的尊敬。便去烧香，也不该有那样的要求，不该以为命运欠了你什么。莫非是佛一时疏忽错有安排，倒要你这凡夫俗子去提醒一二？唯当去求一份智慧，以醒贪迷。为求实惠去烧香磕头念颂词，总让人摆脱不掉阿谀、行贿的感觉。就算是求人办事吧，也最好不是这样的逻辑。实在碰上贪官非送礼不可，也是鬼鬼祟祟的才对，怎么竟敢大张旗鼓去佛门徇私舞弊？佛门清静，凭一肚子委屈和一沓账单还算什么朝拜？

对健康的人来说，生就是对人必有一死这种意识的无意识的、没有明言的逃遁。

——卡夫卡

六

约伯的信心是真正的信心。约伯的信心前面没有福乐作引诱，有的倒是接连不断的苦难。不断的苦难曾使约伯的信心动摇，他质问上帝：作为一个虔诚的信者，他为什么要遭受如此深重的苦难？但上帝仍然没有给他福乐的许诺，而是谴责约伯和他的朋友不懂得苦难的意义。上帝把他伟大的创造指给约伯看，意思是说：这就是你要接受的全部，威力无比的现实，这就是你不能从中单单拿掉苦难的整个世界！约伯于是醒悟。

不断的苦难才是不断地需要信心的原因，这是信心的原则，不可稍有更动。倘其预设下丝毫福乐，信心便容易蜕变为谋略，终难免与行贿同流。甚至光荣，也可能腐蚀信心。在没有光荣的路上，信心可要放弃么？以苦难去作福乐的投资，或以圣洁赢取尘世的荣耀，都不是上帝对约伯的期待。

约伯的信心是真正的信心。约伯的信心前面没有福乐作引诱，有的倒是接连不断的苦难。

七

曾让科学大伤脑筋的问题之一是：宇宙何以能够满足如此苛刻的条件——阳光、土壤、水、大气层，以及各种元素恰到好处的比例，以及地球与其他星球妙不可言的距离——使生命你们不要论断人，免得你们被论断。

——《圣经·马太福音》

孕育，使人类诞生?

若一味地把人和宇宙分而观之，人是人，宇宙是宇宙，这脑筋就怕要永远伤下去。天人合一，科学也渐渐醒悟到人是宇宙的一部分，这样，问题似乎并不难解：任何部分之于整体，或整体之于部分，都必定密切吻合。譬如一只花瓶，不小心摔下几块碎片，碎片的边缘尽管参差诡异，拿来补在花瓶上也肯定严丝合缝。而要想复制同样的碎片或同样的缺口，比登天还难。

八

世界是一个整体，人是它的一部分，整体岂能为了部分而改变其整体意图？这大约就是上帝不能有求必应的原因。这也就是人类以及个人永远的困境。每个角色都是戏剧的一部分，单捉出一个来宠爱，就怕整出戏剧都不好看。

上帝能否插手人间？一种意见说能，整个世界都是他创造的呀。另一种意见说不能，他并没有体察人间的疾苦而把世界重新裁剪得更好。从后一种理由看，他确是不能。但是，从他坚持整体意图的不可改变这一点想，他岂不又是能吗？对于向他讨要好运的人来说，他未必能。但是，就约伯的醒悟而言，他岂不又是能吗?

九

撒旦不愧是魔鬼，惯于歪曲信仰的意义。撒旦对上帝说：

有求你的，就给他。有向你借贷的，不可推辞。

——《圣经·马太福音》

约伯所以敬畏你，是因为你赐福于他，否则看他不咒骂你！上帝想看看是不是这样，便允许撒旦夺走了约伯的儿女和财产，但约伯的信心没有动摇。撒旦又对上帝说：单单舍弃身外之物还不能说明什么，你若伤害他的身体，看看会怎样吧！上帝便又允许撒旦让约伯身染恶病，但信者约伯仍然没有怨言。

撒旦的逻辑正是行贿受贿的逻辑。

约伯没有让撒旦的逻辑得逞。可是，他却几乎迷失在另一种对信仰的歪曲中：“约伯，你之所以遭受苦难，料必是你得罪过上帝。”这话比魔鬼还可怕，约伯开始觉得委屈，开始埋怨上帝的不公正了。

这样的埋怨我们也熟悉。好几次有人对我说过，也许是我什么时候不留神，说了对佛不够恭敬的话，所以才病而又病，我听了也像约伯一样顿生怨愤——莫非佛也是如此偏爱恭维、心胸狭窄？还有，我说约伯的埋怨我们也熟悉，是说，背运的时候谁都可能埋怨命运的不公平，但是生活，正如上帝指给约伯看到的那样，从来就布设了凶险，不因为谁的虔敬就给谁特别的优惠。

十

可是上帝终于还是把约伯失去的一切还给了约伯，终于还是赐福给了那个屡遭厄运的老人，这又怎么说？

关键在于，那不是信心之前的许诺，不是信心的回扣，那人不可以逃避苦难，亦不可以放弃希望——恰是在这样的意义上，上帝存在。

是苦难极处不可以消失的希望啊！上帝不许诺光荣与福乐，但上帝保佑你的希望。人不可以逃避苦难，亦不可以放弃希望——恰是在这样的意义上，上帝存在。命运并不受贿，但希望与你同在，这才是信仰的真意，是信者的路。

十一

重病之时，我总想起已故好友周郿英，想起他躺在病房里，瘦得只剩一副骨架，高烧不断，溃烂的腹部不但不愈合反而在扩展……窗外阳光灿烂，天上流云飞走，他闭上眼睛，从不呻吟，从不言死，有几次就那么昏过去。就这样，三年，他从未放弃希望。现在我才看见那是多么了不起的信心。三年，那是一分钟一分钟连接起来的，漫漫长夜到漫漫白昼，每一分钟的前面都没有确定的许诺，无论科学还是神明，都没给他写过保证书。我曾像所有他的朋友一样赞叹他的坚强，却深藏着迷惑：他在想什么，怎样想？

可能很简单：他要活下去，他不相信他不能够好起来。从约伯故事的启示中我知道：真正的信心前面，其实是一片空旷，除了希望什么也没有，想要也没有。

但是他没能活下去，三年之后的一个早晨，他走了。这是对信心的嘲弄吗？当然不是。信心，既然不需要事先的许诺，自然也就不必有事后的恭维，它的恩惠唯在渡涉苦难的时候可以领受。

十二

求神明保佑，可能是人人都会有的心情。“人定胜天”是一句言过其实的鼓励，“人是被抛到这个世界上来的”才是实情。生而为人，终难免苦弱无助，你便是多么英勇无敌，多么厚学博闻，多么风流倜傥，世界还是要以其巨大的神秘置你于无知无能的地位。

有一部电影，《恺撒大帝》。恺撒大帝威名远扬，可谓“几百年才出一个”。其中一个情节：他唯一倾心的女人身患重病，百般医药，千般祈告，终归不治。恺撒，这个意志从未遭遇过抗逆的君主，涕泪横流仰面苍天，一声暴喊：“老天哪！把她还给我，恺撒求你了！”那一声喊让人魂惊魄动。他虽然仍不忘记他是恺撒，是帝王，说话一向不打折扣，但他分明是感到了一种比他更强大的力量，他以一生的威严与狂傲去垂首哀求，但是……结果当然简单——剧场灯亮，恺撒时代与电影时代相距千载，英雄美人早都在黑暗的宇宙中灰飞烟灭。

我也曾这样祈求过神明，在地坛的老墙下，双手合十，满心敬畏（其实是满心功利）。但神明不为所动。是呀，恺撒尚且哀告无功，我是谁？古园寂静，你甚至能感到神明在傲慢地看着你，以风的穿流，以云的变幻，以野草和老树的轻响，以天高地远和时间的均匀与漫长……你只有接受这傲慢的逼迫，曾经和现在都要接受，从那悠久的空寂中听出回答。

『人定胜天』是一句言过其实的鼓励，『人是被抛到这个世界上来的』才是实情。

此生的快乐不是生命本身的，而是我们向更高生活境界上升前的恐惧；此生的痛苦不是生命本身的，而是那种恐惧引起我们的自我折磨。

——卡夫卡

十三

有三类神。第一类自吹自擂好说瞎话，声称万能，其实扯淡，大水冲了龙王庙的事并不鲜见。第二类喜欢恶作剧，玩弄偶然性，让人找不着北。比如足球吧，世界杯赛，就是用上最好的大脑和电脑，也从未算准过最后的结局。所以那玩意儿可以大卖彩票。小小一方足球场，满打满算二十几口人，便有无限多的可能性让人料想不及，让人哭，让人笑，让翩翩绅士当众发疯，何况偌大一个人间呢。第三类神，才是博大的仁慈与绝对的完美。仁慈在于，只要你往前走，他总是给路。在神的字典里，行与路共用一种解释。完美呢，则要靠人的残缺来证明，靠人的向美向善的心愿证明。在人的字典里，神与完美共用一种解释。但是，向美向善的路是一条永远也走不完的路，你再怎样走吧，“月亮走我也走”，它也还是可望而不可即。

刘小枫先生在他的书里说过这样的意思：人与上帝之间有着永恒的距离。这很要紧。否则，信仰之神一旦变成尘世的权杖，希望的解释权一旦落到哪位强徒手中，就怕要惹祸了。

人与上帝之间有着永恒的距离。

十四

唯一的问题是：向着哪一位神，祈祷？

说瞎话的一位当然不用再理他。

爱好偶然性的一位，有时候倒真是要请他出面保佑。事实上，任何无神论者也都免不了暗地里求他多多关照。但是，既然他喜欢的是偶然性而并不固定是谁，你最好就放明白些，不能一味地指靠他。

第三位才是可以信赖的。他把行与路作同一种解释，就是他保证了与你同在。路没有尽头，便是他遥遥地总在前面，保佑着希望永不枯竭。他所以不能亲临俗世，在于他要在神界恪尽职守，以展开无限时空与无限的可能，在于他要把完美解释得不落俗套、无与伦比，不至于还俗成某位强人的名号。他总不能为解救某处具体的疾苦，而置那永恒的距离失去看管。所以，北京人王启明执意去纽约寻找天堂，真是难为他了。

诗在本质上是哲理，但是由于诗首先是宿命的，所以它之为哲理并非有意为之。

——波德莱尔

十五

我寻找他已多年，因而有了一点儿体会：凡许诺实惠的，是第一位。有时取笑你，有时也可能帮你一把的是第二位。第三位则不在空间中，甚至也不在寻常的时间里，他只存在于你眺望他的一刻，在你体会了残缺去投奔完美、带着疑问但并不一定能够找到答案的那条路上。

因而想到，那也应该是文学的地址，诗神之所在，一切写作行为都该仰望的方向。奥斯维辛之后人们对诗产生了怀疑，但正是那样的怀疑吧，使人重新听见诗的消息。那样的怀疑之外，诗，以及一切托名文学的东西，都越来越不足信任。文学的心情一旦顺畅起来，就不大明白为什么一定要有它。说生活是最真实的，这话怎么好像什么也没说呢？大家都生活在生活里，这样的真实如果已经够了，文学干嘛？说艺术源于生活，或者说文学也是生活，甚至说它们不要凌驾于生活之上，这些话都不易挑剔到近于浪费。布莱希特的“间离”说才是切中要害。艺术或文学，不要做成生活（哪怕是苦难生活）的侍从或帮腔，要像侦探，从任何流畅的秩序里听见磕磕绊绊的声音，在任何熟悉的地方看出陌生。

十六

作家绝不要相信自己是天命的教导员，作家应该贡献自己的迷途。读者也一样，在迷途面前都不要把自己洗得太干净，你以什么与之共鸣呢？

写《务虚笔记》的时候，我忽然明白：凡我笔下人物的行为或心理，都是我自己也有的，某些已经露面，某些正蛰伏于可能性中伺机而动。所以，那长篇中的人物越来越互相混淆——因我的心路而混淆，又混淆成我的心路：善恶俱在。这不是从技巧出发。我在哪儿？一个人确切地存在于何处？除去你的所作所为，还存在于你的所思所欲之中。于是可以相信：凡你描写他人描写得（或指责他人指责得）准确——所谓一针见血，入木三分，惟妙惟肖——之处，你都可以沿着自己的理解或想象，在自己的心底找到类似的埋藏。真正的理解都难免是设身处地，善如此，恶亦如此，否则就不明白你何以能把别人看得那么透彻。作家绝不要相信自己是天命的教导员，作家应该贡献自己的迷途。读者也一样，在迷途面前都不要把自己洗得太干净，你以什么与之共鸣呢？可有谁一点儿都不能体会丑恶所走过的路径吗？

这便是人人都需要忏悔的理由。发现他人之丑恶，等于发现了自己之丑恶的可能，因而是已经需要忏悔的时刻。这似乎有点过分，但其实又适合国情。

十七

眼下很有些宗教热的味道，至少宗教一词终于在中国摆脱了贬义，信佛、信道、信基督都可以堂堂正正，本来嘛。但有一个现象倒要深想：与此同时，经常听到的还是“挑战”，向着这个和向着那个，却很少听到“忏悔”。忏悔是要向着自己的。前些天听一位学者说，他在考证“文革”时期的暴力事件时发现，出头作证的只有当年的被打者，却没有打人的人站出来说点儿什么。只有蒙冤的往事，却无抚痛的忏悔，大约就只能是怨恨不断地克隆。缺乏忏悔意识，只好就把惨痛的经验归罪给历史，以为潇洒，以为豁达。好像历史是一只垃圾箱，把些谁也不愿意再沾惹的罪孽封装隐蔽，大家就都可以清洁。

好像历史是一只垃圾箱，把些谁也不愿意再沾惹的罪孽封装隐蔽，大家就都可以清洁。

忏悔意识，其实并非只是针对那些文革中打过人的人。辉煌的历史倘不是几个英雄所为，惨痛的历史也就不由几个歹徒承办。或许，那些打过人的人中，已知忏悔者倒要多些，至少他们的不敢站出来这一点已经说明了良心的沉重。倒是自以为与那段历史的黑暗无关者，良心总是轻松着——“笑话，我可有什么要忏悔？”但是，你可曾去制止过那些发生在你身边的暴行么？尤其值得这样设想：要是那时以革命的名义把皮带塞进你手里，你敢于拒绝或敢于抗议的可能性有多大？这样一问，理直气壮的人肯定就会少下去，但轻松着的良心却很多，仍然很多，还在多起来。

十八

记得“文革”刚开始时，我曾和一群同学到清华园里去破过四旧，一路上春风浩荡落日辉煌，少年们满怀豪情。记不清是到了谁家了，总之是一位“反动学术权威”吧，到了人家的客厅里砸碎几只花瓶，又去人家的卧室里割破了两双尖皮鞋，然后便想不出再要怎样表现一腔忠勇。幸亏那时知识太少，否则就可能亲手毁灭一批文物，可见知识也并不担保善良。正当我们发现了那家主人的发型有阶级异己之嫌，高叫剪刀何在时，楼门内外传来了更为革命的呐喊：“非红五类不许参加我们的行动！”这样，几个同学留下来继续革命，另几个怏怏离去。我在离去者中。一路上月影清疏晚风幽怨，少年们默然无语，开始注意到命运的全面脸色。

待暴力升级到拳脚与棍棒时，这几个不红不黑的少年已经明确自己的地位，只作旁观了。我不敢反对，也想不好该不该反对，但知不能去反对，反对的效果必如牛反对拖犁和马反对拉车一般。我心里兼着恐惧、迷茫、沮丧，或者还有一些同情。恐惧与同情在于：有个被打的同学不过是因为隐瞒了出身，而我一直担心着自己的出身是否应该再往前推一辈，那样的话，我就正犯着同样的罪行。迷茫呢，说起来要复杂些：原来大家不都是相处得好好的么，怎么就至于非这样不可？此其一；其二，你说打人不对，可敌人打我们就行，我们就该文质彬彬？伟大的教导可不是这样说的；其三，其实可笑——想想吧，什么是“我们”？我可是“我们”？我可在“我们”之列？我确实感觉到了那儿埋藏着一个怪圈。

十九

几年以后我去陕北插队。在山里放牛，青天黄土，崖陡沟深，思想倒可以不受拘束，忽然间就看清了那个把戏：我不是“我们”，我又不想是“他们”，算来我只能是“你们”。“你们”是不可以去打的，但也还不至于就去挨。“你们”是一种候补状态，有希望成为“我们”，但稍不留神也很容易就变成“他们”。这很关键，把越多的人放在这样的候补位置上，“我们”就越具权势，“他们”就越遭孤立，“你们”就越要乖乖的。

这逻辑再行推演就更令人胆寒：“你们”若不靠拢“我们”，就是在接近“他们”；“你们”要是不能成为“我们”，“你们”还能总是“你们”？这逻辑贯彻到那副著名的对联里去时，黑色幽默便有了现实的中国版本。记得我站在高喊着那副对联的人群中间，手欲举而又怯，声欲放却忽收，于是手就举到一半，声音发得含含糊糊。“你们”要想是“我们”，“你们”就得承认“你们”是混蛋，但是但是，“你们”既然是混蛋又怎能再是“我们”？那个越要乖乖的位置其实是终身制。

二十

我曾亲眼见一个人跳上台去，喊：“我就是混蛋！”于是赢来一阵犹豫的掌声。是呀，该不该给一个混蛋喝彩呢？也许可以给一点吧，既然他已经在承认是蛋的一刻孵化成混。不过当时我的心里只有沮丧，感到前途无比暗淡。我想成为“我们”，死也不想是“他们”。所以我现在常想，那时要有人把皮带塞给我，说“现在到了你决定做‘我们’还是做‘他们’的时候了”，我会怎样？老实说，凭我的胆识，最好的情况也就是把那皮带攥出汗来，举而又怯，但终于不敢不抡下去的——在那一刻孵化成混。

二十一

沟堑越挖越深，忠心越表越烈，勇猛而至暴行，理性崩塌，信仰沦为一场热病。

大约就是从那时起，我非常地害怕了“我们”，有“我们”在轰鸣的地方我想都不如绕开走。倒不一定就是怕“我们”所指的那很多人，而是怕“我们”这个词，怕它所发散的符咒般的魔力，这魔力能使人昏头昏脑地渴望被它吞噬，像肯德基家乡鸡那样整整齐齐都排成一股味儿。我说过我不喜欢“立场”这个词，也是这个意思。“我们”和“立场”很容易演成魔法，强制个人的情感和思想。“文革”中的行暴者，无不是被这魔法所害——“我们”要坚定地是“我们”，“你们”要尽力变成“我们”，“我们”干吗？当然是对付“他们”。于是沟堑越挖越深，忠心越表越烈，勇猛而至暴行，理性崩塌，信仰沦为一场热病。

二十二

“上山下乡”已经三十年，这件事也可以更镇静地想一想了：对于那场运动，历史将记住什么？“老三届”们的记忆当然丰富，千般风流，万种惆怅，喜怒悲忧都是刻骨铭心。但是你去问吧，问一千个“老三届”，你就会听见一千种心情，你就会对“上山下乡”有一千种印象：豪情与沮丧，责任与失落，苦难与磨炼，忠勇与迷茫，深切怀念与不堪回首，悔与不悔但历史大概不会记得那么详细，历史只会记住那是一次在“我们”的旗帜下对个人选择的强制。再过三十年，再过一百年，历史越往前走越会删除很多细节，使本质凸现：那是一次信仰的灾难。

历史越往前走越会删除很多细节，使本质凸现：那是一次信仰的灾难。

并没有谁捆绑着我们去，但“我们”是一条更牢靠的绳子。一声令下，便树立起忠与不忠的标志。我那时倒没有很多革命的准备，也还来不及忧虑前途，既然大家都去，便以为是一次壮大的旅游或者探险，有些兴奋。也有人确是满怀了革命豪情，并且果然大有作为。但这就像包办婚姻，包办婚姻有时也能成全好事，但这种方法之下，不顺心的人就多。我记得临行时车站上有很多哭声，绝非“满怀豪情”可以概括。

二十三

不过我现在也还是相信，贫困的乡村是需要知识青年的，需要科学，需要文化，需要人才。但不是捆绑的方法，不能把人才强行送过去，强行一旦得逞，信仰难保不是悲剧。很可能，人才被强行送过去的同时，强行本身也送过去了。贫困的乡村若因而成长起几个强徒，那祸害甚至不是科学能够抵挡的。

方法常常比目的还要紧。比如动物园里的狼，关在笼子里，写一块牌子挂上，说这是狼，可谁看了都说像狗。狼不是被饲养的，狼是满山遍野里跑的，把狼关在笼子里一养，世界上就有了狗。

二十四

直到有一年，奥运会上传来一阵歌声，遥远却又贴近：我们是世界，我们是孩子……这下才让我恍然而悟“我们”的位置，这个词原来是要这样用的呀，真是简单又漂亮！我迷上奥运会，要紧的原因其实在这儿。飘荡在宇宙中的万千心魂，苍茫之中终见一处光明，“我们是世界，我们是孩子”，于是牵连浮涌，聚在那里，聚在那声音的光照中。那便是皈依吧，不管你叫他什么，佛法还是上帝。

飘荡在宇宙中的万千心魂，苍茫之中终见一处光明……于是牵连浮涌，聚在那里，聚在那声音的光照中。

所以，“我们”的位置并不在与“他们”的对立之中，而在与神的对照之时。当然是指第三位神，即尽善尽美所发出的要求，所发出的审问，因而划出了现实的残缺，引导着对原罪的领悟，征求忏悔之心。这是神对人的关切，并没有行贿受贿的逻辑在里面，当然不是获取实惠的方便之门。

二十五

灵魂不死，是一个既没有被证实，也没有被证伪的猜想。而且，这猜想只可能被证实，不大可能被证伪。怎样证伪呢？除非灵魂从另一个世界里跳出来告密。

可是，却有一种强大的意志信誓旦旦地宣布：死即是绝对的寂灭，并无灵魂的继续，死了就什么都没了，唯此才是科学，相反的期待全属愚昧，是迷信。相信科学的人竟很少对此存疑，真是咄咄怪事。未被证伪而信其伪，与未被证实而信其实，到底怎么不一样？倘前者是科学，后者怎么就一定愚昧？莫非不能证明其有，便已经是证明其无了？这就更加奇怪，岂不等于是说一切猜想都是愚昧吗？可是，哪一样科学不是由猜想作为引导？

局面似乎不好收拾。首先，人出生了，便迟早要死，迟早会对死后的境况持一种态度。其次，死后无非那两种可能，并无第三类机会。最后，那两种可能无论你相信哪一种，都一样不好意思请科学来撑腰。

二十六

但猜想是必要的。猜想的意义并不一定要由证实来支持。相反，猜想支持着希望，支持着信心。一定要把猜想列为迷信，只好说，一律地铲除迷信倒不美妙。活着，不是仅仅有了科学就够。当然，装神弄鬼骗人钱财的，自封神明愚弄百姓的，理科学需要证明，信仰并不需要……科学并非我们唯一的依赖，甚至不是根本的依赖。

应铲除。但其所以要铲除，倒不是看它不科学，是看它不人道。原子弹很科学，也要铲除。一个人，身患绝症，科学已无能给他任何期待，他满心的坚强与泰然可是牵系于什么呢？地球早晚要毁灭，太阳也终于要冷下去，科学尚不知那时人类何去何从，可大家依然满怀豪情地准备活下去，又是靠着什么？靠着信心，靠着对未来并无凭据的猜想和希望。但这就是迷信吗？但这不能铲除。相反，谁要铲除这样的信心，甚或这样的迷信，倒不允许。先哲有言：科学需要证明，信仰并不需要。事实上，我们的前途一向都隐藏在神秘中，但我们从不放弃，不因为科学注定的局限而沮丧。那也就是说，科学并非我们唯一的依赖，甚至不是根本的依赖。

二十七

既然人死后，灵魂的有与无同样都拿不到证据（真是一件公平的事啊），又为什么会有泾渭分明的两种信奉，一种宁可信其有，另一种偏要宣布其无呢？依我想，关键在于接下来互不相同的推演。

信其有者的推演是：于是会有地狱，会有天堂，会有末日审判，总之善恶终归要有个结论。这大约就是有神论。不过，有神论对神的态度并不都一致，这是另外的话。

宣布其无者的推演是：当然就没有什么因果报应，没有地狱，没有天堂，也没有末日审判。此属无神论。但无神论也有着对神的描画，否则怎么断定其无呢？且其描画基本一致，即那是一种谁也没见过、也不可能见过，然而却束缚人，甚至威胁着人类自由的东西。“不，那根本是没有的！”

二十八

这其实就有点儿问题了：根本没有的东西如何威胁人？根本没有，何至于这么着急上火地说它没有？显然是有点儿什么，不一定有形，但确乎在影响我们。并非看得见摸得着的东西才存在，你能撞见谁的梦吗？或者摸一摸谁的幻想？神，在被猜想之时诞生，在被描画的时候存在，在两种相反的信奉中同样施展其影响。

信其有者，为人的行为找到了终极评判乃至奖惩的可能，因而为人性找到了法律之外的监督。比如说警察照看不到的地方，恶念也有管束。当然，弄不好也会为专制者提供方便，强徒也会祭起神明。

信其无者则为人的为所欲为铺开坦途，看上去像是渴盼已久的自由终于降临，但种种恶念也随之解放，有恃无恐。但这也并不就能预防专制，乱世英雄大权独握，神俗都踩在脚下。

二十九

说白了，作恶者更倾向于灵魂的无。死即是一切的结束，恶行便告轻松。于此他们倒似乎勇敢，宁可承担起死后的虚无，但其实这里面掩藏着潜逃的颤栗，即对其所作所为不敢负责。这很像是蒙骗了裁判的犯规者，事后会宽慰有加地告诉你：比赛已经结束，录像并不算数。

人死后灵魂依然存在，是人类高贵的猜想，就像艺术，在科学无言以对的时候，在神秘难以洞穿的方向，以及在法律照顾不周的地方，为自己填写下美的志愿，为自己提出善的要求，为自己许下诚的诺言。

人死后灵魂依然存在，是人类高贵的猜想，就像艺术，在科学无言以对的时候，在神秘难以洞穿的方向，以及在法律照顾不周的地方，为自己填写下美的志愿，为自己提出善的要求，为自己许下诚的诺言。

但是恶行出现了。恶行警觉地发现，若让那高贵的猜想包围，形势明显不妙。幸亏灵魂不死难于证实，这不是个好消息么？恶行于是看中“证实”二字，慌不择路地拉扯上科学——什么好意思不好意思的——向那高贵的猜想发难。但是匆忙中它听差了，灵魂不死的难于证实并不见得对它是个好消息，那只是说，科学在这个问题上持弃权态度。科学明白：灵魂的问题从来就在信仰的领域，“证实”与“证伪”都是外行话。

三十

可什么是恶呢？有时候善意会做成坏事，歹念碰巧了竟符合义举。这样的时候善恶可怎么评断，灵魂又据何奖惩？以效果论吗，有法律在，其他标准最好都别插嘴。以动机论吗，可是除了自己，谁又吃得准谁一定是怎么想的？所以，良心的审判，注定的，审判者和被审判者都只能是自己。这就难了，自我的审判以什么作标准呢？除非是信仰！或者你心里早有着一种善恶标准，或者你就得费些思索去寻找它。这标准的高低姑且不论，但必超乎于法律之外，必非他人可以代劳，那是你自己的事，是灵魂独对神的倾诉、忏悔和讨教。这标准碰巧了也可能符合科学，但若不巧，你的烦忧恰恰是科学的盲区呢？便只好在思之所极的空茫处，为自己选择一种正义，树立一份信心。这选择与树立的发生，便可视为神的显现。这便是信仰了，无需实证却可以坚守。

善恶的标准，可以永久地增补、修正，可以像对待幸福那样，做永久的追寻。怕只怕人的心里不设这样的标准，拆除这样的信守，没有这样的法庭也不打算去寻找它，同时快乐地宣扬这才是人性的复归。

三十一

不过麻烦并没有完：倘那选择与树立完全由着自己说了算，事情岂不荒唐？岂不等于还是没有标准？岂不等于可以为所欲为、自做神明？一家一面旗，都说自己替天行道，冷战热战于是不亦乐乎，神明与神明的战争并不见得比群殴来得文明。

所以必有一个问题：神到底在哪儿？神到底负责什么事？

所以必有一种回答：神永远不是人，谁也别想冒充他。神拒绝“我们”，并不站在哪一家的战壕里。神，甚至是与所有的人都作对的——他从来都站在监督人性的位置上，逼人的目光永远看着你。在对人性恶的觉察中，在人的忏悔意识里，神显

在人性去接近完美却发现永无终途的路上，才有神圣的朝拜。

现。在人性去接近完美却发现永无终途的路上，才有神圣的朝拜。

三十二

“因果报应”还是靠近着谋略。善行义举，不为今生利禄，但求来世福报，这逻辑总还是疙里疙瘩的与撒旦的思想类似。倘来世未必就有福报呢，善行义举是不是随之就有疑问？那样的话，岂不仍是谋略？说得不好听，有点放长线钓大鱼的意思。这样的谋略潜移默化，很容易成为贿赂的参考——既然可以为来世的福报去阿谀神明，何以不能为今生的利禄去谄媚高官？

三十三

我听到过一种劝人为善的教导，说是做人不要怕吃亏，吃亏未尝不是好事。可接下来的逻辑让人迷惑：你今生吃多少亏，来世便得多少福，那个占了你便宜的人呢，来世便有多少苦。再往下听：你不妨多让别人占些便宜去，不要以为这不划算，其实是别人用他的福换走了你的苦。好家伙！原是劝人不要怕吃亏，怎么最后倒赚走了别人的福去？

三十四

气功，从一听说它我就相信。截断物欲的追逼，放弃人类的妄自尊大，回到与万物平等的地位，物我两忘，谛听自然神秘的脚步……我相信气功确有其科学不可比及的力量。比如在现代医学束手无策的地方创造奇迹，比如在沉思默想中看见生命更深处的奥秘。还有一些听上去更近科学的功法，比如沟通宇宙信息，比如超越三维空间汲取更高级的能量，比如从更微观的世界中脱胎换骨，这些我都倾向于相信。甚至风水、符咒之类，大概也不是全无道理。世界之神秘，是人的智力永难穷尽的，没理由不相信奇迹的存在。

但若以奇迹论神明，就怕那神明还是说瞎话的一位。奇迹能把这人间照顾得周全吗？能改变这“人间戏剧”只留下幸运的角色吗？能使人间只有福乐、不存悲忧吗？要是不能，就算它上天入地擒风缚雨也并没有真正改变人的处境。神明一落到实惠，总难免捉襟见肘力不从心。人间呢，仍要有各类角色，大家还是得分工合作，把所有的角色都承担起来。所谓奇迹，大概就像“宝葫芦的秘密”，把别人的好运偷来给你，差别守恒，无非角色调换一下位置拉倒。

所谓奇迹，大概就像『宝葫芦的秘密』，把别人的好运偷来给你，差别守恒，无非角色调换一下位置拉倒。

三十五

看足球就像看人生。或看它是一场圣战，全部热情都在打败异己。或视之为一次信心的锤炼和精神狂欢，场地上演出的是坎坷人生的缩影，看台上唱诵的是对不屈的颂扬，是爱的祈盼。再是说，这火暴的游戏真是荒唐，执迷不悟，如痴如癫压根儿是一场错误，何如及早抽身脱离红尘，去投奔无苦无忧的极乐之地？

第三种态度常令我暗自踌躇。越是接近人生的终点，越是要想：这人间真的可爱吗？说可爱，太过简单，简单得像一句没有内容的套话，其实人人心底都有一幅更美好的图景。就连科学也已经看见，人的自命不凡已经把这个星球搞得多么乌烟瘴气，贪婪鼓舞着贪婪，纷争繁衍着纷争，说不定哪天冒出个狂人，一场细菌大战，人间戏剧忽然收场。也许人间真的是一场错误？也许，在某一种时空中真的存在着极乐？人是这样的渺小无知，人的智识之外，宇宙的神秘浩瀚无边，为什么肯定没有那样的地方？人不知其所在罢了，人却可能在来生去投靠它。这真是多么迷人的图景！于是正有很多这样的理想流行，天上人间，美妙超过以往的种种主义，种种法门汇成一句话：到那儿去吧，这儿已经无可留恋，这儿已是残山剩水，那儿才是你的梦中天堂。信与不信，常让我暗自踌躇。

也许人间真的是一场错误？也许，在某一种时空中真的存在着极乐？

三十六

单说遏制人类的贪婪吧，乐观的理由就少，悲观的根据越来越多。森林消失，草原沙化，河流干涸，海洋污染，天上破着个大窟窿而且越来越大，但人类还在热火朝天地敲诈和掠夺。这差不多已经成了习惯，真能遏制吗？令人怀疑。比如我，下了好大决心，也只抗拒了羊绒衫的诱惑——据说那东西破坏植被，但更多的诱惑只在理论上抗拒。人类也真是发明了很多好玩意儿，空调、汽车、飞机、化肥、农药、电脑……丰富得超过有用的商品、新奇得等于屠杀的美味、舒适得近似残废的生活……人能齐心协力放弃这样的舒适吗？还是让人怀疑。就算有九十九个人愿意放弃，但剩下一个人坚持，舒适的魔力就要扩散，就会有二、三、四、五、六……个人出来继承和发扬。

常能读到一些“现代主义”或者“后现代主义”的精彩理论，赞叹之余一走神儿，看见生活自有其不要命的步伐。魔法一旦把人套住，大概就只有“一直往前走，不要朝两边看”了。

三十七

设想有一处不同于人间的极乐之地，不该受到非难。但问题是，谁能洞开通向那儿的神秘之门？

这就又惹动了争夺。大师林立，功法纷纭，其实都说着同一句话：跟随我吧。到底应该跟随谁呢？这神秘的权力究竟是谁掌握着？无从分辨。似乎就看谁许下的福乐更彻底了。

既已许下福乐，便不愁没人着迷，于是又一场蜂拥，以当年眺望“主义”的热情去眺望另一维时空了——原来天堂并不在咱这地界儿，以往真是瞎忙。于是调离苦难的心情愈加急迫，然而天堂的门票像似有限，怎么办？那就只好谁先觉悟谁先去吧，至于那些拿不到门票的人嘛，实在是他们自己慧根不够、福缘浅薄，又怨得哪一个？

闹来闹去这逻辑其实又熟悉：为富不仁者对穷人不是也这

么说吗——你自己无能，又怨得谁个？这逻辑也许并不都错，但这漠然无爱的境界不正是人间凶险的首要？记得佛门有一句伟大教诲：一人未得度，众生都未得度。佛祖有一句感人的誓言：我不下地狱谁下地狱？怎么到了一些自命的佛徒那里，竟变得与福利分房相似？——房源（或者福运）有限，机不可失，大家各显神通吧。

三十八

因此我大大地迷惑：就算那极乐之地确凿，就算我们来生确实有望被天堂接纳，但那可是凭着“先天下之乐而乐”的心情就能够去的么？倘天堂之门也是偏袒着争抢之下的强者，天堂与人间可还有什么两样？好吧，退一步想，就算争抢着去的也就去了，但这漠然无爱的心情被带去天堂，天堂还会永远无忧么？争抢的欲望，不会把那儿也搅得“群雄并起，天上大乱”？

所以我宁可还是相信，所谓天堂即是人的仰望，仰望使我们洗去污浊。所谓另一维时空，其实是指精神的一维，这一维并不与人间隔绝，而是与我们所在的这个世界重叠融会。

所谓天堂即是人的仰望，仰望使我们洗去污浊。所谓另一维时空，其实是指精神的一维，这一维并不与人间隔绝，而是与我们所在的这个世界重叠融会。

神秘的力量，毫无疑问是存在的。神秘，存在于冥冥之中。这其实很好，恰为人间的梦想与完善铺筑起无限的前途。但是，这无限既由神秘所辖，便不容得凡人染指。原因简单：有限的凡人怎么可能通晓无限的神秘？神秘的商标一旦由凡人注册，就最值得大众担心——他掌握着神秘的权力啊，有什么疑问还敢跟他讨论？有什么不同意见还敢跟他较真儿？岂不又是“理解的执行，不理解的也要执行”了吗？

三十九

如果奇迹并不能改变这“人间戏剧”，苦难守恒，幸运之神无非做些调换角色的工作，众生还能求助于什么呢？只有相互携手，只有求助于爱吧。

这样说，明显已经迂腐，再要问爱是什么，更要惹得潇洒笑话。比如说爱情，潇洒曾屡次告诫过我们了：其实没有。有婚姻，有性欲，有搭伙过日子，哪有什么爱情？这又让迂腐糊涂：你到底是说什么没有，什么？迂腐真是给潇洒添乱——你要是说不出没有的是什么，你怎么断定它没有？你要是说出没有了什么，什么就已经有了。爱情本来是一种心愿，不能到街上看看就说没有。而没有这份心愿的人也不会说它没有，他们觉得婚姻和性欲已经就是了。

所以，“爱的奉献”这句话也不算很通顺。能够捐资，捐物，捐躯，可心愿是能够捐的吗？爱如果是你的心愿，爱已经使你受益，无论如何用不上大义凛然。

爱如果是你的心愿，爱已经使你受益，无论如何用不上大义凛然。

四十

在街市上我见过两只狗，隔着熙攘的人群，远远地它们已经互相发现，互相呼唤，眉目传情。待主人手上的绳索一松，它们就一个从东一个从西，钻过千百条人腿飞奔到一起，那样子就像电影中久别的情人一朝重逢，或历尽劫波的夫妻终于团聚。它们亲亲密密地偎依，耳鬓厮磨，窃窃地说些狗话。然后时候到了，主人喊了，主人“重利轻别离”，它们呢，仍旧情意缠绵，觉得时间怎么忽然走得这样快？主人过来抓住绳索，拍拍它们的脑门儿，告诉它们：你们是狗啊，要本分，要把你们的爱献给某一处三居室。它们于是各奔东西，“孔雀东南飞，五里一回头”，消失在人海苍茫之中，而且互相不知道地址。

我常想，这两只狗一定知道它们怀念的是什么，虽然它们说不出，抑或只因为我们听不懂。不过可以猜想：只身活在异类当中，周围全是语言难通的两足动物，孤独还能教它们怀念什么呢？只是我未及注意它们的性别，不知那是否仅仅出于性欲。

四十一

不管怎么说，给爱下定义是要惹上帝发笑的。不如先绕开它，换个角度，这样问：什么时候，你第一次感到了爱？或者是在什么样的时候，你感到了需要爱？

我常回想那是在什么时候？什么样的时候？

那大约要追溯到上小学的时候。有个女孩儿，与我同年，她长得漂亮吗？但是我的目光总被她吸引，只要她在，我的注意力就总是去围绕她。最初发现她是在一次“六一”儿童节的庆祝会上，她朗诵一首诗，关于一个穷苦的黑人孩子的诗……会场中先还有些喧闹，但忽然喧闹声沉落下去，只剩下她的声音在会场中飘荡，清纯、稚气，但却微微地哽咽，灯光全部聚向她时，我看见她的眼边有泪光……从那以后我总想去接近她，但又总是远远地看她并不敢走去近前，甚至跟她说话也有自惭形秽之感，甚至连她的住处也让我想象迭出觉得神圣不可及。这是爱的吗，爱的萌动？但这与性有多少关系呢？那女孩儿，现在想来真的不能算漂亮，身上一点女人的迹象也还没有。是什么触动了我呢？

四十二

如果那一次触动中其实有着懵懂的性因素，可同样的触动也曾来自一个男孩儿，他住在一座不同寻常的房子里，我在《务虚笔记》中写过那座房子，在《务虚笔记》中我借助对一个女孩儿的眺望，写过，我怎样走进了那座漂亮的房子，看见了里面的生活。那是一座在我当时看去不可思议的房子，和一种我想象不到的生活，在《务虚笔记》中我写到了我当时的感受。在走不尽的灰暗小街的缠缠绕绕之中，在寂寞的冬天的早晨，明亮的阳光之下，那座房子明朗、清洁、幽静，仿佛置身世外。那里面的布设和主人们的举止，都高雅得让我惊诧，让我羡慕，让一个欲念初萌的孩子从头到脚弥漫开沉沉的自卑。我很快就感觉到了一种冷淡，和冷淡的威胁。不错，是自卑，我永远都看得见那一刻，那一刻永不磨灭。那儿的人是否傲慢地说了什么并不重要，重要的是那自卑与生俱来，重要的是那冷淡的威胁其实是由自卑构筑，即使那儿的人没有任何傲慢的表示我也早就想逃跑了。《务虚笔记》中写的是：我想回家。我跑出了那座美丽的房子，我走在回家的路上，但是家——那一向等待着我的温暖之中，忽然掺进了一缕黯然。家，由于另一种生活的衬照，由于冷淡的威胁，竟也变得孤独堪怜。在《务虚笔记》中，我借助于画家Z的形象去看过我自己那时的心情……

四十三

自卑，历来送给人间两样东西：爱的期盼，与怨愤的积累。

我想，画家Z曾经得到的是后一种。我呢？我之所以能够想象他，想象他就是在那次回家的路上走进了怨愤，料必因为Z是我的一部分，至少曾经是这样。要征服那冷淡，要以某种姿态抵挡乃至压倒那冷淡的威胁，自卑于是积累起怨愤，怨愤再加倍地繁衍自卑——这就是画家Z。相反，若是梦想着世间不再有那样的冷淡，梦想着，被那冷淡雕铸的怨愤终于消散，所有失望过和傲慢过的心灵都能够相互贴近，那就是爱的期盼。甚至纯真的心从不多看那冷淡一眼，唯热盼着与另外的心灵沟通，不屈不挠地等待，走遍一生去寻找，那就是爱的路程。在《务虚笔记》中，我借助诗人L、女教师O和F医生的身影，走进这样的梦想，借助于对他们的理解看见了我的另一种心情。

梦想着世间不再有那样的冷淡，梦想着，被那冷淡雕铸的怨愤终于消散，所有失望过和傲慢过的心灵都能够相互贴近，那就是爱的期盼。

这两种心情似乎都是与生俱来，盘根错节同时都在我心里，此起彼伏，铺设成我的心路。别人也都是这样吗？我只知道，兼具这两种心情的我才是真实的我。我站在Z的脚印上，翘望L、O和F的方向。我体会着Z的自卑，而神往于L、O和F痴心不改的步伐。而且，越是Z的消息沉重，越是L、O和F的消息明媚动人。我知道了，爱，原就是自卑弃暗投明的时刻。自卑，或者在自卑的洞穴里步步深陷，或者转身，在爱的路途上迎候解放。

四十四

不过自卑，也许开始得还要早些。开始于你第一次走出家门的时候。开始于你第一次步入人群，分辨出了自己和别人的时候。开始于你离开母亲的偏袒和保护，独自面对他者的时候。开始于这样的时候：你的意识醒来了，看见自己被局限在一个小小的躯体中，而在自己之外世界是如此巨大，人群是如此庞杂，自己仿佛囚徒。开始于这样的时候：在这纷纭的人间，自己简直无足轻重，而这一切纷纭又都在你的欲望里，“自己”二字是如此地不可逃脱，不能轻弃。开始于这样的时候：你想走出这小小躯体的囚禁，走向别人，盼望着生命在那儿得到回应，心魂从那儿连接进无比巨大的存在，无限的时间因而不再是无限的冷漠……但是，别人也有这样的愿望么？在墙壁的那边，在表情后面，在语言深处，别人，到底都是什么？对此你毫无把握。但囚徒们并

囚徒们并不见得都想越狱出监，囚徒中也会有告密者，轻蔑、猜疑和误解，加固着牢笼的坚壁，你热烈的心愿前途未卜，而一旦这心愿陷落，生命将是多么孤苦无望，多么索然无味，荒诞不经。

不见得都想越狱出监，囚徒中也会有告密者，轻蔑、猜疑和误解，加固着牢笼的坚壁，你热烈的心愿前途未卜，而一旦这心愿陷落，生命将是多么孤苦无望，多么索然无味，荒诞不经。我能记起很多次这样的经历。从幼年一直到现在，我有过很多次失望——可能我也让别人有过这类失望——很多次深刻的失望其实都可以叫做失恋，无论性别，因为在那之前的热盼正都是爱的情感：等待着他人的到来，等待着另外的心魂，等待着自由的团聚。虽因年幼，这热盼曾经懵然不知何名，但当有一天，爱的消息传来，我立刻认出那就是它，毫无疑问一直都是它。

四十五

“爱”这个字，颇多歧义。母爱、父爱等等，说的多半是爱护。“爱牙日”也是说爱护。爱长辈，说的是尊敬，或者还有一点威吓之下的屈从。爱百姓，还是爱护，这算好的，不好时里面的意思就多了。爱哭，爱睡，爱流鼻涕，是说容易、控制不住。爱玩，爱笑，爱桑拿，爱汽车，说的是喜欢。“爱怎么着就怎么着”，是想的意思，随便你。“你爱死不死”，也是说请便，不过已经是恨了。

爱，与喜欢混淆得最严重。“我爱你”，可能是表达着一次真正的爱情，也可能只是好色之徒的口头禅，还可能是各有所图的一回交易。喜欢，好东西谁不喜欢？快乐的事谁不喜欢？没有理由谴责喜欢，但喜欢与爱的情感不同。爱的情感包括喜

所谓推心置腹，所谓知己，所谓同心携手，是同性之间和异性之间都有的期待，是孤独的个人天定的倾向，是纷纭的人间贯穿始终的诱惑。

欢，包括爱护、尊敬和控制不住，除此之外还有最紧要的一项：敞开。互相敞开心魂，为爱所独具。这样的敞开，并不以性别为牵制，所谓推心置腹，所谓知己，所谓同心携手，是同性之间和异性之间都有的期待，是孤独的个人天定的倾向，是纷纭的人间贯穿始终的诱惑。

四十六

所以爱是一种心愿，不在街上和衣兜里，也不在储蓄所。睁着俩眼向外找，可以找到救济（包括性方面的救济），仅此而已。

爱却艰难，心魂的敞开甚至危险。他人也许正是你的地狱，那儿有心灵的伤疤结成的铠甲，有防御的目光铸成的刀剑，有语言排布的迷宫，有笑靥掩蔽的陷阱。在那后面，当然，仍有孤独的心在战栗，仍有未熄的对沟通的渴盼。你还是要去吗？不甘就范？那你可要谨慎，以孤胆去赌——他人即天堂，甚至以痛苦去偿你平生的夙愿。爱不比性的地方正在这里，性唯快乐，爱可没那么轻松。潇洒者早有警告：哥们儿你累不累？

爱是一种心愿，不在街上和衣兜里，也不在储蓄所。睁着俩眼向外找，可以找到救济（包括性方面的救济），仅此而已。

四十七

爱情所以选中性作为表达，作为仪式，正是因为，性，以其极端的遮蔽状态和极端的敞开形式，符合了爱的要求。极端的遮蔽和极端的敞开，只要能表达这一点，不是性也可以，但恰恰是它，性于是走进爱的领地。没有什么比性更能体现这两种极端了，爱情所以看中它，正是要以心魂的敞开去敲碎心魂的遮蔽，爱情找到了它，就像艺术家终于找到了一种形式，以期梦想可以清晰，可以确凿，可以不忘，尽管人生转眼即是百年。

> 爱情所以选中性……正是要以心魂的敞开去敲碎心魂的遮蔽……以期梦想可以清晰，可以确凿，可以不忘，尽管人生转眼即是百年。

但也正因为这样，性可以很方便地冒充爱情，正像满街假冒艺术的雕塑还少么？如果仪式之后没有内容，如果敞开的只是肉体，肌肤相依而心魂依然森严壁垒，那最多不过还是“喜欢”和“控制不住”。（假冒的仪式越来越多，比如种种的宣誓，种种隆重的典礼和剪彩，比如荒诞可以成为时尚，真诚可以用作包装……）其实好色倒也是人情之常。红灯区如同公厕，利于卫生。只是这样无可厚非下去似乎文不对题——在美妙的肉体唾手可得的年代，心灵的孤独怎样了？爱怎样了？以及，性又随之怎样了呢？

性冷漠据说在蔓延，越是性解放的地方，性越是失去着激情。是性不应该解放吗？不，总把性压迫在罪恶的阴影下是要出事的。但也不宜被解放到无根无据的地步，倘其像吐痰一样毫无弦外之音，爱凭什么偏要对它情有独钟，偏要向它注入奔涌不息的能量呢？

四十八

爱之永恒的能量，在于人之间永恒的隔膜。爱之永远的激越，由于每一个“我”都是孤独。人不仅是被抛到这个世界上来的，而且是一个个分开着被抛来的。

在上帝那儿，在灵魂被囚禁肉体之前，“一生二，二生三，三生万物”之初，并无我、你、他之分别，巨大的存在之消息浑然一体，无分彼此内外，扶摇漫展无所不在。然后人间诞生了，人间诞生了其实就是有限诞生了。巨大的存在之消息被分割进亿万个小小的肉体，小小的囚笼，亿万种欲望拥挤摩擦，相互冲突又相互吸引，纵横交错成为人间，总有一些在默默运转，总有一些在高声喊叫，总有一些黯然失色随波逐浪，总有一些光芒万丈彪炳风流，总有弱中弱，总有王中王——不管是以什么方式，不管是以什么标牌，不管是以刀枪、金钱还是话语……总归一样。尼采说对了：权力意志。所有的种子都想发芽，所有的萌芽都想长大，所有的思绪都要漫展，没有办法的事。把弱者都聚拢到一块去平安吧，弱者中会浮涌出强人。把强人都归堆到一块儿去平等呢，强人中会沉淀出弱者。把人一个个地都隔离开怎么样？又群起而不干。小时候，我们几个堂兄弟之间经常打架，奶奶就嚷：“放在一块儿就打，分开一会儿又想！”奶奶看得明白，就这么回事。

爱之永恒的能量，在于人之间永恒的隔膜。爱之永远的激越，由于每一个『我』都是孤独。

四十九

说真的，我不大相信“话语霸权”之类的东西可能消灭，就像我也不大相信可以消灭人的贪婪。但消灭霸权和贪婪正在成为人的愿望，这就好，就像爱情，要紧的是心愿。我怀疑上帝是不是闷了，寂寞得不行，所以摆布一场反反复复的游戏？别管上帝的事吧。人呢，就像我和我的堂兄弟们一样，要紧的是相互想念，虽然打架。那巨大的存在之消息，因分割而冲突，因冲突而防备，因防备而疏离，疏离而至孤独，孤独于是渴望着相互敞开——这便是爱之不断的根源。

我还是不能想象人人都成了佛的图景，人人都是一样，岂不万籁俱寂？人人都已圆满，生命再要投奔何方？那便连佛也不能有。佛乃觉悟，是一种思绪。一团圆满一片死寂，思之安附，悟从何来？

敞开，不是性的专利，性是受了爱的恩宠，所以生气勃勃。如果性已经冷漠，已经疲倦，已经泛滥到失去了倾诉的能力，那就让它仅仅去负责繁殖和潇洒。敞开，可以找到另外的仪式和路径，比如艺术，比如诗歌，比如戏剧和文学。不过文学这个词并不美妙，并不恰切，不如是写作，不如是倾诉和倾听，不如是梦幻、是神游。因为那从来就不是什么学问，本不该有什么规范，本不该去符合什么学理，本不必求取公认，那是天地间最自由的一片思绪呀，是有限的时空中响彻的无限呼唤。为此上帝也看重它，给它风采，给它浪漫，给它鬼魅与神奇，给它虚构的权力去敲碎现实的呆板，给它荒诞的逻辑以冲出这个既定的人间，总之给它一种机会，重归那巨大的存在之消息，浩浩荡荡万千心魂重新浑然一体，赢得上帝的游戏，破译上帝以斯芬克斯的名义设下的谜语。

五十

但这是可能的吗？迫使上帝放弃他的游戏，可能吗？放弃分割，放弃角色们的差异，让上帝结束他非凡的戏剧，这可能吗？那么喜欢热闹的上帝，又是那么精力旺盛、神通广大，让他重新回到无边的寂寞中去，他能干？要是他干，他曾经也就不必创造这个人间。喜好清静如佛者，也难免情系人间。我还是不能想象人人都成了佛的图景，人人都是一样，岂不万籁俱寂？人人都已圆满，生命再要投奔何方？那便连佛也不能有。佛乃觉悟，是一种思绪。一团圆满一片死寂，思之安附，悟从何来？所以有“烦恼即菩提”的箴言。

人间总是喧嚣，因而佛陀领导清静。人间总有污浊，所以上帝主张清洁。那是一条路啊！皈依无处。皈依并不在一个处所，皈依是在路上。分割的消息要重新联通，隔离的心魂要重新聚合，这样的路上才有天堂。这样的天堂有一个好处：不能争抢。你要去吗？好，上路就是。要上路吗？好，争抢无效，唯以爱的步伐。任何天堂的许诺，若非在路上，都难免刺激起争抢的欲望。不管是在九天之外，或是在异元时空，任何所谓天堂只要是许诺可以一劳永逸地到达，通向那儿的路上都会拥挤着贪婪。天堂是一条路，这就好了，永远是爱的步伐，又不担心会到达无穷的寂寞。上帝想必是早就看穿了这一点，所以把他的游戏摆弄个没完。佛陀谙熟此道，所以思之无极。谢天谢地，皈依是一种心情，一种行走的姿态。

> 皈依无处。皈依并不在一个处所，皈依是在路上。分割的消息要重新联通，隔离的心魂要重新聚合，这样的路上才有天堂。

五十一

爱是软弱的时刻，是求助于他者的心情，不是求助于他者的施予，是求助于他者的参加。爱，即分割之下的残缺向他者呼吁完整，或者竟是，向地狱要求天堂。爱所以艰难，常常落入窘境。

所以“爱的奉献”这句话奇怪。左腿怎么能送给右腿一个完整呢？只能是两条腿一起完整。此地狱怎么能向彼地狱奉献一个天堂呢？地狱的相互敞开，才可能朝向天堂。性可以奉献，爱却不能。爱就像语言，闻者不闻，言者还是哑巴。甘心于隔离地活着，唯爱和语言不需要。爱和语言意图一致——让智识走向心魂深处，让深处的孤独与惶然相互沟通，让冷漠的宇宙充满热情，让无限的神秘暴露无限的意义。巴别塔虽不成功，语言仍朝着通天的方向建造。这不是能够嘲笑的，连上帝也不能。人的处境是隔离，人的愿望是沟通，这两样都写在了上帝的剧本里。

五十二

可这有什么用么？通常的嘲笑和迷惑就在这里：人不可能永生，这一切又有什么用呢？爱有什么用？心魂的敞开有什么用？热情又有什么用呢？但，什么是有用？若仅仅做一种活物，衣食住行之外其实什么都可以取消。然而，乖张如人者偏不安守这样的地位，好似如上帝者偏不允许这样的寂寞，无限膨胀的宇宙偏偏孕育出一种不衰的热情。先哲有言：“人是一堆无用的热情。”人即热情，这热情并不派什么别的用场。人就是飘荡在宇宙中的热情消息，就是这宇宙之热情的体现，或者，唯宇宙之热情称为人。若问“热情何用”，等于是问“人何用”，等于问“宇宙何用”，“无用何用”。从必死的角度看，衣食住行又有何用？不如早早结束这一场荒诞。说人就是为了活着，也对，衣食住行是为了活着，梦想也是，倘发狠去死，一切真都是何必？但是，说人只是为了活着，意思就大不一样，丰衣足食地关在监狱里如何？

五十三

但是死，那么容易吗？我是说，谁能让“无用的热情”死去？谁能让宇宙的热情的消息飘散？谁能用一瓶安眠药让世界永远睡去？

宇宙这只花瓶是一只打不烂的魔瓶，它总能够自我修复，保持完整，热情此消彼长永不衰减。人间这出戏剧是只杀不死的九头鸟，一代代角色隐退，又一代代角色登台，仍然七情六欲，仍然悲欢离合，仍然是探索而至神秘，欲知而终于知不知，各种消息都在流传，万古不废。

> 人间这出戏剧是只杀不死的九头鸟，一代代角色隐退，又一代代角色登台，仍然七情六欲，仍然悲欢离合，仍然是探索而至神秘，欲知而终于知不知……

五十四

这也许荒诞。荒诞如果难逃，哀叹荒诞岂不更是荒诞！荒诞如果难逃，自然而然会有一种猜想：或许这人间真的不过是一座炼狱？我们是来服刑的，我们是来反省和锻炼的，是来接或许这人间真的不过是一座炼狱？

受再教育的（改造客观世界的同时改造主观世界）。下放与下凡异曲同工。迷信和神话中常有这类说法：天神有罪，被遣人间，譬如猪八戒。天神何罪？多半都是“天蓬元帅”一般受了红尘的引诱。好吧，你就去红尘走一遭，在肉体的牢笼中再加深一回对苦难的理解。贾宝玉和孙悟空这一对女娲的弃物，也都是走了这条路，不过比八戒多着自愿的成分。

这样的猜想让人长舒一口气，仿佛西绪福斯的路终于可以有头，终有一天可以放假回家万事大吉，但细想这未必美妙，彻底的圆满只不过是彻底的无路可走。

五十五

经过电子游戏厅，看见痴迷又疲惫的玩客，仿佛是见了人间的模型。变幻莫测的游戏是红尘的引诱，一台台电脑即姓名各异的肉身。你去品尝红尘，要先具肉身——哪一样快乐不是经由它传递？带上足够的本金去吧，让欲望把定一台电脑，灵魂就算附体了，你就算是投了胎，五光十色的屏幕一亮你已经落生人间。孩子们哭闹着想进游戏厅，多像一块块假宝玉要去做“红楼梦”。欲望一头扎进电脑，多像灵魂钻进了肉身？按动键盘吧，学会入世的规矩。熟练指法吧，摸清谋生的门道。谢谢电脑，这奇妙的肉身为实现欲望接通了种种机会——你想做英雄吗？这儿有战争。想当领袖吗？这儿有社会。想成为智者？好，这儿有迷宫。要发财这儿有银行可抢。要拈花惹草这儿有些黄色的东西您看够不够？要赌博？咳呀那还用说，这儿的一切都是赌博。

你玩得如醉如痴，噼里啪啦到噼里啪啦，到本金告罄，到游戏厅打烊，到老眼昏花，直到游戏日新月异踏过你残老的身体，这时似乎才想起点别的什么。什么呢？好像与快乐的必然结束有关。

荒诞感袭来是件好事，省得说“瞎问那么多有什么用”。其实应该祝愿潇洒从头至尾都不遭遇荒诞的盘查，可这事谁也做不了主，荒诞并非没有疏漏，但并不单单放过潇洒。而且你不能拒绝它：拒绝盘查，实际已经被盘查。

五十六

怕死的心理各式各样。作恶者怕地狱当真。行善者怕天堂有诈。潇洒担心万一来世运气不好，潇洒何以为继？英雄豪杰，照理说早都置生死于度外，可一想到宏图伟业忽而回零，心情也不好。总而言之，死之可怕，是因为毕竟谁也摸不清死要把我们带去哪儿。

然而人什么都可能躲过，唯死不可逃脱。

可话说回来，天地间的热情岂能寂灭？上帝的游戏哪有终止？宇宙膨胀不歇，轰轰烈烈的消息总要传达。人便是这生生不息的传达，便是这热情的载体，便是残缺朝向圆满的迁徙，便是圆满不可抵达的困惑和与之同来的思与悟，便是这永无终

人便是这生生不息的传达，便是这热情的载体，便是残缺朝向圆满的迁徙，便是圆满不可抵达的困惑和与之同来的思与悟，便是这永无终途的欲望。

途的欲望。所以一切尘世之名都可以磨灭，而“我”不死。

五十七

“我”在哪儿？在一个个躯体里，在与他人的交流里，在对世界的思考与梦想里，在对一棵小草的察看和对神秘的猜想里，在对过去的回忆、对未来的眺望、在终于不能不与神的交谈之中。

正如浪与水。我写过：浪是水，浪消失了，水还在。浪是水的形式，水的消息，是水的欲望和表达。浪活着，是水，浪死了，还是水。水是浪的根据，浪的归宿，水是浪的无穷与永恒。

所有的消息都在流传，各种各样的角色一个不少，唯时代的装束不同，尘世的姓名有变。每一个人都是一种消息的传达与继续，所有的消息连接起来，便是历史，便是宇宙不灭的热情。一个人就像一个脑细胞，沟通起来就有了思想，储存起来就有了传统。在这人间的图书馆或信息库存里，所有的消息都死过，所有的消息都活着，往日在等待另一些“我”来继续，那样便有了未来。死不过是某一个信号的中断，它“轻轻地走”，正如它还会“轻轻地来”。更换一台机器吧——有时候不得不这样，但把消息拷贝下来，重新安装进新的生命，继续，和继续的继续。

（本文最初发表于1999年《花城》，原题《病隙碎笔1》）

07 爱才是人类唯一的救助

一

有位学者朋友给我写信，说我是“证明了神性，却不想证明神”。老实说，前半句话我绝不敢当，秉性愚钝的我只是用着傻劲儿，希望能够理解神性，体会神性；而对后半句话我又不想承认。不过确实，在我看来，证明神性比证明神更要紧。理由是：没有信仰固然可怕，但假冒的“神”更可怕——比如造人为神。事实是，信仰缺失之地未必没有崇拜，神性不明之时，强人最易篡居神位。我们几时缺了“神”么？灶王、财神、送子娘娘……但那多是背离着神性的偶像，背离着信仰的迷狂。

『证明了神性，却不想证明神』。

这类“神明”也有其性，即与精神拯救无关，而是对肉身福乐的期许；比如对权、财的攀争，比如“乐善好施”也只图“来生有报”。这不像信仰，更像是行贿或投资。所以，证明神务先证明神性，神性昭然，其形态倒不妨入乡随俗。况且，其实，唯对神性的追问与寻觅，是实际可行的信仰之路。

二

我读书少，宗教知识更少，常发怵与学者交谈。我只是活出了一些问题，便思来想去，又因能力有限，所以希望以尽量简单的逻辑把信仰问题弄弄明白。

那位学者朋友还说，我是“尽可能避开认同佛教”。这判断有点儿对。但这点儿对，并不是指“尽可能避开”，而是说我确实对一些流行的佛说有着疑问。

大凡宗教，都相信人生是一次苦旅（或许这正是宗教的起因吧），但是，对苦难的原因则各说不一，因而对待苦难的态度也不相同。流行的佛说（我对佛学、佛教所知甚微，故以“流行的”做出限定）相信，人生之苦出自人的欲望，如：贪、嗔、痴；倘能灭断这欲望，苦难就不复存在。这就预设了一种可能：生命中的苦难是可以消灭的，若修行有道，无苦无忧的极乐世界或者就在今生，或者可期来世。来世是否真确大可不论，信仰所及，无需实证。但问题是……

大凡宗教，都相信人生是一次苦旅（或许这正是宗教的起因吧），但是，对苦难的原因则各说不一，因而对待苦难的态度也不相同。

三

脱离一己之苦可由灭断一己之欲来达成，但是众生之苦犹在，一己就可以心安理得吗？众生未度，一己便告无苦无忧，这虽不该嫉妒甚至可以祝贺，但其传达的精神取向，便很难相信还是爱的弘扬，而明显接近着争的逻辑了。

争天堂，与争高官厚禄，很容易走成同一种心情。种什么神根，得什么俗果。猪八戒对自己仅仅得了个罗汉位耿耿于怀，凡夫俗子为得不到高级职称而愤愤不平就有了神据。我是说，这逻辑用于俗世实属无奈，若再用于信仰岂不教人沮丧？大凡信仰，正当在竞争福乐的逻辑之外为人生指引前途，若仍以福乐为期许，岂不倒要助长了贪、嗔、痴？

（眼下“欧锦赛”正是如火如荼，荷兰球星博格坎普在批评某一球队时有句妙语：“他们是在为结果踢球。”博格坎普因此已然超出球星，可入信者列了。因信称义，而不是因结果，而信恰在永远的过程中。）

四

如何使众生不苦呢？强制地灭欲显然不行。劝诫与号召呢？当然可以，但未必有效。这个人间的特点是不可能没有矛盾，不可能没有差别和距离，因而是不可能没有苦和忧的。再怎么谴责忧苦的众生太过愚顽，也是无济于事，无济于事而又津津乐道，倒显出不负责任。天旱了不下雨，可以无忧吗？孩这个人间的特点是不可能没有矛盾，不可能没有差别和距离，因而是不可能没有苦和忧的。

子病了无医无药，怎能无苦？而水利和医药的发展正是包含着多少人间的苦路，正是由于人类的多少梦想和欲望呀。享用着诸多文明成果的隐士，悠然地谴责创造诸多文明的俗人，这样的事多少有些滑稽。当然，对此可以有如下反驳：要你断灭的是贪、嗔、痴，又没教你断灭所有的欲望。但是，仅仅断灭了贪、嗔、痴并不能就有一个无苦无忧的世界；久旱求雨是贪吗？孤苦求助是痴吗？那么，诸多与生俱来的忧苦何以救赎？可见无苦无忧的许诺很成问题。再么就是断灭人的所有欲望，但那样，你最好就退回到植物去，一切顺其自然，不要享用任何人类文明，也不必再有什么信仰。苦难呼唤着信仰，倘信仰只对人说“你不当自寻烦恼”，这就像医生责问病人：没事儿撑的你生什么病？

我赞成祛除贪、嗔、痴的教诲，赞成人类的欲望应当有所节制（所以我也不是“尽可能避开认同佛教”），但仅此，我看还不能说就找到了超越苦难的路。

五

以无苦无忧的世界为目标，依我看，会助长人们逃避苦难的心理，因而看不见人的真实处境，也看不见信仰的真意。

常听人讲起一个故事，说是一个忙碌的渔夫在海滩上撞见一个悠闲的同行，便谴责他的懒惰。同行懒洋洋地问：可你这么忙到底为了什么？忙碌者说：有朝一日积攒起足够的财富，我就可以不忙不累悠哉游哉地享受生命了。悠闲者于是笑道：在下当前正是如此。这故事明显是赞赏那悠闲者的明智。但若多有一问，这赞赏也许就值得推敲：倘遇灾年，这悠闲者的悠闲何以为继？倘那忙碌的渔夫给他送来救济，这明智的同行肯定拒不接受而情愿饿死吗？

这并不是说我已经认同了那位忙碌的人士，其实他与那悠闲者一样，只不过他的“无苦无忧”是期待着批发，悠闲者则偏爱零买零卖。要紧的是还有一问：倘命运像对待约伯那样，把忙碌者之忙碌的成果悉数摧毁，或不让悠闲者有片刻悠闲而让他身患顽疾，这怎么办？在一条忧苦随时可能袭来的地平线上，是否就能望见一点真信仰的曙光了？

以无苦无忧的世界为目标，依我看，会助长人们逃避苦难的心理，因而看不见人的真实处境，也看不见信仰的真意。

六

再有，以福乐为许诺——你只要如何如何，便可抵达俗人不可抵达的极乐之地——这在逻辑上太近拉拢。以拉拢来推销信仰，这“信仰”非但靠不住，且很容易变成推销者的福利与权柄。

比如潇洒的人，他只要说一句“小乐足矣，不必天堂”，便可弃此信仰于一旁，放心大胆去数钞票了。是嘛，天堂唯乐，贪官也乐，天堂尚远，钞票却近，况乎见乐取小，岂不倒有风度？我是说，以福乐相许，信仰难免混于俗行。

以拉拢来推销信仰，这『信仰』非但靠不住，且很容易变成推销者的福利与权柄。

再看所谓的“虔诚者”。福乐许诺之下的虔诚者，你说他的我们是仅仅在时间中的存在，作为陷于过去与将来从而无法恰当地认识到现在的造物，这使我确信，那些乐观主义者不过是在自己欺骗自己。

——艾温·辛格

终极期待能是什么？于是就难辨哪一笔捐资是出于爱心，哪一笔献款其实是广告，是盯着其后更大的经济收益。你说这是不义，但“圣者”可以隔世投资以求来生福乐，我辈不才，为什么就不能投一个现世之资，求福乐于眼下？商品社会，如是种种就算无可厚非，但不知不觉信仰已纳入商业轨道，这才是问题。逻辑太重要，方法太重要，倘信仰不能给出一个非同凡响的标度，神就要在俗流中做成权贵或巨贾了。

再说最后的麻烦。天堂若非一个信仰的过程，而被确认为一处福乐的终点，人们就会各显神通，多多开辟通往天堂的专线。善行是极乐世界的门票，好，施财也算善行，烧香也算，说媒也算，杀恶人（我说他恶）也算，强迫他人行“善”（我说是善）也算……什么？我说了不算？那么请问：谁说了算？要是谁说了都不算，这“信仰”岂不作废？所以终于得有人说了算——替天行道。于是，造人为神的事就有了，其恶果不言自明。关键是，这样的事必然要出现，因为：许诺福乐原非神之所为，乃人之所愿，是人之贪婪酿造的幻景，人不出面谁出面？

七

看看另一种信仰是怎么说吧：人是生而有罪的。这不仅是说，人性先天就有恶习，因而忏悔是永远要保有的品质，还是说，人即残缺，因而苦难是永恒的。这样的话不大招人喜欢，但却是事实（非人之所愿，恰神之所为）。不过，要紧的还不在于这是事实，而在于因此信仰就可能有了非同凡响的方向。

看见苦难的永恒，实在是神的垂怜——唯此才能真正断除迷执，相信爱才是人类唯一的救助。这爱，不单是友善、慈悲、助人为乐，它根本是你自己的福。这爱，非居高的施舍，乃谦恭地仰望，接受苦难，从而走向精神的超越。这样的信仰才是众妙之门。其妙之一：这样的一己之福人人可为，因此它又是众生之福——不是人人可以无苦无忧，但人人都可因爱的信念而有福。其妙之二：不许诺实际的福乐，只给人以智慧、勇气和无形的爱的精神。这，当然就不是人际可以争夺的地位，而是每个人独对苍天的敬畏与祈祷。其妙之三：天堂既非一处终点，而是一条无终的皈依之路，这样，天堂之门就不可能由一二强人去把守，而是每个人直接地谛听与领悟，因信称义，不要谁来做神的代办。

八

再有，人既看见了自身的残缺，也就看见了神的完美，有了对神的敬畏、感恩与赞叹，由是爱才可能指向万物万灵。现在的生态保护思想，还像是以人为中心，只是因为经济要持续发展而无奈地保护生态，只是出于使人活得更好些，不得已而爱护自然。可什么是好些呢？大约还得是人说了算，而物质的享乐与奢华哪有尽头？至少现在，到处都一样，好像人的最重要的追求就是经济增长，好像人生来就是为了参加一场物质占人为什么不能以万物的和谐为重，在神的美丽作品中『诗意地栖居』呢？

有的比赛。而这比赛一开始，欲望就收不住，生态早晚要遭殃。这不是哪一国的问题，这是全人类的问题，因而这不完全是政治问题，根本是信仰问题。人为什么不能在精神方面自由些再自由些，在物质方面简朴些再简朴些呢？是呀，这未免太浪漫，离实际有些远，但严谨的实际务要有飞扬的浪漫一路同行才好。人用脑和手去工作、去治理，同时用心去梦想；一个美好的方向不是计算出来的，很可能倒是梦想的指引。总之，人为什么不能以万物的和谐为重，在神的美丽作品中“诗意地栖居”呢？诗意地栖居是出于对神的爱戴，对神的伟大作品的由衷感动与颂扬，唯此生态才可能有根本的保护。经济性的栖居还是以满足人的物欲为要，地球则难免劫难频仍，苟且偷生。

九

说到人格的神，我总不大以为然。神自有其神格，一定要弄得人格兮兮有什么好处？神之在，源于人的不足和迷惑，是人之残缺的完美比照。一定要为神再描画一个人形证明，常常倒阻碍着对神的认信。神的模样，莫如是虚。虚者，非空非无，乃有乃大，大到无可超乎其外。其实，一切威赫的存在，一切命运的肇因，一切生与死的劫难，一切旷野的呼告和信心，都已是神在的证明。比如，神于西奈山上以光为显现，指引了摩西。我想，神就是这样的光吧，是人之心灵的指引、警醒、监督和鼓励。不过还是那句话，只要神性昭然，神形不必求其统一。

一切威赫的存在，一切命运的肇因，一切生与死的劫难，一切旷野的呼告和信心，都已是神在的证明。

十

我是个愚顽的人，学与思都只由于心中的迷惑，并不很明晰学理、教义和教规。人生最根本的两种面对，无非生与死。对于生，我从基督精神中受益；对于死，我也相信佛说。通常所谓的死，不过是指某一生理现象的中断，但其实，宇宙间无限的消息并不因此而有丝毫减损，所以，死，必牵系着对整个宇宙之奥秘的思悟。对此，佛说常让我惊佩。顿悟是智者的专利，愚顽如我者只好倚重一个“渐”字。

任何宗教或信仰，我看都该分清其源和流。一则，千百年中，源和流可能已有大异。二则，一切思想和智慧必是以流而传之，即靠流传而存在。三则，唯在流中可以思源，可以有对神性的不断的思悟，而这样的思悟才是信仰之路。我是说，要看重流。流，既可流离神性，也可历经数代人的思悟而更其昭然，更其丰沛浩荡。

（本文最初发表于2001年《天涯》，原题《病隙碎笔4》）

08 灵魂的重量

一

生命到底有没有意义？——只要你这样问了，答案就肯定是：有。因这疑问已经是对意义的寻找，而寻找的结果无外乎有和没有；要是没有，你当然就该知道没有的是什么。换言之，你若不知道没有的是什么，你又是如何判定它没有呢？比如吃喝拉撒，比如生死繁衍，比如诸多确有的事物，为什么不是？此既不是，什么才是？这是什么，便是对意义的猜想，或描画，而这猜想或描画正是意义的诞生。

二

存在，并不单指有形之物，无形的思绪也是，甚至更是。

有形之物尚可因其未被发现而沉寂千古，无形的思绪……却一向喧嚣、确凿，与你同在。

有形之物尚可因其未被发现而沉寂千古，无形的思绪——比如对意义的描画——却一向喧嚣、确凿，与你同在。当然，生命中也可以没有这样的思绪和喧嚣，永远都没有，比如狗。狗也可能有吗？那就比如昆虫。昆虫也未必没有吗？但这已经是另外的问题了。

三

既然意义是存在的，何以还会有上述疑问呢？料其真正的疑点，或者忧虑，并不在意义的有无，而在于：第一，这类描画纷纭杂沓，到底有没有客观正确的一种？第二，这意义，无论哪一种，能否坚不可摧？即：死亡是否终将粉碎它？一切所谓意义，是否都将随着生命的结束而变得毫无意义？

四

如果不是所有的生命（所有的人）都有着对意义的描画与忧虑，那就是说，意义并非与生俱来。意义不是先天的赋予，而显然是后天的建立。也就是说，生命本无意义，是我们使它有意义，是“我”，使生命获得意义。

我确实相信生命是不值得一过的，因为，如果宗教都是假的，一切便都是无价值的了。当然，如果宗教是真的，那么一切差不多都是有价值的了。

——桑塔亚那

建立意义，或对意义的怀疑，乃一事之两面，但不管哪面，都是人所独具。动物或昆虫是不屑这类问题的，凡无此问题的种类方可放心大胆地宣布生命的无意义。不过它们一旦这样宣布，事情就又有些麻烦，它们很可能就此成精成怪，也要陷入意义的纠缠了。你看传说中的精怪，哪一位不是学着人的模样在为生命寻找意义？比如白娘子的“千年等一回”，比如猪八戒的梦断高老庄。

生命本无意义，是我们使它有意义，是『我』使生命获得意义。

五

生命本无意义，是“我”使生命获得意义——此言如果不错，那就是说：“我”，和生命，并不完全是一码事。

没有精神活动的生理性存活，也叫生命，比如植物人和草履虫。所以，生命二字，可以仅指肉身。而“我”，尤其是那个对意义提出诘问的“我”，就不只是肉身了，而正是通常所说的：精神，或灵魂。但谁平时说话也不这么麻烦，一个“我”字便可通用——我不高兴，是指精神的我；我发烧了，是指肉身的我；我想自杀，是指精神的我要杀死肉身的我。“我”字的通用，常使人忽视了上述不同的所指，即人之不同的所在。

『我』字的通用，常使人忽视了上述不同的所指，即人之不同的所在。

六

不过，精神和灵魂就肯定是一码事吗？那你听听这句话：“我看我这个人也并不怎么样。”——这话什么意思？谁看谁不怎么样？还是精神的我看肉身的我吗？那就不对了，“不怎么样”绝不是指身体不好，而“我这个人”则明显是就精神而言，简单说就是：我对我的精神不满意。那么，又是哪一个我不满意这个精神的我呢？就是说，是什么样的我，不仅高于（大于）

肉身的我，并且也高于（大于）精神的我，从而可以对我施以全面的督察呢？是灵魂。

七

但什么是灵魂呢？精神不同于肉身，这话就算你说对了，但灵魂不同于精神，你倒是解释解释这为什么不是胡说？

因为，还有一句话也值得琢磨："我要使我的灵魂更加清洁。"这话说得通吧？那么，这一回又是谁使谁呢？麻烦了，真是麻烦了。不过，细想，这类矛盾推演到最后，必是无限与有限的对立，必是绝对与相对的差距，因而那必是无限之在（比如整个宇宙的奥秘）试图对有限之在（比如个人处境）施加影响，必是绝对价值（比如人类前途）试图对相对价值（比如个人利益）施以匡正。这样看，前面的我必是联通着绝对价值，以及无限之在。但那是什么？那无限与绝对，其名何谓？随便你怎么叫他吧，叫什么其实都是人的赋予，但在信仰的历史中他就叫做：神。他以其无限，而真。他以其绝对的善与美，而在。他是人之梦想的初始之据，是人之眺望的终极之点。他的在先于他的名，而他的名，碰巧就是这个"神"字。

这样的神，或这样来理解神性，有一个好处，即截断了任何凡人企图冒充神的可能。神，乃有限此岸向着无限彼岸的眺望，乃相对价值向着绝对之善的投奔，乃孤苦的个人对广博之爱的渴盼与祈祷。这样，哪一个凡人还能说自己就是神呢？

每一代人都必须凭着心灵的天真和纯洁，找到自己的方式，以恢复生命原初的惊奇感。

——艾温·辛格

八

精神，当其仅限于个体生命之时，便更像是生理的一种机能，肉身的附属，甚至累赘（比如它有时让你食不甘味，睡不安寝）。但当它联通了那无限之在（比如无限的人群和困苦，无限的可能和希望），追随了那绝对价值（比如对终极意义的寻找与建立），它就会因自身的局限而谦逊，因人性的丑陋而忏悔，视固有的困苦为锤炼，看琳琅的美物为道具，既知不断地超越自身才是目的，又知这样的超越乃是永远的过程。这样，它就不再是肉身的附属了，而成为命运的引领——那就是它已经升华为灵魂，进入了不拘于一己的关怀与祈祷。所以那些只是随着肉身的欲望而活的，你会说他没有灵魂。

精神……会因自身的局限而谦逊，因人性的丑陋而忏悔，视固有的困苦为锤炼，看琳琅的美物为道具，既知不断地超越自身才是目的，又知这样的超越乃是永远的过程。

九

比如希特勒，你不能说他没有精神，由仇恨鼓舞起来的那股干劲儿也是一种精神力量，但你可以说他丧失了灵魂。灵魂，必当牵系着博大的爱愿。

再比如希特勒，你可以说他的精神已经错乱——言下之意，精神仍属一种生理机能。你又可以说他的灵魂肮脏——但显然，这已经不是生理问题，而必是牵系着更为辽阔的存在，和以终极意义为背景的观照。

这就是精神与灵魂的不同。

精神只是一种能力。而灵魂，是指这能力或有或没有的一

疯癫所涉及的与其说是真理和现实世界，不如说是人和人所能感觉的关于自身的所谓真理。

——米歇尔·福柯

精神只是一种能力。而灵魂，是指这能力或有或没有的一种方向，一种辽阔无边的牵挂，一种并不限于一己的由衷的祈祷。

种方向，一种辽阔无边的牵挂，一种并不限于一己的由衷的祈祷。

这也就是为什么不能歧视傻人和疯人的原因。精神能力的有限，并不说明其灵魂一定龌龊，他们迟滞的目光依然可以眺望无限的神秘，祈祷爱神的普照。事实上，所有的人，不都是因为能力有限才向那无边的神秘眺望和祈祷吗？

十

其实，人生来就是跟这局限周旋和较量的。这局限，首先是肉身，不管它是多么聪明和健壮。想想吧，肉身都给了你什么？疾病、伤痛、疲劳、孱弱、丑陋、孤单、消化不好、呼吸不畅、浑身酸痛、某处瘙痒、冷、热、饥、渴、馋、人心隔肚皮、猜疑、嫉妒、防范……当然，它还能给你一些快乐，但这些快乐既是肉身给你的，就势必受着肉身的限制。比如，跑是一种快乐，但跑不快又是烦恼，跳也是一种快乐，可跳不高还是苦闷，再比如举不动、听不清、看不见、摸不着、猜不透、想不到、弄不明白……最后是死和对死的恐惧。我肯定没说全，但这都是肉身给你的。而你就像那块假宝玉，兴冲冲地来此人间原是想随心所欲玩它个没够，可怎么先就掉进这么一个狭小黝黑的皮囊里来了呢？这就是他妈的生命？可是，问谁呢你？你以为生命应该是什么样儿？待着吧哥们儿！这皮囊好不容易捉你来了，轻易就放你走吗？得，你今后的全部任务就是跟它斗了，甭管你想干嘛，都要面对它的限制。这样一个冤家对头你却怕它消失。你怕它折磨你，更怕它倏忽而逝不再折磨你——这里面不那么简单，应该有的可想。

但首先还是那个问题：谁折磨你？折磨者和被折磨者，各是哪一个你？

有意义的人生，不论是苏格拉底的，还是一个傻瓜的，都是一个持续的生命过程，这个过程包含着一定的目的以及与之相联系的一定的结局。

——艾温·辛格

十一

有一种意见认为：是精神的你在折磨肉身的你，或灵魂的你在折磨精神的你。前者，精神总是想冲破肉身的囚禁，肉身便难免为之消损，即“为伊消得人憔悴”吧。后者，无论是“众里寻他千百度”，还是“独上高楼望尽天涯路”，总归也都使你殚思竭虑耗尽精华。为此，这意见给你的忠告是：放弃灵魂的诸多牵挂吧，唯无所用心可得逍遥自在，或平息那精神的喧嚣吧，唯健康长寿是你的福。

还有一种意见认为：是肉身的你拖累了精神的你，或是精神的你阻碍了灵魂的你。前者，比如说，倘肉身的快感湮灭了精神的自由，创造与爱情便都是折磨，唯食与性等等为其乐事。然而，这等乐事弄来弄去难免乏味，乏味而至无聊难道不是折磨？后者呢，倘一己之欲无爱无畏地膨胀起来，他人就难免是你的障碍，你也就难免是他人的障碍，你要扫除障碍，他人也想推翻障碍，于是危机四伏，这难道不是更大的折磨？总之，一个无爱的人间，谁都难免于中饱受折磨，健康长寿唯使这折磨更长久。因此，爱的弘扬是这种意见看中的拯救之路。

十二

但是，当生命走到尽头，当死亡向你索要不可摧毁的意义之时，便可看出这两种意见的优劣了。

如果生命的意义只是健康长寿（所谓身内之物），死亡便终会使它片刻间化作乌有，而在此前，病残或衰老必早已使逍遥自在遭受了威胁和嘲弄。这时，你或可寄望于转世来生，但那又能怎样呢？路途是不可能没有距离的，存在是不可能没有矛盾的，生是不可能绕过死的，转世来生还不是要重复这样的逍遥和逍遥的被取消，这样的长寿和长寿的终于要完结吗？那才真可谓是轮回之苦哇！

生是不可能绕过死的，转世来生还不是要重复这样的逍遥和逍遥的被取消，这样的长寿和长寿的终于要完结吗？那才真可谓是轮回之苦哇！

但如果，你赋予生命的是爱的信奉，是更为广阔的牵系，并不拘于一己的关怀，那么，一具肉身的溃朽也能使之灰飞烟灭吗？

好了，最关键的时刻到了，一切意义都不能逃避的问题来了：某一肉身的死亡，或某一生理过程的中止，是否将使任何意义都掉进同样的深渊，永劫不复？

十三

如果意义只是对一己之肉身的关怀，它当然就会随着肉身之死而烟消云散。但如果，意义一向牵系着无限之在和绝对价值，它就不会随着肉身的死亡而熄灭。事实上，自古至今已经有多少生命死去了呀，但人间的爱愿却不曾有丝毫的减损，终极关怀亦不曾有片刻的放弃！当然困苦也是这样，自古绵绵无绝期。可正因如此，爱愿才看见一条永恒的道路，终极关怀才不至于终极地结束，这样的意义世代相传，并不因任何肉身的毁坏而停止。

也许你会说：但那已经不是我了呀！我死了，不管那意义怎样，永恒又与我何干？可是，世世代代的生命，哪一个不是“我”呢？哪一个不是以“我”而在？哪一个不是以“我”而问？哪一个不是以“我”而思，从而建立起意义呢？肉身终是要毁坏的，而这样的灵魂一直都在人间飘荡，“秦时明月汉时关”，这样的消息自古而今，既不消逝，也不衰减。

……思考的状态是一种反自然的状态，沉思的人是一头堕落的野兽。
——卢梭

十四

你或许要这样反驳：那个“我”已经不是我了，那个“我”早已经不是（比如说）史铁生了呀！这下我懂了，你是说：这已经不是取名为史铁生的那一具肉身了，这已经不是被命名为史铁生的那一套生理机能了。

但是，首先，史铁生主要是因其肉身而成为史铁生的吗？其次，史铁生一直都是同一具肉身吗？比如说，三十年前的史铁生，其肉身的哪一个细胞至今还在？事实上，那肉身新陈代谢早不知更换了多少回！三十年前的史铁生——其实无需那么久——早已面目全非，背驼了，发脱了，腿残了，两个肾又都相继失灵……你很可能见了他也认不出他了。总之，仅就肉身而论，这个史铁生早就不是那个史铁生了，你再说“那已经不是我了”还有什么意思？

十五

可是，你总不能说你就不是史铁生了吧？你就是面目全非，你就是更名改姓，一旦追查起来你还得是那个史铁生。

好吧你追查，可你的追查根据着什么呢？根据基因吗？据说基因也将可以更改了。根据生理特征吗？你就不怕那是个克隆货？根据历史吗？可书写的历史偏又是任人打扮的小姑娘。你还能根据什么？根据什么都不如根据记忆，唯记忆可使你在一具“纵使相逢应不识”的肉身中认出你曾熟悉的那个人。根据你的记忆唤醒我的记忆，根据我的记忆唤醒你的记忆，当我们的记忆吻合时，你认出了我，认出了此一史铁生即彼一史铁生。可我们都记忆起了什么呢？我曾有过的行为，以及这些行为背后我曾有过的思想、情感、心绪。对了，这才是我，这才是我这个史铁生，否则他就是另一个史铁生，一个也可以叫做史铁生的别人。就是说，史铁生的特点不在于他所栖居过的某一肉身，而在于他曾经有过的心路历程，据此，史铁生才是史铁生，我才是我。不信你跟那个克隆货聊聊，保准用不了多一会儿你就糊涂，你就会问：哥们儿你到底是谁呀？这有点儿“我思故我在”的意思。

你还能根据什么？根据什么都不如根据记忆，唯记忆可使你在一具『纵使相逢应不识』的肉身中认出你曾熟悉的那个人。

十六

打个比方：一棵树上落着一群鸟儿，把树砍了，鸟儿也就没了吗？不，树上的鸟儿没了，但它们在别处。同样，此一肉身，栖居过一些思想、情感和心绪，这肉身火化了，那思想、情感和心绪也就没了吗？不，它们在别处。倘人间的困苦从未消失，人间的消息从未减损，人间的爱愿从未放弃，它们就必定还在。

树不是鸟儿，你不能根据树来辨认鸟儿。肉身不是心魂，你不能根据肉身来辨认心魂。那鸟儿若只看重那棵树，它将与树同归于尽。那心魂若只关注一己之肉身，它必与肉身一同化作乌有。活着的鸟儿将飞起来，找到新的栖居。系于无限与绝对的心魂也将飞起来，永存于人间；人间的消息若从不减损，人间的爱愿若一如既往，那就是它并未消失。那爱愿，或那灵魂，将继续栖居于怎样的肉身，将继续有一个怎样的尘世之名，都无关紧要，它既不消失，它就必是以“我”而在，以“我”而问，以“我”而思，以“我”为角度去追寻那亘古之梦。这样说吧：因为“我”在，这样的意义就将永远地被猜疑，被描画，被建立，永无终止。

倘人间的困苦从未消失，人间的消息从未减损，人间的爱愿从未放弃，它们就必定还在。

这又是“我在故我思”了。

十七

人所以成为人，人类所以成为人类，或者人所以对类有着认同，并且存着骄傲，也是由于记忆。人类的文化继承，指的就是这记忆。一个人的记忆，是由于诸多细胞的相互联络，诸多经验的积累、延续和创造；人类的文化也是这样，由于诸多个体及其独具的心流相互沟通、继承和发展。个人之于人类，正如细胞之于个人，正如局部之于整体，正如一个音符之于一曲悠久的音乐。

历史仅记录少数人的丰功伟绩／其他人说话汇合为沉默。

但这里面常有一种悲哀，即主流文化经常地湮灭着个人的独特。主流者，更似万千心流的一个平均值，或最大公约数，即如诗人西川所说：历史仅记录少数人的丰功伟绩 / 其他人说话汇合为沉默。在这最大公约中，人很容易被描画成地球上的一种生理存在，人的特点似乎只是肉身功能（比之于其他生命）的空前复杂，有如一台多功能的什么机器。所以，此时，艺术和文学出面。艺术和文学所以出面，就为抗议这个最大公约，就为保存人类丰富多彩的记忆，以使人类不单是一种多功能肉身的延续。

十八

生命是什么？生命是永恒的消息赖以传扬的载体。因那无限之在的要求，或那无限之在的在性，这消息必经某种载体而传扬。就是说，这消息，既是在的原因，也是在的结果。否则它不在。否则什么问题都没有。否则我们无话可说，如同从不吱声的X。X是什么？废话，它从不吱声怎么能知道它是什么？

它是什么，它就传扬什么消息，反过来也一样，它传扬什么消息，它就是什么。并非是先有了消息，之后有其载体，不不，而是这消息，或这传扬，已使载体被创造。那消息，曾经比较简陋，比较低级，低级到甚至谈不上意义，只不过是蠕动，是颤抖，是随风飘扬，或只是些简单的欲望，由水母来承载就够了，有恐龙来表达就行了。而当一种复杂而高贵的消息一旦传扬，人便被创造了。是呀，当亚当取其一根肋骨，当他与夏娃一同走出伊甸园，当女娲在寂寞的天地间创造了人，那都是由于一种高贵的期待在要求着传扬啊！亚当、夏娃、女娲，或许都是一种描画，但那高贵的消息确实在传扬，确实的传扬就必有其确实的起点，这起点何妨就叫做亚当、夏娃，女娲和伏羲呢？正如神的在先于神的名，其名用了哪几个字本无需深虑。传说也正是这样：亚当和夏娃走出伊甸园，人类社会从而开始。女娲和伏羲的传说大致也是如此。

这消息，或这传扬，已使载体被创造……当一种复杂而高贵的消息一旦传扬，人便被创造了。

十九

但这消息已经是高贵得不能再高贵了吗？只要你注意到了人性的种种丑恶，肉身的种种限制，你就是在谛听或仰望那更为高贵的消息了。那更为高贵的消息，也许不能再经由蛋白质所建构的肉身来传扬，不能再以三维的有形而存在，或者仅仅是因为我们受这三维肉身的限制而不能直接与它相遇，甚至不能逻辑性地与之沟通，因而要以超越时空的梦想、描画和祈祷来追寻它，来使这区区肉身所承载的消息得以辽阔，得以升华。

这便是信仰无需实证的原因；实证必为有限之实，信仰乃无限之虚的呼唤。

二十

因而也可以猜想，生命未必仅限于蛋白质的建构，很可能有着千变万化的形式，这全看那无限的消息要求着怎样的传扬了。但不管它有怎样的形式（是以蛋白质还是以更高级的材料来建构），它既是消息的传扬，就必意味着距离和差异。它既是无限，就必是无限个有限的相互联络。因此，个人便永远都是有限，都是局部。那么，这永远的局部，将永远地朝向何方呢？局部之困苦，无不源于局部之有限，因而局部的欢愉必是朝向那无限之整体的皈依。所以皈依是一条永恒的路。这便是爱的真意，爱的辽阔与高贵。

无聊的人总是为皈依标出一处终点，期求着一劳永逸的福果，一尊宝座，或种种超出常人的功能（比如特异功能）。没有证据说那神乎其神的功能全属伪造，但这样的期求哪里还是爱愿呢？不过是宫廷朝政中的权势之争，或绿林草莽间的称王称霸的变体罢了。究其原因，仍是囿于一己之肉身的福乐。然而你就是钢筋铁骨，还不是“荒冢一堆草没了”？你就是金刚不坏之身，还不是“沉舟侧畔千帆过”？那无限的消息不把任何一尊偶像视为永恒，唯爱愿于人间翱飞飘缭历千古而不死。

二十一

你要是悲哀于这世界上终有一天会没有了你，你要是恐惧于那无限的寂灭，你不妨想一想，这世界上曾经也没有你，你曾经就在那无限的寂灭之中。你所忧虑的那个没有了的你，只是一具偶然的肉身。所有的肉身都是偶然的肉身，所有的爹娘都是偶然的爹娘，是那亘古不灭的消息使生命成为可能，是人间必然的爱愿使爹娘相遇，使你诞生。

所有的肉身都是偶然的肉身，所有的爹娘都是偶然的爹娘，是那亘古不灭的消息使生命成为可能，是人间必然的爱愿使爹娘相遇，使你诞生。

这肉身从无中来，为什么要怕它回到无中去？这肉身曾从无中来，为什么不能再从无中来？这肉身从无中来又回无中去，就是说它本无关大局。大局者何？你去看一出戏剧吧，道具、布景、演员都可以全套地更换，不变的是什么？是那台上的神魂飘荡，是那台上台下的心流交汇，是那幕前幕后的梦寐以求！人生亦是如此，毁坏的肉身让它回去，不灭的神魂永远流传，而这流传必将又使生命得其形态。

二十二

我常想，一个好演员，他 / 她到底是谁？如果他 / 她用一年创造了一个不朽的形象，你说，在这一年里他 / 她是谁？如果他 / 她用一生创造了若干个独特的心魂，他 / 她这一生又是谁呢？我问过王志文，他说他在演戏时并不去想给予观众什么，只是进入，我就是他，就是那个剧中人。这剧中人虽难免还是表演者的形象，但这似曾相识的形象中已是完全不同的心流了。

所以我又想，一个好演员，必是因其无比丰富的心魂被困于此一肉身，被困于此一境遇，被困于一个时代所有的束缚，所以他 / 她有着要走出这种种实际的强烈欲望，要在那千变万化的角色与境遇中，实现其心魂的自由。

艺术家都难免是这样，乘物以游心，所要借助和所要克服的，都是那一副不得不有的皮囊。以美貌和机智取胜的，都还是皮囊的奴隶。最要受那皮囊奴役的，莫过于皇上；皇上一旦让群臣认不出，他就什么也没有了。所以，凡·高是“向日葵”，贝多芬是“命运”，尼采是“如是说”，而君王是地下宫殿和金缕玉衣。

艺术家都难免是这样，乘物以游心，所要借助和所要克服的，都是那一副不得不有的皮囊。以美貌和机智取胜的，都还是皮囊的奴隶。

二十三

无论对演员还是对观众，戏剧是什么？那激情与共鸣是因为什么？是因为现实中不被允许的种种愿望终于有了表达并被尊重的机会。无论是恨，是爱，是针砭、赞美，是缠绵悱恻、荒诞不经，是唐吉诃德或是哈姆雷特，总之，如是种种若在现实中也有如戏剧中一样地自由表达，一样地被倾听和被尊重，戏剧则根本不会发生。演员的激情和观众的感动，都是由于不可能的一次可能，非现实的一次实现。这可能和实现虽然短暂，但它为心魂开辟的可能性却可流入长久。

不过，一旦这样的实现成为现实，它也就不再能够成为艺术了。但是放心，不可能与非现实是生命永恒的背景，因此，艺术，或美的愿望，永远不会失其魅力。

对于艺术的存在，对于任何美学行为或美学感觉的存在，一种特定的心理上的先决条件是必不可少的，那就是：陶醉。

——尼采

二十四

然而，有形的或具体的美物，很可能随着时间的推移而丧失其美。美的难于确定，使毛姆这样的大作家也为之迷惑，他竟得出结论说："艺术的价值不在于美，而在于正当的行为。"（见《毛姆随想录》）可什么是正当呢？由谁来确定某一行为的正当与否呢？以更加难于确定的正当，来确定难于确定的美，岂不荒唐？但毛姆毕竟是毛姆，他在同一篇文章中不经意地说了一句话："他们（指艺术家）的目标是解除压迫他们灵魂的负担。"好了，这为什么不是美的含意呢？你来了，你掉进了一个有限的皮囊，你的周围是隔膜，是限制，是数不尽的墙壁和牢笼，灵魂不堪此重负，于是呼喊，于是求助于艺术，开辟出一处自由的时空以趋向那无限之在和终极意义，为什么这不是美的恒久品质，同时也是人类最正当的行为呢？

二十五

要尊重艺术家的放浪不羁。那是自由在冲破束缚，是丰富的心魂在挣脱固定的肉身，是强调梦想才是真正的存在，而肉身不过是死亡使之更新以前需要不断克服和超越的牢笼。

所以要尊重艺术家的放浪不羁。那是自由在冲破束缚，是丰富的心魂在挣脱固定的肉身，是强调梦想才是真正的存在，而肉身不过是死亡使之更新以前需要不断克服和超越的牢笼。

因此有件事情饶有趣味：男演员A饰男角色甲，女演员B饰女角色乙，在剧中有甲和乙做爱的情节，那么这时候，做爱的到底是谁？简直说吧，你能要求A和B只是模仿而互相毫无性爱的欲望吗？这样的事，尤其是这样的事，恐怕单靠模仿是不成的，仅有形似必露出假来——三级片和艺术片的不同便是证明；前者最多算是两架逼真的模型，后者则牵连着主人公的浩瀚心魂和历史。讲台前或餐桌上可以逢场作戏，此时并不一定要有真诚，唯符合某种公认的规矩就够。可戏剧中的（比如说）性爱，却是不能单靠肉身的，因为如前所说，人们所以需要戏剧，是需要一处自由的时空，需要一回心魂的酣畅表达，是要以艺术的真去反抗现实的假，以这剧场中的可能去解救现实中的不可能，以这舞台或银幕上的实现去探问那布满于四周的不现实。这就是艺术不该模仿生活，而生活应该模仿艺术的理由吧。

人们所以需要戏剧，是需要一处自由的时空，需要一回心魂的酣畅表达，是要以艺术的真去反抗现实的假，以这剧场中的可能去解救现实中的不可能，以这舞台或银幕上的实现去探问那布满于四周的不现实。这就是艺术不该模仿生活，而生活应该模仿艺术的理由吧。

二十六

但这是真吗？或者其实这才是假？不是吗，戏剧一散，A和B还不是各回各的妻子或丈夫身边去？刚才的怨海情天岂非一缕轻风？刚才的卿卿我我岂不才是逢场作戏？这就又要涉及到对真与假的理解，比如说，由衷的梦想是假，虚伪的现实倒是真吗？已有的一切都是真理，未有的一切都是谬误吗？看来还要对真善美中的这个真字做一点分析：真，可以指真实、真理，也可以指真诚。毛姆在他的《随想录》中似乎全面地忽视了后者，然后又因真理的流变不居和信念的往往难于实证而陷入迷途。他说：“如果真理是一种价值，那是因为它是真的，不是因为说出真理是勇敢的。”又说：“一座连接两个城市的桥梁，比一座从一片荒地通往另一片荒地的桥梁重要。”这些话真是让我吃惊。事实上，很多真理，是在很久以后才被证明了它的真实的，若在尚未证明其真实之前就把它当作谬误扫荡，所有的真理就都不能长大。而在它未经证实之前便说出它，不仅需要勇敢，更需要真诚。至于桥梁，也许正因为有从荒地通往荒地的桥梁，城市这才诞生。真诚正是这样的桥梁，它勇敢地铺向一片未知，一片心灵的荒地，一片浩渺的神秘，这难道不是它最重要的价值吗？真理，谁都知道它是要变化，要补充和要不断完善的，别指望一劳永逸。但真诚，谁会说它是暂时的呢？

真诚正是这样的桥梁，它勇敢地铺向一片未知，一片心灵的荒地，一片浩渺的神秘……谁会说它是暂时的呢？

二十七

科学的要求是真实，信仰的要求是真诚。科学研究的是物，信仰面对的是神。科学把人当作肉身来剖析它的功能，信仰把人看作灵魂来追寻它的意义。科学在有限的成就面前沾沾自喜，信仰在无限的存在面前虚怀若谷。科学看见人的强大，指点江山，自视为世界的主宰，信仰则看见人的苦弱与丑陋，沉思自省，视人生为一次历练与皈依爱愿的旅程。自视为主宰的，很难控制住掠夺自然和强制他人的欲望，而爱愿，正是抵挡这类欲望的基础。但科学，如果终于，或者已经，看见了科学之外的无穷，那便是它也要走进信仰的时候了。而信仰，亘古至今都在等候浪子归来，等候春风化雨，狂妄归于谦卑，暂时的肉身凝成不朽的信爱，等候那迷恋于真实的眼睛闭上，向内里，求真诚。

二十八

让人担心的是 A 和 B 从剧场回家之后的遭遇，即 A 之妻和 B 之夫会怎么想？

从一些这样的妻子和丈夫并未因此而告到法院去，也未跟 A 或 B 闹翻天的事实来看，他们的爱不单由于肉身，更由于灵魂。醋罐子所以不曾打破，绝不是因为什么肚量，而是因为对艺术的理解，既然艺术是灵魂要突破肉身限定的昭示，甚至探险，那飞扬的爱愿唯使他们感动。此时，有限的肉身已非忠贞的标识，宏博的心魂才是爱的指向——而他们分明是看到了，他们的爱人不光是一具会行房的肉身，而是一个多么丰盈、多么懂得爱又是多么会爱的灵魂啊。

这未免有些理想化。但理想化并不说明理想的错误，而艺术本来就是一种理想。“理想化”三个字作为指责，唯一的价值是提醒人们注意现实。现实怎样？现实有着一种危险：A 之妻或 B 之夫很可能因此提出一份离婚申请。在现实中，这不算出格，且能为广大群众所理解。但这毕竟只是现实，这样的爱情仍止于肉身。止于肉身又怎样，白头偕老的不是很多吗？是呀，没说不可以，可以，实在是可以。只是别忘了，现实除了是现实还是对理想的吁求，这吁求也是现实之一种。因此 A 和 B，他

现实除了是现实还是对理想的吁求，这吁求也是现实之一种。

们的戏剧以及他们的妻与夫，是共同做着一次探险。险从何来？即由于现实，由于肉身的隔离和限制，由于灵魂的不屈于这般束缚，由于他们不甘以肉身为“我”而要以灵魂为“我”的愿望，不信这狭小的皮囊可以阻止灵魂在那辽阔的存在中汇合。这才是爱的真谛吧，是其永不熄灭的原因。

我们中并非所有人拥有翻天覆地的才能，仅有常识和爱情就够了。
——默特尔·奥维尔

二十九

我正巧在读《毛姆随想录》，所以时不时地总想起他的话。关于爱，我比较同意他的意见：爱，一是指性爱，一是指仁爱（我猜也就是指宏博的爱愿吧）。前者会消逝，会死亡，甚至会衍生成恨。后者则是永恒，是善。

可他又说：“人生莫大的悲哀……是他们会终止相爱。……两个情人之中总是一个爱而另一个被爱；这将永远妨碍人们在爱情中获得完美幸福……爱情总是少不了一种性腺的分泌，这当是无可置疑的。对于极大多数的人，同一的对象不能永久引发出他们的这种分泌，还有随着年事增长，性腺也萎缩了。人们在这个问题上十分虚伪，不肯面对现实……难道爱怜与爱情可以同日而语吗？”性爱是不能忽视荷尔蒙的，这无可非议。但性爱就是爱情吗？从“这将永远妨碍人们在爱情中获得完美幸福”一语来看，支持性爱的荷尔蒙，并不见得也能够支持爱情。由此可见，性爱和爱情并不是一码事。那么，支持着爱情的是什么呢？难道“性腺也萎缩了”，一对老夫老妻就不再可能有爱情了吗？并且，爱情若一味地拘于荷尔蒙的领导，又怎能通向仁爱的永恒与善呢？难道爱情与仁爱是互不相关的两码事？

三十

单纯的性爱难免是限于肉身的。总是两个肉身的朝朝暮暮，真是难免有互相看腻的一天。但，若是两个不甘于肉身的灵魂呢？一同去承受人世的危难，一同去轻蔑现实的限定，一同眺望那无限与绝对，于是互相发现了对方的存在、对方的支持，难离难弃……这才是爱情吧。在这样的栖居或旅程中，荷尔蒙必相形见绌，而爱愿弥深，衰老的肉身和萎缩的性腺便不是障碍。而这样的爱一向是包含了怜爱的，正如苦弱的上帝之于苦弱的人间。毛姆还是糊涂哇。其实怜爱是高于性爱的。在荷尔蒙的激励下，昆虫也有昂扬的行动；这类行动，只是被动地服从着优胜劣汰的自然法则，最多是肉身间短暂的娱乐。而怜爱，则是通向仁爱或博爱的起点啊。

一同去承受人世的危难，一同去轻蔑现实的限定，一同眺望那无限与绝对，于是互相发现了对方的存在、对方的支持，难离难弃……这才是爱情吧。

仁爱或博爱，毛姆视之为善。但我想，一切善其实都是出于这样的爱。我看不出在这样的爱愿之外，善还能有什么独具的价值，相反，若视“正当”为善，倒要有一种危险，即现实将把善制作成一副枷锁。

三十一

耶稣的话：“我还有不多的时候与你们同在。后来你们要找我，但我所去的地方，你们不能到。这话我曾对犹太人说过，如今也照样对你们说。我赐给你们一条新命令，乃是叫你们彼此相爱。我怎样爱你们，你们也要怎样相爱。”

林语堂说：“这就是耶稣温柔的声音，同时也是强迫的声音，一种近两千年来浮现在人了解力之上的命令的声音。”

我想，“正当”也会是一种强迫和命令的声音，但它不会是温柔的声音。差别何在？就在于，前者是“近两千年来浮现在人了解力之上的声音”，是无限与绝对的声音，是人不得不接受的声音，是人作为部分而存在其中的那个整体的声音，是你终于不要反抗而愿皈依的声音。而后者，是近两千年来人间习惯了的声音，是人智制作的声音，是肉身限制灵魂、现实胁迫梦想的声音，是人强制人的声音。

所谓爱，有人说是一种诚恳的态度，或是女人的多愁善感。事实上，真正的爱是这样吗？

——有岛五郎

耶稣的话：『……我赐给你们一条新命令，乃是叫你们彼此相爱。我怎样爱你们，你们也要怎样相爱。』

三十二

我希望我并没有低估了性爱的价值，相反，我看重这一天地之昂扬美丽的造化，便有愁苦，便有忧哀，也是生命鲜活地存在。低估性爱，常是因为高估了性爱而有的后果。将性腺作为爱的支撑，或视为等值，一旦“春风无力百花残”或“无边落木萧萧下”，则难免怨屋及乌，叹人生苦短及爱也无聊。尚能饭否或尚能性否，都在其次，尚能爱否才是紧要，值得双手合十，谓曰：善哉，善哉！

我曾在另外的文章里猜想过：性爱，原是上帝给人通向宏我们每个人在他自己的性生活中多少有一点逾越——一个为正常标准所规定的狭窄范围。性变态就其感觉层面来说，既不是野蛮，也不是退化。

——弗洛伊德

博之爱的一个暗示，一次启发，一种象征，就像给戏剧一台道具，给灵魂一具肉身，给爱愿一种语言……是呀，这许多器具都是何等精彩，精彩到让魔鬼也生妒意！但你若是忘记了上帝的期待，一味迷恋于器具，靡菲斯特定会在一旁笑破肚皮。

三十三

性爱，实在是借助肉身而又要冲破肉身的一次险象环生的壮举。你看那姿态，完全是相互融合的意味；你听那呼吸，那呼喊，完全是进入异地的紧张、惊讶，是心魂破身而出才有的自由啊！性爱的所谓高峰体验，正是心魂与心魂于不知所在之地——太虚幻境或乌托之邦——空前的相遇。不过，正也在此时，魔鬼要与上帝赌一个结局：也许他们就被那精彩的器具网罗而去，也许，他们由此而望见通向天国的“窄门”。

三十四

因此，我虽不是同性恋者，却能够理解同性恋。爱恋，既是借助肉身而冲破肉身，性别就不是绝对的前提，既是心魂与心魂的相遇，则要紧的是他者。他者即异在。异性只是异在之一种，而且是比较习常的一种，比较地拘于肉身的一种，而灵魂的异在却要辽阔得多，比如异思和异趣，尤其是被传统或习常所歧视、所压迫着的异端，更是呼唤着爱去照耀和开垦的处女地。在我想，一切爱恋与爱愿，都是因异而生的。异是隔离，

异是隔离，爱便是要冲破这隔离；异又是禁地，是诱惑，爱于是有着激情；异还可能是弃地，是险境，爱所以温柔并勇猛。

一个诺言可以结合欲望与语言，爱情与写作，它们在这种经历中交织在一起，成为几乎没有区别的、唯一的连续模式。

——玛格丽特·杜拉斯

爱便是要冲破这隔离；异又是禁地，是诱惑，爱于是有着激情；异还可能是弃地，是险境，爱所以温柔并勇猛（我琢磨，性腺的分泌未必是爱的动因，没准儿倒是爱的一项后果或辅助）。这隔离与诱惑若不单单地由于性之异，凭什么爱恋只能在异性之间？超越了性之异的爱恋，超越了肉身而在更为辽阔的异域团聚的心魂，为什么不同样是美丽而高贵的呢？

三十五

人与人之间是这样，群、族乃至国度之间也应该是这样——异，不是要强调隔离与敌视，而是在呼唤沟通与爱恋。总是自己恋着自己，狭隘不说，其实多么猥琐。党同伐异，群同、族同乃至国同伐异，我真是不懂为什么这不是猥琐而常常倒被视为骨气？我们从小就知道要对别人怀有宽容和关爱，怎么长大了倒糊涂？作为个人，谦虚和爱心是美德，怎么一遇群、族、国度就要以傲慢和警惕取而代之？外交和国防自然是不可不要，就像家家门上都得有把锁，可是心里得明白：这不是人类的荣耀，这是不得已而为之。千万别把这不得已而为之看成美德，一说“我们”便意味着迁就和表彰，一提“他们”就已经受了伤害。

三十六

“第三者”怎么样？“第三者”不也是不愿受肉身的束缚，

而要在更宽阔的领域中实现爱愿吗？可能是。也可能不是。比如诗人顾城的故事，开始时仿佛是，结果却不是。“第三者”的故事各不相同，绝难一概而论。

“第三者”的故事通常是这样：A和B的爱情已经枯萎，这时出现了C——比如说A和C，崭新的爱情之花怒放。倘没有什么法律规定人一生只能爱一次，这当然就无可指责。问题是，A和B的爱情已经枯萎这一判断由谁做出？倘由C来做出，那就甭说了，其荒唐不言而喻；所以C于此刻最好闭嘴。由B做出吗？那也甭说，这等于没有故事。当然是由A做出。然而B不同意，说：“A，你糊涂哇！”所以B不退出。C也不退出，A既做出了前述判断，C就有理由不退出。我曾以为其实是B糊涂，A既对你宣布了解散，你再以什么理由坚持也是糊涂。可是，故事也可能这样发展：由于B的坚持，A便有回心转意的迹象。然而C现在有理由不闭嘴了，C也说：“A，你糊涂哇！”于是C仍不退出。如果诗人顾城最初的梦想能够在A、B、C间实现，那就会有一个非凡的故事了。但由B和C都说“A，你糊涂哇”这件事看来，A可能真是糊涂——试图让水火相融，还不糊涂吗？可是，糊涂是个理性概念，而爱情，都得盘算清楚了才发生吗？我才明白，在这样的故事里，并没有客观的正确，决不要去找一条放之四海而皆准的真理。这不是理性的领域，但也不是全然放弃理性的领域，这是存在先于本质的证明；一切人的问题，都在这样的故事里浓缩起来，全面地向你提出。

三十七

我想，在这样的处境中，唯一要做并且可以做到的是诚实。唯诚实，是灵魂的要求，否则不过是肉身之间的旅游，“江南”“塞北”而已，然而“小桥流水”和“大漠孤烟”都可能看腻，而灵魂依然昏迷未醒。“第三者”的故事中，最可悲哀、最可指责也是最为荒唐的，就是欺骗——爱情，原是要相互敞开、融合，怎么现在倒陷入加倍的掩蔽和逃离了呢？

「第三者」的故事中，最可悲哀、最可指责也是最为荒唐的，就是欺骗。

通常的情况是A和C骗着B。不过这也可能是出于好意——何苦让B疯癫、跳楼或者割腕呢？尤其B要是真的出了事，A和C都难免一生良心不安。于是欺骗似乎有了正当的理由。可是，被骗者的肉身平安了，他的灵魂呢，二位可曾想过吗？B至死都处在一个不是由自己选择而是由别人决定的位置上；所有人都笑着他的愚蠢，只他自己笑着自己的幸福。然而，你要是人道的，你总不能就让他去跳楼吧？你要是人道的，你也不能丢弃爱情，一辈子守着一个随时可能跳楼的人吧？是呀，甭说那么多好听的，倘这故事真实地发生在你身上，说吧，简单点儿，你怎么办？

三十八

我真的不知道该怎么办。

我的第一个想法是：在这样的故事里我宁愿是B。不要疯癫，也别跳楼，痛苦到什么程度大约由不得我，但我必须拎着我的痛苦走开。不为别的，为的是不要让真变成假，不要逼着A和C不得不选择欺骗。痛苦不是丑陋，结束也不是，唯要挟和诅咒可以点金成石，化珍宝为垃圾，使以往的美丽毁于一旦。是呀，这是B的责任，也是一个珍视灵魂相遇的恋者的痛苦和信念。“第三者”的故事，通常只把B看作受害者而免去了他的责任，免去了对他的灵魂提问。第二个想法是：在这样的故事里，柔弱很可能美于坚强，痛苦很可能美于达观。爱情不是出于大脑的明智，而是出于灵魂的牵挂，不是肉身的捕捉或替换，而是灵魂的漫展和相遇。因而一个犹豫的A是美的，一个困惑的B是美的，一个隐忍的C是美的；所以是美的，因为这里面有灵魂在彷徨，这彷徨看似比不上理智的决断，但这彷徨却通向着爱的辽阔，是爱的折磨，也是命运在为你敲开信仰之门。而果敢与强悍的“自我”，多半还是被肉身圈定，为荷尔蒙所胁迫，是想象力的先天不足或灵魂的尚未觉悟。

三十九

爱情，从来与艺术相似，没有什么理性原则可以概括它、指引它。爱情不像婚姻是现实的契约，爱情是站在现实的边缘向着神秘未知的呼唤与祈祷，它根本是一种理想或信仰。有一句诗：我爱你，以我童年的信仰。你说不清它是什么，所以它是非理性的，但你肯定知道它不是什么，所以它绝不是无理性。对于现实，它常常是脆弱的——比如人们常问艺术：这玩意儿

爱情不像婚姻是现实的契约，爱情是站在现实的边缘向着神秘未知的呼唤与祈祷，它根本是一种理想或信仰。

能顶饭吃？——明智而强悍的现实很可能会泯灭它。但就灵魂的期待而言，它强大并且坚韧，胜败之事从不属于它，它就像凡·高的天空和原野，燃烧，盛开，动荡着古老的梦愿，所有的现实都因之显得谨小慎微，都将聆听它对生命的解释。因而我在《向日葵》的后面常看见一个赴死的身形，又在《有松树的山坡》上听见亘古回荡的钟声。

四十

那回荡的钟声便是灵魂百折不挠的脚步，它曾脱离某一肉身而去，又在那儿无数次降临人世，借无数肉身而万古传扬。生命的消息，就这样永无消损，永无终期。不管科学的发展——比如克隆、基因、纳米——将怎样改变世界的形象，改变道具和布景，甚至改变人的肉身，生命的消息就如这钟声，或这钟声之前荒野上的呼唤，或这呼唤之上的浪浪天风，绝不因某一肉身的枯朽而有些微减弱，或片刻停息。这样看，就不见得是我们走过生命，而是生命走过我们；不见得是肉身承载着灵魂，而是灵魂订制了肉身。就比如，不是音符连接成音乐，而是音乐要求音符的连接。那是固有的天音，如同宇宙的呼吸，存在的浪动，或神的言说，它经过我们，然后继续它的脚步，生命于是前赴后继永不止息。为什么要为一个音符的度过而悲伤？为什么要认为生命因此是虚幻的呢？一切物都将枯朽，一切动都不停息，一切动都是流变，一切物再被创生。所以，虚无的

这样看，就不见得是我们走过生命，而是生命走过我们；不见得是肉身承载着灵魂，而是灵魂订制了肉身。

悲叹，寻根问底仍是由于肉身的圈定。肉身蒙蔽了灵魂的眼睛，单是看见要回那无中去，却忘了你原是从那无中来。

四十一

当然，每一个音符又都不容忽略，原因简单：那正是音乐的要求。这要求于是对音符构成意义，每一个音符都将追随它，每一个音符都将与所有的音符相关连，所有的音符又都牵系和铸造着此一音符的命运。这就是爱的原因，和爱的所以不能够丢弃吧。你既是演奏者，又是欣赏者，既是脚步，又是聆听。孤芳自赏从根本上说是不可能的，单独的音符怎么听也像一声噪响，孤立的段落终不知所归。音符和段落，倘不能领悟和追随音乐的要求，便黄钟大吕也是过眼烟云，虚无的悲叹势在必然。以肉身的不死而求生命的意义，就像以音符的停滞而求音乐的悠扬。无论是今天的克隆，还是古时的炼丹，以及各类自以为是的功法，都不可能使肉身不死。不死的唯有上帝写下的起伏跌宕、苦乐相依的音乐，生命唯在这音乐中获得意义，驱散虚无。而这永恒的音乐，当然是永恒地要求着音符的死生相继，又当然会跳过无爱的噪响，一如既往保持其美丽与和谐。

四十二

爱，即孤立的音符或段落向着那美丽与和谐的皈依，再从那美丽与和谐中互相发现：原来一切都是相依相随。倘若是音符间的相互隔离与排拒，美丽与和谐便要破坏。但上帝的音乐岂容破坏？比如说，地球的美丽是不容破坏的，生态的和谐是不容破坏的，被破坏的只可能是破坏者自己。比如说，上帝之手将借助干旱、沙尘暴、艾滋病、环境污染、臭氧层破洞……删除造成这一切不和谐的赘物。癌症是什么？是和谐整体中的一个失去控制的部分，这差不多是对无限膨胀着的人类欲望的一个警告。艾滋病是什么？是自身免疫系统的失灵，而生态的和谐正是地球的自身免疫系统。上帝是严厉而且温柔的，如果自以为是的人类仍然听不懂这暗示，地球上被删除的终将是什么应该是明显的。

四十三

书架上的书，一本一本几千本，看似各成一体相互孤立，其实全有关联。几千年的消息都在那儿排开，穿插、叠摞，其相互关联的路径更是玄机无限，鬼神莫测。真可谓“横看成岭侧成峰”，但其中任何一本都是“不识庐山真面目”。

我猜想，基因谱系也并不是孤立的每人一份，上帝不见得有那样的耐心，上帝写的是大文章，每个人的基因谱系只是其中一个小小的段落，把这些段落连成一气才可能领悟上帝的意图。领悟，而非破解。用陈村的话说，上帝的手艺哪能这么简单？比如，基因谱系中何以会有很多不知所云的段落？不知所云只是对人而言，只是对“岭”和“峰”而言，是整体对部分

就像文学对象一样，世界在躲避；认知在使文学荒芜，文学不再可以是模仿的，也不再是套数的，而仅仅是符号的，这是言语活动的不可能之物的历险活动，一句话：文本。

——罗兰·巴特

而言。部分只好是“知不知，尚矣”。这便是命运永远的神秘，便是人要对上帝保持谦恭，要对他说“是”，要以爱作为祈祷的缘由。

四十四

听说有个人称“易侠”的人，《易经》研究得透彻，不仅可以推算过去，还能够预测未来。我先是不信，可是说的人多了，有的还是亲身体验，我便将信将疑地有些怕——倘那是真的，岂不是说未来早都安排妥当，那人的努力还有什么用处？再那么认真地试图改变什么岂不是冒傻气？但后来想想，也没什么可怕，未来的已定与未定其实一样，未定得往前走，已定也还是得往前走，前面呢，或一个死字挡道，或一条无限的路途。这就一样了——反正你在过程之外难有所得。

我写过，神之下凡与人之下放异曲同工，都是“在改造客观世界的同时改造主观世界”。很可能“改造客观世界”倒是瞎说，前面终于是死亡或无限，你改造什么？而“改造主观世界”确凿是你躲不开的工作。比如戏剧，演员身历其境，其体会自然与旁观者的不同。下凡或下放大约就是基于这样的考虑：下去吧，亲身经历一回，感受会不一样。倘“易侠”的预测真的准确，就更可以坚定这改造的决心了——是呀，剧本早都写好了，演员的责任就很明确：把戏演好，别的没你什么事。何谓演好？就是在那戏剧的曲折与艰难中体会生命的意义，领悟那

时新东西都是短暂的，今天是美好的，明天就显得可笑。这就是文学的道路。

——卡夫卡

飘荡在灯光与道具之上的戏魂，改变你固有的迷执。

四十五

说文学（和艺术）的根本是真实，这话我想了又想还是不同意。真实，必当意味着一种客观的标准，或者说公认的标准，否则就不能是真实，而是真诚。客观或公认的标准，于法律是必要的，于科学大约也是必要的，但于文学就埋藏下一种危险，即取消个人的自由，限定探索的范围。文学，可以反映现实，也可以探问神秘和沉入梦想；比如梦想，你如何判定它的真实与否呢？就算它终于无用，或是彻底瞎掰，谁也不能取消它存在与表达的权利。即便是现实，也会因为观察点的各异，而对真实有不同的确认。一旦要求统一（即客观或公认）的真实，便为霸权开启了方便之门。而不必统一的真实则明显是一句废话。

四十六

不必统一的真实，不如叫做真诚。文学，可以是从无中的创造，就是说它可以虚拟，可以幻想，可以荒诞不经，无中生有，只要能表达你的情思与心愿，其实怎么都行，唯真诚就好。真诚，不像真实那样要求公认，因此它可以保障自由，彻底把霸权关在了门外。

不必统一的真实，不如叫做真诚。

不过，当然，在真诚的标牌下完全有可能瞎说，胡闹，毫在每一种天才的作品中，我们都能辨认出自己已抛弃的思想。它们带着某种以前不曾具有的庄严回到我们心中。

——爱默生

无意义地扯淡——他自称是真诚，你有什么话讲？可是，你以为真实的旗帜下就没人扯淡吗？总是有扯淡的，但真诚下的扯淡比真实下的扯淡整整多出了一个自由，这可是多么值得！说到底，文学（和艺术）是一种自由，自由的思想，自由的灵魂。倘不是没有自我约束的自由，那就叫做真诚，或者是谦恭吧。

四十七

不过，我对文学二字宁可敬而远之。一是我确实没什么学问，却又似乎跟文学沾了一点儿关系。二是，我总感到，在各种学（包括文学）之外，仍有一片浩瀚无边的存在；那儿，与我更加亲近，更加难离难弃，更加缠缠绕绕地不能剥离，更是人应该重视却往往忽视了的地方。我愿意把我与那儿的关系叫做：写作。到了那儿就像到了故土，倍觉亲切。到了那儿就像到了异地，倍觉惊奇。到了那儿就像脱离了这个残损而又坚固的躯壳，轻松自由。到了那儿就像漫游于死中，回身看时，一切都有了另外的昭示。

四十八

有位评论家，隔三差五地就要宣布一回：小说还是得好看！我一直都听不出他到底要说什么。这世界上，可有什么事物是得不好看的吗？要是没有，为什么单单拧着小说的耳朵这样提醒？再说了，你认为谁看着你都好看吗？谁看着你看着好看的东西都好看吗？要是你给他一个自以为好看的东西，他却拧着你的耳朵说："你最好给我一个好看的东西！"——你是否认为这是一次有益的交流？也许有益：你知道了好看是因人而异的。还有：但愿你也知道了，总是以自己的好看要求别人的好看，这习惯在别人看来真是不好看。

好看，在我理解，只能是指易读。把文章尽量写得易读，这当然好，问题是众生思绪千差万别，怎能都易到同一条水平线上去？最易之读是不读，最易之思是不思，易而又易，终于弄到没有差别时便只剩下了简陋。

最易之读是不读，最易之思是不思，易而又易，终于弄到没有差别时便只剩下了简陋。

四十九

不知自何时起，中国人做事开始提倡"别那么累"，于是一切都趋于简陋。比如"文革"中的简易楼，简易到没有上下水，清晨家家都有人端出一个盆来在街上走，里面是尿。比如我坐下的国产轮椅，一辆简似一辆，有效期递减；直到最近又买了一辆进口的，这辆真是做得细致，做得"累"，然而坐着却舒服。再比如我家的屋门——八十年代的作品，我无力装修故保留至今——不过是盖房时空出一个方洞，挡之以一块同大的板，再要省事就怕不是人居了。

五十

爱因斯坦说："凡是涉及实在的数学定律都是不确定的，凡人类所以创造了文学，就是因为在诸多科学的路线之外看见了复杂，看见了诸学所『不涉及』的『实在』，看见了实在的辽阔、纷繁与威赫。

是确定的定律都不涉及实在。”因为，任何实在，都有着比抽象（的定律）更为复杂的牵系。各种科学的路线，都是要从复杂中抽象出简单，视简单为美丽，并希望以此来指引复杂。但与此同时，它也就看见了抽象与实在之间其实有着多么复杂的距离。而文学，命定地是要涉及实在，所以它命定地也就不能信奉简单。人类所以创造了文学，就是因为在诸多科学的路线之外看见了复杂，看见了诸学所“不涉及”的“实在”，看见了实在的辽阔、纷繁与威赫。所以，文学有理由站出来，宣布与诸学的背道而驰，即：不是从复杂走向简单，而是由简单进入复杂。因此我常有些很可能是偏颇的念头：在看似已然明朗的地方，开始文学的迷茫路。

五十一

简单与复杂，各有其用，只要不独尊某术就好。一旦独尊，就是牢狱。牢狱并不都由他人把守，自觉自愿画地为牢的也很多。牢狱也并不单指有限的空间，有的人满世界走，却只对一种东西有兴趣。比如煽情。有那么几根神经，天底下的人都是一样，不动则已，一动而泪下，谙熟了弹拨这几根神经的，每每能收获眼泪。不是说这不可以，是说单凭这几根神经远不能接近人的复杂。看见了复杂的，一般不会去扼杀简单，他知道那也是复杂的一部分。倒是只看见了简单的常常不能容忍复杂，因而愤愤然说那是庸人自扰，是“不打粮食”，是脱离群众，说那“根本就不是文学”，甚至“什么都不是”，这样一来牢狱就有了。话说回来，不是文学又怎么了？什么都不是又怎么了？一种思绪既然已经发生，一种事物既然已经存在，就像一个人已经出生，它怎么可能什么都不是呢？它只不过还没有一个公认的名字罢了。可是文学，以及各种学，都曾有过这样的遭遇啊！

五十二

文如其人，这话并不绝对可信。文，有时候是表达，是敞开，有时候是掩盖，是躲避，感人泪下的言词后面未必没有隐藏。我自己就有这样的经验，常在渴望表达的时候却做了很多隐藏，而且心里明白，隐藏的或许比表达的还重要。这是为什么？为什么心里明白却还要隐藏？知道那是重要的却还要躲避？

文，有时候是表达，是敞开，有时候是掩盖，是躲避，感人泪下的言词后面未必没有隐藏。

不久前读到陈家琪的一篇文章，使我茅塞顿开。他说：“‘是人’与‘做人’在我们心中是不分的；似乎‘是人’的问题是一个不言而喻的事实，要讨论的只是如何做人和做什么样的人。”又说：“‘做人’属于先辈或社会的要求。你就是不想学做人，先辈和社会也会通过教你说话、识字，通过转换知识，通过一种文明化的进程，引导或强迫你去做人。”要你如何做人或标榜自己是如何做人的文学，其社会势力强大，不由得使人怕，使人藏，使人不由地去筹谋一种轻盈并且安全的心情；而另一种文学，恰是要追踪那躲避的，揭开那隐藏的，于是乎走进了复杂。

五十三

灵魂是人身上最靠近整体的部分。

那复杂之中才有人的全部啊，才是灵魂的全面朝向。刘小枫说："人向整体开放的部分只有灵魂，或者说，灵魂是人身上最靠近整体的部分。"又说："追求整体性知识需要与社会美德有相当程度的隔绝……"要看看隐藏中的人是怎么一回事，不仅复杂而且危险。最大的危险就是要遭遇社会美德的阴沉的脸色。

五十四

我一直相信，人需要写作与人需要爱情是一回事。

我一直相信，人需要写作与人需要爱情是一回事。

人以一个孤独的音符处于一部浩瀚的音乐中，难免恐惧。这恐惧是因为，他知道自己的心愿，却不知道别人的心愿；他知道自己复杂的处境与别人相关，却不知道别人对这复杂的相关取何种态度；他知道自己期待着别人，却没有把握别人是否对他也有着同样的期待；总之，他既听见了那音乐的呼唤，又看见了社会美德的阴沉脸色。这恐惧迫使他先把自己藏起来，藏到甚至连自己也看不到的地方去。但其实这不可能，他既藏了就必然知道藏了什么和藏在了哪儿，只是佯装不知。这，其实不过是一种防御。他藏好了，看看没什么危险了，再去偷看别人。看别人的什么呢？看别人是否也像自己一样藏了和藏了什么。其实，他是要通过偷看别人来偷看自己，通过看见别人之藏而承认自己之藏，通过揭开别人的藏而一步步解救着自己的藏——这从恋人们由相互试探到相互敞开的过程，可得证明。

是呀，人，都在一个孤独的位置上期待着别人，都在以一个孤独的音符而追随那浩瀚的音乐，以期生命不再孤独，不再恐惧，由爱的途径重归灵魂的伊甸园。

写作从来没有任何参照，或者它便是……它仍像初生婴儿。未经开化。与众不同。

——玛格丽特·杜拉斯

五十五

基耶斯洛夫斯基的《情诫》，就是要为这样的偷看翻案，使这背了千古骂名的行为得到世人的理解，乃至颂扬。影片说的是一个身心初醒的大男孩，爱上了对面楼窗里的一个成熟女人，不分昼夜地用望远镜偷看她，偷看她的美丽与热情、孤独与痛苦。当这女人知道了这件事后，先是以不齿的目光来看他。幸而这是个善良的女人，善良使她看见了大男孩的满心虔诚。但她仍以为这只是性的萌动与饥渴，以为可以用性来解救他。但当她真的这样做了，大男孩却痛不欲生，惊慌地逃离，以致要割腕自杀。为什么呢？因为他的期待远不止于性啊！他的期待中，当然，不会没有性。其身心初醒就像刚刚走出了伊甸园，感到了诱惑，感到了孤独，感到了爱——这灵魂全面且巨大的吁求！性只是其一部分啊，部分岂能代替整体？尤其当性仅仅作为性的解救之时，性对那整体而言就更加陌生，甚至构成敌意。大男孩他说不清，但分明是感到了。他的灵魂正渴望着接近那浩瀚的音乐，却有一种筹谋——试图把复杂的沉重解救到简单的轻盈中去的筹谋，破坏了这音乐之全面的交响。

五十六

当然，这大男孩会逐日成熟，就像人出了伊甸园会越走越远。未来，他也许仍会记得灵魂所期待的全面解救，性从而成为爱的仆从，部分将永久地仰望整体。但也许他就会忘记整体，沉湎于部分所摆布的快乐之中；就像那个成熟的女人，以为性即可解救被逐出了伊甸园的人。未来什么都是可能的。但现在，对于这个大男孩，灵魂的吁求正全面扑来，使他绝难满足于部分的快乐。所幸者，在影片的末尾，那成熟的女人似也从这男孩的迷茫与挣扎中受了震动，仿佛重新听见了什么。

五十七

应该为这样的偷看平反昭雪。除了陷害式的偷看，世间还有一种“偷看”，比如写作。写作，便是迫于社会美德的围困，去偷看别人和自己的心魂，偷看那被隐藏起来的人之全部。所以，这样的写作必“与社会美德有相当程度的隔绝”。这样的偷看应该受到颂扬，至少应该受到尊重，它提醒着人的孤独，呼唤着人的敞开，并以爱的祈告去承担人的全部。

写作，便是迫于社会美德的围困，去偷看别人和自己的心魂，偷看那被隐藏起来的人之全部。

五十八

所以，别再到那孤独的音符中去寻找灵魂，灵魂不像大脑在肉身中占据着一个有形的位置，灵魂是无形地牵系在那浩瀚的音乐之中的。

据说灵魂是有重量的。有人做过试验，人在死亡的一瞬间体重会减轻多少多少克，据说那就是灵魂的重量。但是，无论人们如何解剖、寻找，“升天入地求之遍”，却仍然是“两处茫茫皆不见”。假定灵魂确有重量，这重量就一定是由于某种有形的物质吗？它为什么不可以是由于那浩瀚音乐的无形牵系或干涉呢？

这很像物理学中所说的波粒二象性。物质，“可以同时既是粒子又是波”。“粒子是限制在很小体积中的物体，而波则扩展在大范围的空间中”。它所以又是波，是“因为它产生熟知的干涉现象，干涉现象是与波相联系的”。我猜，人的生命，也是有这类二象性的——大脑限制在很小的体积中，灵魂则扩展得无比辽阔。大脑可以孤立自在，灵魂却牵系在历史、梦想以及人群的相互干涉之中。因此，唯灵魂接近着“整体性知识”，而单凭大脑（或荷尔蒙）的操作则只能陷于部分。

大脑可以孤立自在，灵魂却牵系在历史、梦想以及人群的相互干涉之中。

五十九

这使我想到文学。文学之一种，是只凭着大脑操作的，唯跟随着某种传统，跟随着那些已经被确定为文学的东西。而另一种文学，则是跟随着灵魂，跟随着灵魂于固有的文学之外所遭遇的迷茫——既是于固有的文学之外，那就不如叫写作吧。前者常会在部分的知识中沾沾自喜。后者呢，原是由于那辽阔的神秘之呼唤与折磨，所以用笔、用思、用悟去寻找存在的真相。但这样的寻找孰料竟然没有尽头，竟然终归“知不知”，所以它没理由洋洋自得，其归处唯有谦恭与敬畏，唯有对无边的困境说“是”，并以爱的祈祷把灵魂解救出肉身的限定。

六十

这就是“写作的零度”吧？当一个人刚刚来到世界上，就如亚当和夏娃刚刚走出伊甸园，这时他知道什么是国界吗？知道什么是民族吗？知道什么是东、西方文化吗？但他却已经感到了孤独，感到了恐惧，感到了善恶之果所造成的人间困境，因而有了一份独具的心绪渴望表达——不管他动没动笔，这应该就是、而且已经就是写作的开端了。写作，曾经就是从这儿出发的，现在仍当从这儿出发，而不是从政治、经济和传统出发，甚至也不是从文学出发。“零度”当然不是说什么都不涉及，什么都不涉及你可写的什么作！从“零度”出发，必然也要途经人类社会之种种——比如说红灯区和黑社会，但这与从红灯区和黑社会出发自然是不一样。

一个汉人在伊甸园外徘徊、祈祷，一个洋人也在伊甸园外徘徊、祈祷，如果他们相遇并且相爱，如果他们生出一个不汉不洋或亦汉亦洋的孩子，这孩子在哪儿呢？仍是在伊甸园外，在那儿徘徊和祈祷。这似乎有着象征意味。这似乎暗示了人或写作的永恒处境，暗示了人或写作的必然开端。什么国界呀、民族呀、甲方乙方呀，那原是灵魂的阻碍，是伊甸园外的堕落，是爱愿和写作所渴望冲开的牢壁，怎么倒有一种强大的声音总要把这说成是写作的依归呢？

六十一

回到原来的话题吧。从人的“魂（波）脑（粒）二象性”——恕我编造此名，也是一种无知无畏吧——来看，人就不能仅仅是有形的肉身。就是说，生命既是有形的、单独的粒子，又是无形的、呈互相干涉的波。甚至一个人的出生，一个承载着某种意义的生命之诞生，也很像量子理论的描述：“在亚原子水平上，物质并不确定地存在于一定的地方，而是显示出‘存在的倾向性’；原子事件也不在确定的时间以一定的方式发生，而是显示出‘发生的倾向性’。”“亚原子粒子并非孤立的实体，而只能被理解为实验条件与随后的测定之间的相互关系，量子论从而揭示了宇宙的一种基本的整体性。”人的生命，或生命的意义，也是这样不能孤立地理解的，还是那句话，它就像浩瀚音乐中的一个音符，一个段落，孤立看它不知所云，唯在整体中才能明了它的意义。什么意义？简单说，就是音符或段落间的相关相系，不离不弃，而这正是爱的昭示啊！

人的生命，或生命的意义，就像浩瀚音乐中的一个音符，一个段落，孤立看它不知所云，唯在整体中才能明了它的意义。

六十二

那么，灵魂与思想的区别又是什么呢？任何思想都是有限的，既是对着有限的事物而言，又是在有限的范围中有效。而思想说到底只是工具，它使我们『知』和『知不知』。灵魂则是归宿，它要求着爱和信任爱。

灵魂则指向无限的存在，既是无限的追寻，又终归于无限的神秘，还有无限的相互干涉以及无限构成的可能。因此，思想可以依赖理性。灵魂呢，当然不能是无理性，但它超越着理性，而至感悟、祈祷和信心。思想说到底只是工具，它使我们“知”和“知不知”。灵魂则是归宿，它要求着爱和信任爱。思想与灵魂有其相似之处，比如无形的干涉。但是，当自以为是的“知”终于走向“知不知”的谦恭与敬畏之时，思想则必服从乃至化入灵魂和灵魂所要求的祈祷。但也有一种可能，因为理性的狂妄，而背离了整体和对爱的信任，当死神必临之时，孤立的音符或段落必因陷入价值的虚无而惶惶不可终日。

（本文最初发表于2001年《天涯》，原题为《病隙碎笔5》）

09

说死说活

1 史铁生≠我

要是史铁生死了，并不就是我死了。——虽然我现在不得不以史铁生之名写下这句话，以及现在有人喊史铁生，我不得不答应。

史铁生死了——这消息日夜兼程，必有一天会到来，但那时我还在。要理解这件事，事先的一个思想练习是：传闻这一消息的人，哪一个不是“我”呢？有哪一个——无论其尘世的姓名如何——不是居于“我”的角度在传与闻呢？

2 生=我

死是不能传闻任何消息的——这简直可以是死的鉴定。那唯有生，可使死得以传闻，可使死成为消息。

么，死又是如何成为消息的呢？唯有生，可使死得以传闻，可使死成为消息。譬如死寂的石头，是热情的生命使其泰然或冥顽的品质得以流传。

故可将死作如是观：死是生之消息的一种。

然而生呢，则必是“我”之角度的确在，或确认。

3　无辜的史铁生

假设谁有一天站在了史铁生的坟前，或骨灰盒前，或因其死无（需）葬身之地而随便站在哪儿，悼念他，唾弃他，或不管以什么方式涉及他，因而劳累甚至厌倦，这事都不能怨别人，说句公道话，也不能怨史铁生，这事怨“我”之不死，怨不死之“我”或须悼念以使情感延续，或须唾弃以利理性发展，总之，怨不死的“我”需要种种传闻来构筑“我”的不死，需要种种情绪来放牧活蹦乱跳的生之消息。

4　史铁生≈我使用过的一台电脑

死亡完全是人类的事情。每个人都要死，而猴子则在整个人的族类中生存下去。

——卡夫卡

一个曾经以其相貌、体型和动作特征来显明为史铁生的天地之造物，损坏了，不能运作了，无法修复了，报废了，如此而已。就像一只老羊断了气而羊群还在。就像一台有别于其他很多台的电脑被淘汰了，但曾流经它的消息还在，还在其曾经所联之网上流传。史铁生死了，世界之风流万种、困惑千重的消息仍在流传，经由每一个“我”之点，连接于亿万个“我”之间。

5 浪与水=我与“我”

浪终归要落下去，水却还是水。水不消失，浪也就不会断灭。浪涌浪落，那是水的存在方式，是水的欲望（也叫运动），是水的表达、水的消息、水的连接与流传。哪一个浪是我呢？哪一个浪又不是“我”呢？

从古至今，死去了多少个“我”呀，但“我”并不消失，甚至并不减损。那是因为，世界是靠“我”的延续而流传为消息的。也许是温馨的消息，也许是残忍的消息，但肯定是生动鲜活的消息，这消息只要流传，就必定是“我”的接力。

6 永远的生=不断地死

有生以来，你已经死掉了多少个细胞呀，你早已经不是原来的你了，你的血肉之躯已不知死了多少回，而你却还是你！你是在流变中成为你的，世界是在流变中成为世界的。正如一个个音符，以其死而使乐曲生。

你是在流变中成为你的，世界是在流变中成为世界的。正如一个个音符，以其死而使乐曲生。

赫拉克利特说“一个人不能两次踏入同一条河流”，但是，一条河流能够两次被同一个人踏入吗？同样的逻辑，还可以继续问：一个人可以一次踏入同一条河流吗？

7 永恒的消息

但是，总有人在踏入河流，总有河流在被人踏入。踏入河流的人，以及被踏入的河流，各有其怎样的尘世之名，不过标明永恒消息的各个片段、永恒乐曲的各个章节。而“我”踏入河流、爬上山巅、走在小路与大道、走过艰辛与欢乐、途经一个个幸运与背运的姓名……这却是历史之河所流淌着的永恒消息。正像血肉之更迭，传递成你生命的游戏。

8　你在哪儿？

你由亿万个细胞组成，但你不能说哪一个细胞就是你，因为任何一个细胞的死亡都不影响你仍然活着。可是，如果每一个细胞都不是你，你又在哪儿呢？

你思绪万千，但你不能说哪一种思绪就是你，可如果每一种思绪都不是你，你又在哪儿呢？

同样，你思绪万千，但你不能说哪一种思绪就是你，可如果每一种思绪都不是你，你又在哪儿呢？

同样，你经历纷繁，但你不能说哪一次经历就是你，可如果每一次经历都不是你，你到底在哪儿呢？

9　无限小与无限大

你在变动不居之中。或者干脆说，你就是变动不居：变动不居的细胞组成、变动不居的思绪结构、变动不居的经历之网。你一直变而不居，分分秒秒的你都不一样，你就像赫拉克利特的河，倏忽而不再。你的形转瞬即逝，你的肉身无限短暂。

你就像赫拉克利特的河，倏忽而不再。你的形转瞬即逝，你的肉身无限短暂。

可是，变动不居的思绪与经历，必定是牵系于变动不居的整个世界。正像一个音符的存在，必是由于乐曲中每一个音符的推动与召唤。因此，每一个音符中都有全部乐曲的律动，每一个浪的涌落都携带了水的亘古欲望，每一个人的灵魂都牵系着无限存在的消息。

10 群的故事

有生物学家说：整个地球，应视为一个整体的生命，就像一个人。人有五脏六腑，地球有江河林莽、原野山峦。人有七情六欲，地球有风花雪月、海啸山崩。人之欲壑难填，地球永动不息。那生物学家又说：譬如蚁群，也是一个整体的生命，每一只蚂蚁不过是它的一个细胞。那生物学家还说：人的大脑就像蚁群，是脑细胞的集群。

那就是说：一个人也是一个细胞群，一个人又是人类之集群中的一个细胞。那就是说：一个人死了，正像永远的乐曲走过了一个音符，正像永远的舞蹈走过了一个舞姿，正像永远的戏剧走过了一个情节，以及正像永远的爱情经历了一次亲吻，永远的跋涉告别了一处村庄。当一只蚂蚁（一个细胞，一个人）沮丧于生命的短暂与虚无之时，蚁群（细胞群，人类，乃至宇宙）正坚定地抱紧着一个心醉神痴的方向——这是唯一的和永远的故事。

11 我离开史铁生以后

我离开史铁生以后史铁生就成了一具尸体，但不管怎么说，白白烧掉未免可惜。浪费总归不好。我的意思是：

①先可将其腰椎切开，到底看看那里面出过什么事——在我与之朝夕相处的几十年里，有迹象表明那儿发生了一点儿故障，有人猜是硬化了，有人猜是长了什么坏东西，具体怎么回事一直不甚明了。我答应过医生，一旦史铁生撒手人寰，就可以将其剖开看个痛快。那故障以往没少给我捣乱，但愿今后别再给“我”添麻烦。

②然后再将其角膜取下，谁用得着就给谁用去，那两张膜还是拿得出手的。其他好像就没什么了。剩下的器官早都让我用得差不多了，不好意思再送给谁——肾早已残败不堪，血管里又淤积了不少废物，因为吸烟，肺料必是脏透了。大脑么，肯定也不是一颗聪明的大脑，不值得谁再用，况且这东西要是还能用，史铁生到底是死没死呢？

12　史铁生之墓

上述两种措施之后，史铁生仍不失为一份很好的肥料，可以让它去滋养林中的一棵树，或海里的一群鱼。

不必过分地整理他，一衣一裤一鞋一袜足矣，不非是纯棉的不可，物质原本都出于一次爆炸。其实，他曾是赤条条地来，也该让他赤条条地去，但我理解伊甸园之外的风俗，何况他生前知善知恶欲念纷纭，也不配受那园内的待遇。但千万不要给他整容化妆，他生前本不漂亮，死后也不必弄得没人认识。就这些。然后就把他送给鱼或者树吧。送给鱼就怕路太远，那就说定送给树。倘不便囫囵着埋在树下，烧成灰埋也好。埋在越是贫瘠的土地上越好，我指望他说不定能引起一片森林，甚至一处煤矿。

但要是这些事都太麻烦，就随便埋在一棵树下拉倒，随便撒在一片荒地或农田里都行，也不必立什么标识。标识无非是要让我们记起他。那么反过来，要是我们会记起他，那就是他的标识。在我们记起他的那一处空间里甚至那样一种时间里，就是史铁生之墓。我们可以在这样的墓地上做任何事，当然最好是让人高兴的事。

13 顺便说一句：我对史铁生很不满意

我对史铁生的不满意是多方面的。身体方面就不苛责他了吧。品质方面，现在也不好意思就揭露他。但关于他的大脑，我不能不抱怨几句，那个笨而又笨的大脑曾经把我搞得苦不堪言。那个大脑充其量是个三流大脑，也许四流。以电脑作比吧，他的大脑顶多算得上是“286”——运转速度又慢（反应迟钝），贮存量又小（记忆力差），很多高明的软件（思想）他都装不进去（理解不了）——我有多少个好的构思因此没有写出来呀，光他写出的那几篇东西算个狗屁！

14 一件疑案

在我还是史铁生的时候我就说过：我真不想是史铁生了。

也就是说，那时我真不想是我了，我想是别人，是更健康、更聪明、更漂亮、更高尚的角色，比如张三，抑或李四。但这想法中好像隐含着一些神秘的东西：那个不想再是我的我，是谁？那个想是张三抑或李四抑或别的什么人的我，是谁呢？如果我是如此地不满意我，这两个我是怎样意义上的不同呢？如果我仅仅是我，仅仅在我之中，我就无从不满意我。就像一首古诗中说的，“不识庐山真面目，只缘身在此山中”。如果我不满意我，就说明我不仅仅在我之中，我不仅仅是我，必有一个大于我的我存在着——那是谁？是什么？在哪儿？不过这件事，恐怕在我还与史铁生相依为命的时候，是很难有什么确凿的证据以正视听了。

但是有一种现象，似对探明上述疑案有一点儿启发——请到处去问问看，不肯定在哪儿，但肯定会有这样的消息：我就是张三。我就是李四。以及，我就是史铁生。甚至，我就是我。

1996 年 10 月 24 日

（本文最初发表于 1997 年《天涯》）

10 康复本义断想

让不能行动的人重新可以行动，使不能工作的人重新能够工作，为丧失谋生能力的人提供生存保障，这无疑是非常重要的。但是，若仅此而已便只能算作修理和饲养，不能算作康复。(就像把一辆破汽车、一台坏机床修理好，就像在笼中养肥一只鸟儿。) 康复的意思是指：使那些不幸残疾了的人失而复得做人的全部权利、价值、意义和欢乐，不单是为了他们能够生存能够生产。

人来到这个世界上，不是为了完成一连串的生物过程，而是为了追寻一系列的精神实现；不是为了当一部好机器，而是为了创造幸福也享有幸福，倘有人说他不渴望幸福，方便的话我们可以给他一点教训，为了他竟敢说谎竟敢亵渎全人类的方向。（至于对幸福的不同理解，至于在通往幸福的路上必然散布着痛苦，那是另外的问题。）

自杀……是人类的一种光荣品质，是人与其他动物的一个分界。

正因为行动、工作和生存保障，可能提供给我们创造幸福并享有幸福的机会，它才是重要的，才可算作康复的步骤之一。但是，是不是一个能够行动、工作和生存的人，就一定能够如醉如痴地成为一个幸福的创造者和享有者呢？要回答这个问题，只需记起一件事就够了：一个身体健全且衣食住行都不愁的人，也可能自杀。

我曾在另一篇文章中谈到过自杀，我以为那是人类的一种光荣品质，是人与其他动物的一个分界。只有人会自杀，因为只有人才不满足于单纯的生物性和机器性，只有人才把怎样活着看得比活着本身更要紧，只有人在顽固地追问并要求着生存的意义，因而只有人创造出了灿烂的文明和壮丽的生活，于是人幸运地没有沦落到去街头随了锣声钻火圈。我不知道这值不值得人类骄傲，但我相信，我们要以一个人的资格活下去就必得保持这种骄傲，所以我们的康复工作万万不能轻视了这种骄傲。

如果我们终于承认了残疾人也是人，如果我们终于相信了人不是为活着而活着的动物，也不是为了生产而配置的机器——如果这样的前提已经确立，而我们要是还说：“残疾人的就业问题尚且没有完全解决，哪还顾得上其他（譬如说残疾人的爱情问题）呢？”那么，要想证明我们的思维能力还是健全的，就只好把上述前提光明磊落地推翻。

人是有病的动物。——尼采

上述前提当然不容推翻。应该推翻的，是对康复工作的某些简陋的理解，是无意之中仍然轻蔑了残疾人的人权的某些逻辑。譬如说，没有爱情的生活对于健全人来说是不人道的，那么同样的生活对于残疾人来说就应该是可以将就的吗？平等二字忽然到哪儿去了？

也许我们应该先来认真想想什么是人道主义了，虽然这四个字现在已经不太陌生。我们对它习惯的理解大约来源于这样一句话：“救死扶伤，实行革命的人道主义。”但是我们现在更想知道的是：我们从濒死中活了过来，我们的伤病已然治愈或已然固定为一种残疾，在这之后，人道主义对我们还有什么见教或效用？如果再没有了，便难免会得出一个骇人听闻的结论：没病没伤且衣食饱暖的活人，是无需人道主义的。也许现在倒是轮到我们来拯救人道主义了：人道主义不仅应该关怀人的肉体，最主要的是得关怀人的灵魂。把一个要死的人救活，把一个人的伤病治好，却听凭它的灵魂被捆缚被冷冻被晾干，这能算是人道吗？一面称赞着他们的身残志不残，一面漠视着他们爱的权利，这能算是人道吗？当一切健全人都赞美着爱的神圣，讴歌“生命诚可贵，爱情价更高”之时，我们却偏偏对残疾人说：

人道主义不仅应该关怀人的肉体，最主要的是得关怀人的灵魂。把一个要死的人救活，把一个人的伤病治好，却听凭它的灵魂被捆缚被冷冻被晾干，这能算是人道吗？

当一个人追问生命的意义和价值时，他就得病了，因为无论意义还是价值，客观上都不存在。一个人这样做，只能说明他的未得满足的原欲过剩。

——弗洛伊德

“你们的就业等等问题尚且艰难，怎么有时间来考虑你们的爱情问题呢？”这应该算是人道还是应该算作歧视？

有一种观点认为：人不能活着又怎么去爱呢？所以他们主张爱情问题当然要放在就业等等问题之后。但是还有一种观点认为：人不能去爱又怎么能活呢？看来，这绝不是先有鸡还是先有蛋式的争议，这乃是对于生命意义的不同理解。限于篇幅先不去论谁是谁非，然而我们有理由相信，一个懂得爱并且可以爱的人，自会不屈不挠地活着并且满怀激情地创造更美的生活；一个懂得爱却不能去爱的人，多半是活不下去的；而一个既不懂得爱也得不到爱的人，即便可以活下去，但是活得像个什么却不一定。

人道主义指引下的康复事业，是要使残疾人活成人而不是活成其他，是要使他们热爱生命迷恋生活，而不是在盼死的心境下去苦熬岁月。所以我以为爱情问题至少是与就业问题同等重要的。生与爱原本是一码事。如果偏要问先迈左腿还是先迈右腿的话，回答是：没了这条腿你休想迈动那条腿——你残疾了你就知道了。况且渴望前行的不是腿，而是人，人之不存，腿之焉附？

人不能活着又怎么去爱呢？

我有时候担心：我们费力救活的人，会不会是（或者将会不会是）一个不愿活下去的人？我们隆而重之送去的轮椅，会不会倒为一个孤苦难耐的人提供了寻死的方便？如果爱情对于残疾人来说总是可望而不可即的，总是望而生羡生畏生惭生叹的事，如果他们总是被告知：爱情不是你们生活之必需，而是可有可无的奢侈品，——那么上述担心绝不是多余的。

自杀并不一定就是软弱，常常倒是一种坚定的抗议，是鲜活可爱的心向生命要求意义的无可奈何的惨烈方式。要是我们说“不自由毋宁死”，大概谁都会赞同，但是不能爱者恰似奴隶的身份。要是我们说：“人活着不能没有理想”，大概没有谁会反对，可是爱情正是理想之一种，甚或是一切美好理想之动因。没有人无缘无故地想死，一个为得不到爱情权利而死的人，至少不比无缘无故地活着更值得嘲笑。照理说上帝是公正的，他应该在给每一个人生命的同时也给每一个人爱情的权利，要是上帝也有错误也有疏忽，让我们原谅他并以康复工作来帮他纠正和弥补吧。

自杀并不一定就是软弱，常常倒是一种坚定的抗议，是鲜活可爱的心向生命要求意义的无可奈何的惨烈方式。

所幸，使一个人愿意活着比使一个人活着重要得多，也有效得多。（正像有人说过的那样，是不断地给一个人输血呢？还是设法恢复他自身的造血功能？）美好的爱情可以使人愿意活、渴望活、并焕发出千百倍创造生活的力量。还能说这是不如就业重要的事么？

生命的意义当然不只是爱情，但爱情无疑是生命的最美好性欲，就像我们所说的那样，也像当我们说它的那样，是社会压迫和人类的丑恶历史的产物，即一种文明结果。

——罗兰·巴特

的意义之一。倘此言不错的话，现在该说说具体事了：为了一切残疾人都可能享有美好的爱情，康复工作应该给他们什么帮助？也许有人会提醒我们注意："健全人也未必都能享有美好的爱情。"但我想这是另外一个问题，我们必须要求一切人都有机会站到起跑线上来。大概又会有人说了："这太容易了，没人不让残疾人站到爱情的起跑线上来。"这让我想起一位康复工作者的话，他说："让残疾人与健全人站到同一条起跑线上，这本身就不平等。为了平等，残疾人必须要得到一些特殊的帮助。"这话对极了。

譬如说，为性功能有缺憾的残疾人，提供性科学咨询和性工具，这事使得使不得？

爱情不等于性、性也不等于爱情，但是世所公认：美好的爱情必须要有美满的性生活，而美满的性生活，当然必得是出于爱情。至少，在我们梦寐以求着美好爱情的时候，我们得有机会商量商量这个不可低估的性问题。

一对真诚相爱的男女，如果因为性方面的缺憾而难成眷属或终致离异，实在是太大的悲剧。其悲尤其在于，我们不见得没有办法使其得到弥补，只因为我们一直没来得及想想办法，或者因为我们稀里糊涂地有着一张薄脸皮。幸亏多少人多少代的痛苦终于在今天化作清醒，确认此事与脸皮无关，悲剧多半还是出于毫无道理的旧观念，还是因为对人道主义的理解太浮浅。

性生活是美好的还是丑恶的？是丑恶的为什么大家都不放弃？是美好的，为什么一谈及便把一些人羞杀、把另一些人气死？为什么残疾人的婚姻问题已受到一定程度的重视，而性康复工作却羞羞答答地迟迟不能开展？（出了一些有关书籍，也总是吞吞吐吐像在撒谎，躲躲闪闪像在造着一个谣言。）莫非残疾人结婚单是为了找一个帮工的和壮胆的，并无获得婚姻的全面幸福的必要？为什么可以为肢残者提供拐杖和轮椅，却不能为性功能缺憾者提供性工具、性咨询，以及其他有助于性生活美满的方法？

如果认为这些事是淫秽的、是低级的、是流氓的，那可真是天大的误会。淫秽和低级不是因为涉及了性器官，而是因为这种涉及既非为着科学也不是出于爱情。流氓的特征也不在于发生了性行为，而在于他们以强迫和欺骗侮辱了别人并且也亵渎了性。倘一谈及性便想到淫秽和流氓，我们的出处可真惨到头了。流氓不是性知识造成的，倒常常是因为缺乏性知识，缺乏对爱与性的理解，缺乏人道主义精神，甚至可能因为他们自己就生活在不够人道的境遇中。（譬如得不到异性的爱，以至于过度的性饥渴使他们忽然不能自制。）

淫秽和低级不是因为涉及了性器官，而是因为这种涉及既非为着科学也不是出于爱情。

总之，在爱情的引导下，无论多么丰富多彩的性行为都是正当的、美妙的、高尚的。为挚爱的夫妻提供任何利于性生活美满的指导和器具，都应该是必要的、人道的和理直气壮的。

有性功能缺憾的残疾人，仍然有性要求和享受性欢乐的能力，这已为医学专家们所证明。如果性咨询和性器具有利于他们弥补缺憾，从而使其爱情更全面地实现，我们不赶紧做起来还等什么？

在我们做着上述呼吁的同时，我们当然应该懂得，性生活的美满主要不是技术问题，而差不多是个艺术问题，就是说，那不能单是肉体的接洽，必须是精神的结合，是心灵的贴近与奉献。没有真诚的爱，温暖的肉体也可变成冰冷的机器。而在倾心的爱慕之下，满怀的激情便会驱动起美妙的想象力，使残损的肉体也变得丰盈，使人造的器具也有了生命，一个平素拘谨的人也可能忽然有了艺术灵感，创造出无穷的令人销魂的形式。那时，就连上帝也要惭愧，也要感谢我们原谅了他的过错和弥补了他的疏忽。

我们这些从死神近旁溜达过来的人，想必应该有了不太小气的准备：我们何必不再全力地做些事，以期后世残疾者以及全人类不要像我们这样活得艰难？

最后我想我们还应该冷静。在我们热烈追求爱情的幸福之时，在我们绝不放弃我们应有的权利之时，残疾的朋友们，我们还得冷静。如果我们的残疾导致我们爱情的破裂（这是可能的，不仅仅因为性，还因为许多其他缘故），我们这些从死神近旁溜达过来的人，想必应该有了不太小气的准备：我们何必不再全力地做些事，以期后世残疾者以及全人类不要像我们这样活得艰难？

1985 年

（本文最初发表于 1989 年《三月风》）

11

神位　官位　心位

有好心人劝我去庙里烧烧香，拜拜佛，许个愿，说那样的话佛就会救我，我的两条业已作废的腿就又可能用于走路了。

我说："我不信。"

好心人说："你怎么还不信哪？"

我说："我不相信佛也是这么跟个贪官似的，你给他上供他就给你好处。"

好心人说："哎哟，你还敢这么说哪！"

我说："有什么不敢？佛总不能也是'顺我者昌，逆我者亡'吧？"

好心人说："哎哟哎哟，你呀，腿还想不想好哇？"

我说："当然想。不过，要是佛太忙一时顾不上我，就等他有工夫再说吧，要是佛心也存邪念，至少咱们就别再犯一个拉佛下水的罪行。”

好心人苦笑，良久默然，必是惊讶着我的执迷不悟，痛惜着我的无可救药吧。

我忽然心里有点怕。也许佛真的神通广大，只要他愿意就可以让我的腿好起来？老实说，因为这两条枯枝一样的废腿，我确实丢失了很多很多我所向往的生活。梦想这两条腿能好起来，梦想它们能完好如初，二十二年了，我以为这梦想已经淡薄或者已经不在，现在才知道这梦想永远都不会完结，一经唤起也还是一如既往地强烈。唯一的改变是我能够不露声色了。不露声色但心里却有点怕，或者有点慌：那好心人的劝导，是不是佛对我的忠心所做的最后试探呢？会不会因为我的出言不逊，这最后的机缘也就错过，我的梦想本来可以实现，但现在已经彻底完蛋了呢？

果真如此么？

果真如此也就没什么办法：这等于说我就是这么个命。

果真如此也就没什么意思：这等于说世间并无净土，有一双好腿又能走去哪里？果真如此也就没什么可惜：佛之救人且这般唯亲、唯利、唯蜜语，想来我也是逃得过初一逃不过十五。

果真如此也就没什么可怕：无非又撞见一个才高德浅的郎中，无非又多出一个吃贿的贪官或者一个专制的君王罢了。此

一旦人们认为某种信仰（不管是何种信仰）很重要，是由于某些其他原因，而不是由于相信这种信仰的真实性，那么大量邪恶将会源源出现。

——罗素

“佛”非佛。

当然，倘这郎中真能医得好我这双残腿，倾家荡产我也宁愿去求他一次。但若这郎中偏要自称是佛，我便宁可就这么坐稳在轮椅上，免得这野心家一日得逞，众生的人权都要听其摆弄了。

我既非出家的和尚，也非在家的居士，但我自以为对佛一向是敬重的。我这样说绝不是承认刚才的罪过，以期佛的宽宥。我的敬重在于：我相信佛绝不同于图贿的贪官，也不同于专制的君王。我这样说也绝不是拐弯抹角的恭维。在我想来，佛是用不着恭维的。佛，本不是一职官位，本不是寨主或君王，不是有求必应的神明，也不是可卜凶吉的算命先生。佛仅仅是信心，是理想，是困境中的一种思悟，是苦难里心魂的一条救路。

佛仅仅是信心，是理想，是困境中的一种思悟，是苦难里心魂的一条救路。

这样的佛，难道有理由向他行贿和谄媚么？烧香和礼拜，其实都并不错，以一种形式来寄托和坚定自己面对苦难的信心，原是极为正当的，但若期待现实的酬报，便总让人想起提着烟酒去叩长官家门的景象。

我不相信佛能灭一切苦难。如果他能，世间早该是一片乐土。也许有人会说：“就是因为你们这些慧根不足、心性不净、执迷不悟的人闹的，佛的宏愿才至今未得实现。”可是，真抱歉——这逻辑岂不有点像庸医无能，反怪病人患病无方么？

我想，最要重视的当是佛的忧悲。常所谓“我佛慈悲”，我以为即是说，那是慈爱的理想，同时还是忧悲的处境。我不信佛能灭一切苦难，佛因苦难而产生，佛因苦难而成立，佛是苦难不尽中的一种信心，抽去苦难佛便不在了。佛并不能灭一切苦难，即是佛之忧悲的处境。佛并不能灭一切苦难，信心可还成立么？还成立！落空的必定是贿赂的图谋，依然还在的就是信心。信心不指向现实的酬报，信心也不依据他人的证词，信心仅仅是自己的信心，是属于自己的面对苦难的心态和思路。这信心除了保证一种慈爱的理想之外什么都不保证，除了给我们一个方向和一条路程之外，并不给我们任何结果。

佛因苦难而产生，佛因苦难而成立，佛是苦难不尽中的一种信心，抽去苦难佛便不在了。

所谓“证果”，我久思未得其要。我非佛门弟子，也未深研佛学经典，不知在佛教的源头上“证果”意味着什么，单从大众信佛的潮流中取此一义来发问：“果”是什么？可以证得的那个“果”到底是什么？是苦难全数地消灭？还是某人独自享福？是世上再无值得忧悲之事？还是某人有幸独得逍遥，再无烦恼了呢？

苦难消灭自然也就无可忧悲，但苦难消灭一切也就都灭，在我想来那与一网打尽同效，目前有的是原子弹，非要去劳佛不可？若苦难不尽，又怎能了无烦恼？独自享福万事不问，大约是了无烦恼的唯一可能，但这不像佛法倒又像贪官庸吏了。

中国信佛的潮流里，似总有官的影子笼罩。求佛拜佛者，常抱一个极实惠的请求。求儿子，求房子，求票子，求文凭，求户口，求福寿双全……所求之事大抵都是官的职权所辖，大抵都是求官而不得理会，便跑来庙中烧香叩首。佛于这潮流里，那意思无非一个万能的大官，且不见得就是清官，徇私枉法乃至杀人越货者竟也去烧香许物，求佛保佑不致东窗事发抑或锒铛入狱。若去香火浓烈的地方做一次统计，保险：因为灵魂不安而去反省的、因为信心不足而去求教的、因为理想认同而去礼拜的，难得有几个。

我想，这很可能是因为中国的神位，历来少为人的心魂而设置，多是为君的权威而筹谋。“君权神授”，当然求君便是求神，求官便是求君了，光景类似于求长官办事先要去给秘书送一点礼品。君神一旦同一，神位势必日益世俗得近于衙门。中国的神，看门、掌灶、理财、配药，管红白喜事，管吃喝拉撒，据说连厕所都有专职的神来负责。诸神如此地务实，信徒们便被培养得淡漠了心魂的方位；诸神管理得既然全面，神通广大且点滴无漏，众生除却歌功颂德以求实惠还能何为？大约就只剩下吃大锅饭了。大锅饭吃到不妙时，还有一句“此处不养爷”来泄怨，还有一句“自有养爷处”来开怀。神位的变质和心位的缺失相互促进，以致佛来东土也只热衷俗务，单行其“慈”，那一个“悲”字早留在西天。这信佛的潮流里，最为高渺的祈望也还是为来世做些务实的铺陈——今生灭除妄念，来世可入天堂。若问：何为天堂？答曰：无苦极乐之所在。但无苦怎么会有乐呢？天堂是不是妄念？此问则大不敬，要惹来斥责，是慧

这信佛的潮流里，最为高渺的祈望也还是为来世做些务实的铺陈——今生灭除妄念，来世可入天堂。

根不够的征兆之一例。

电视剧《北京人在纽约》，曾引出众口一词的感慨以及嘲骂："美国也（他妈的）不是天堂。"可，谁说那是天堂了？谁曾告诉你纽约专门儿是天堂了？人家说那儿也是地狱，你怎么就不记着？这感慨和嘲骂，泄露了国产天堂观的真相：无论急于今生，还是耐心来世，那天堂都不是心魂的圣地，仍不过是实实在在的福乐。福不圆满，乐不周到，便失望，便怨愤，便嘲骂，并不反省，倒运足了气力去讥贬人家。看来，那"无苦并极乐"的向往，单是比凡夫俗子想念得深远：不图小利，要中一个大彩。

就算天堂真的存在，我的智力还是突破不出那个"证果"的逻辑："无苦并极乐"是什么状态呢？独自享福则似贪官，苦难全消就又与集体服毒同效。还是那电视剧片头的几句话说得好，那儿是天堂也是地狱。是天堂也是地狱的地方，我想是有一个简称的：人间。就心魂的朝圣而言，纽约与北京一样，今生与来世一样，都必是慈与悲的同行，罪与赎的携手，苦难与拯救一致地没有尽头，因而在地球的这边和那边，在时间的此岸和彼岸，都要有心魂应对苦难的路途或方式。这路途或方式，是佛我也相信，是基督我也相信，单不能相信那是官的所辖和民的行贿。

是天堂也是地狱的地方，我想是有一个简称的：人间。

还有"人人皆可成佛"一说，也作怪，值得探讨。怎么个

"成"法儿？什么样儿就算"成"了呢？"成"了之后再往哪儿走？这问题，我很久以来找不到通顺的解答。说"能成"吧，又想象不出成了之后可怎么办，说"永远不能成"吧，又像是用一把好歹也吃不上的草料去逗引着驴儿转磨。所谓终极发问、终极关怀，总应该有一个终极答案、终极结果吧？否则岂不荒诞？

最近看了刘小枫先生的《走向十字架上的真》，令我茅塞顿开。书中讲述基督性时说：人与上帝有着永恒的距离，人永远不能成为上帝。书中又谈到，神是否存在？神若存在，神便可见、可及，乃至可做，难免人神不辨，任何人就都可能去做一个假冒伪劣的神了；神若不存在，神学即成扯淡，神位一空，人间的造神运动便可顺理成章，肃贪和打假倒没了标准。这可如何是好？我理解那书中的意思是说：神的存在不是由终极答案或终极结果来证明的，而是由终极发问和终极关怀来证明的，面对不尽苦难的不尽发问，便是神的显现，因为恰是这不尽的发问与关怀可以使人的心魂趋向神圣，使人对生命取了崭新的态度，使人崇尚慈爱的理想。

"人人皆可成佛"和"人与上帝有着永恒的距离"，是两种不同的生命态度，一个重果，一个重行，一个为超凡的酬报描述最终的希望，一个为神圣的拯救构筑永恒的路途。但超凡的酬报有可能是一幅幻景，以此来维护信心似乎总有悬危。而永恒的路途不会有假，以此来坚定信心还有什么可怕！

宗教像人一样失败。
——卡夫卡

任何自以为可以提供无苦而极乐之天堂的哲学和神学，都难免落入不能自圆的窘境。

这使我想到了佛的本义，佛并不是一个名词，并不是一个实体，佛的本义是觉悟，是一个动词，是行为，而不是绝顶的一处宝座。这样，“人人皆可成佛”就可以理解了，“成”不再是一个终点，理想中那个完美的状态与人有着永恒的距离，人即可朝向神圣无止地开步了。谁要是把自己披挂起来，摆出一副伟大的完成态，则无论是光芒万丈，还是淡泊逍遥，都像是搔首弄姿。“烦恼即菩提”，我信，那是关心，也是拯救。“一切佛法唯在行愿”，我信，那是无终的理想之路。真正的宗教精神都是相通的，无论东方还是西方。任何自以为可以提供无苦而极乐之天堂的哲学和神学，都难免落入不能自圆的窘境。

1994年2月2日

（本文最初发表于1994年《读书》）

12

无答之问或无果之行

现今，信徒们的火气似乎越来越大，狂傲风骨仿佛神圣的旗帜，谁若对其所思所行稍有疑虑或怠慢，轻则招致诅咒，重则引来追杀。这不免让人想起红卫兵时代的荒唐，大家颂扬和憧憬的是同一种幸福未来，却在实行的路途上相互憎恨乃至厮杀得英雄辈出，理想倒乘机飘离得更加遥远。很像两个孩子为一块蛋糕打架，从桌上打到桌下，打到屋外再打到街上，一只狗悄悄来过之后，理想的味道全变。

很多严厉的教派，如同各类专横的主义，让我不敢靠近。

闻佛门“大肚能容”可“容天下难容之事”，备觉亲近，喜爱并敬仰，困顿之时也曾得其教益。但时下，弄不清是怎么一来，佛门竟被信佛的潮流冲卷得与特异功能等同。说：佛就是最高档次的特异功能者，所以洞察了生命的奥秘。说：终极关怀即是对这奥秘的探索，唯此才是生命的根本意义，生命也才值得赞美。说：若不能平息心识的波澜，人就不可得此功能也就无从接近佛性。言下之意生命也就失去价值，不值得赞美。更说：便是动着行善的念头，也还是掀动了心浪，唯善恶不思才能风息浪止，那才可谓佛行。如是之闻，令我迷惑不已。

从听说特异功能的那一天起，我便相信其中必蕴藏了非凡的智识，是潜在的科学新大陆。当然不是因为我已明了其中奥秘，而是我相信，已有的科学知识与浩瀚的宇宙奥秘相比，必仅沧海一粟，所以人类认识的每一步新路必定难符常规；倘不符常规即判定其假，真就是“可笑之人”也要失笑的可笑之事了。及至我终于目睹了特异功能的神奇，便更信其真，再听说它有多么不可思议的能力，也不会背转身去露一脸自以为是的嘲笑。嘲笑曾经太多，胜利的嘲笑一向就少。

但是——我要在“但是”后面小做文章了。(其实大小文章都是作于“但是”之后，即有所怀疑之时。）但是！我从始至今也不相信特异功能可以是宗教。宗教二字的色彩不论多么纷繁，终极关怀都是其最根本的意蕴。就是说，我不相信生命的意义就是凭借特异功能去探索生命的奥秘。那样的话它与科学又有什么不同？对于生命的奥秘，你是以特异功能去探索，还是以主流科学去探索，那都一样，都还不是宗教，不是终极关怀，不同的只是这探索的先进与落后、精深与浅薄以及功效的高低而已。而且这探索的前途，依“可笑之人”揣想，不外两种：或永无止境，或终于穷尽。“永无止境”比较好理解，那即是说：人类的种种探索，每时每刻都在限止上，每时每刻又都在无穷中；正因如此，才想到对终极的询问，才生出对终极的关怀，才要问生命的意义到底何在。而“终于穷尽”呢，总让人想不通穷尽之后又是什么？即便生命的奥秘终于了如指掌，难道生命的意义就不再成为问题么？

我总以为，终极关怀主要不是对来路的探察，而是对去路的询问，虽然来路必要关心，来路的探察于去路的询问是有助的。在前几年的文学寻根热时，我写过几句话：“小麦是怎么从野草变来的是一回事，人类何以要种粮食又是一回事。不知前者尚可再从野草做起，不知后者则所为一概荒诞。”这想法，至今也还不觉得需要反悔。人，也许是猴子历经劳动后的演变，也许是上帝快乐或寂寞时的创造，也许是神仙智商泛滥时的发明，也许是外星人纵欲而留下的野种，也许是宇宙能量一次偶然或必然的融合，这都无关宏旨，但精神业已产生，这一事实无论其由来如何总是要询问一条去路，或者总是以询问去路证明它的存在，这才是关键。回家祭祖的路线并不一定含有终极关怀，盲流的家园可以是任意一方乐土，但精神放逐者的家园不可以不在生命的意义。生命的意义若是退回到猴子或还原为

终极关怀主要不是对来路的探察，而是对去路的询问……

物理能量，那仿佛我们千辛万苦只是要追究“造物主”的错误。“道法自然”已差不多是信徒们的座右铭，但人，不在自然之中吗？人的生成以及心识的生成，莫非不是那浑然大道之所为？莫非不是“无为无不为”的自然之造化？去除心识，风息浪止，是法自然还是反自然，真是值得考虑。（所谓“不二法门”，料必是不能去除什么的，譬如心识。去除，倒反而证明是“二”。“万法归一”显然也不是寂灭，而是承认差别和矛盾的永在，唯愿其和谐地运动，朝着真善美的方向。）佛的伟大，恰在于他面对这差别与矛盾以及由之而生的人间苦难，苦心孤诣沉思默想；在于他了悟之后并不放弃这个人间，依然心系众生，执着而艰难地行愿；在于有一人未度他便不能安枕的博爱胸怀。若善念一动也违佛法，佛的传经布道又算什么？若是他期待弟子们一念不动，佛法又如何传至今天？佛的光辉，当不在大雄宝殿之上，而在他苦苦地修与行的过程之中。佛的轻看佛法，绝非价值虚无，而是暗示了理论的局限。佛法的去除“我执”，也并非是取消理想，而是强调存在的多维与拯救的无限。

佛的轻看佛法，绝非价值虚无，而是暗示了理论的局限。

（顺便说一句：六祖慧能得了衣钵，躲过众师兄弟的抢夺，星夜逃跑……这传说总让我怀疑。因为，这行动似与他的著名偈语大相径庭。既然“菩提本无树，明镜亦非台，本来无一物，何处染尘埃”，倒又怎么如此地看重了衣钵呢？）

坦白说，我对六祖慧能的那句偈语百思而不敢恭维。“本来无一物”的前提可谓彻底，因而“何处染尘埃”的逻辑无懈可击，但那彻底的前提却难成立，因为此处之“物”显然不是指身外之物以及对它的轻视，而是就神秀的“身为菩提树，心如明镜台”而言，是对人之存在的视而不见，甚至是对人之心灵的价值取消。“本来无一物”的境界或许不坏，但其实那也就没有好歹之分，因为一切都无。一切都无是个省心省力的办法，甚至连那偈语也不必去写，宇宙就像人出现之前和灭绝之后那般寂静，浑然一体了无差异，又何必还有罗汉、菩萨、佛以及种种境界之分？但佛祖的宏愿本是根据一个运动着的世界而生，根据众生的苦乐福患而发，一切都无，佛与佛法倒要去救助什么？所救之物首先应该是有的吧，身与心与尘埃与佛法当是相辅相成的吧，这才是大乘佛法的入世精神吧。所以神秀的偈语，我以为更能体现这种精神，“身为菩提树，心如明镜台，时时勤拂拭，莫使染尘埃”，这是对身与心的正视，对罪与苦的不惧，对善与爱的提倡，对修与行的坚定态度。

这是苏格拉底的观点，也是我的观点：对于天堂的最好评判就是不加评判。

——蒙田

也许，神秀所说的仅仅是现世修行的方法，而慧能描画的是终极方向和成佛后的图景。但是，“世上可笑之人”的根本迷惑正在这里：一切都无，就算不是毁灭而是天堂，那天堂中可还有差别？可还有矛盾？可还有运动么？依时下信佛的潮流所期盼的，人从猴子变来，也许人还可变到神仙去，那么神仙即使长生是否也要得其意义呢？若意义也无，是否就可以想象那不过是一棵树、一块石、一座坚固而冷漠的大山、一团随生随灭的星云？就算这样也好，但这样又何劳什么终极关怀？随波

一切都无，就算不是毁灭而是天堂，那天堂中可还有差别？可还有矛盾？可还有运动么？

逐流即是圣境，又何必念念不忘什么“因果”？想来这“因果”的牵念，仍然是苦乐福患，是生命的意义吧。

当然还有一说：一切都无，仅指一切罪与苦都无，而福乐常在，那便是仙境便是天堂，便是成佛。真能这样当然好极了。谁能得此好运，理当祝贺他，欢送他，或许还可以羡慕他。可是剩下的这个人间又将如何？如果成佛意味着独步天堂，成佛者可还为这人间的苦难而忧心么？若宏愿不止，自会忧心依旧，那么天堂也就不只有福乐了。若思断情绝，弃这人间于不闻不问，独享福乐便是孜孜以求的正果，佛性又在哪儿？还是地藏菩萨说得好：“地狱未空，誓不成佛。”我想这才是佛性之所在。但这样，便躲不过一个悖论了：有佛性的誓不成佛，自以为成佛的呢，又没了佛性。这便如何是好？佛将何在？佛位，岂不是没有了？

或许这样才好。佛位已空，才能存住佛性。佛位本无，有的才是佛行。这样才“空”得彻底，“无”得真诚，才不会执于什么衣钵，为着一个领衔的位置追来逃去。罗汉呀、菩萨呀，那无非标明着修习的进程，若视其为等等级级诱人的宝座，便难免又演出评职称和晋官位式的闹剧。佛的本意是悟，是修，是行，是灵魂的拯救，因而“佛”应该是一个动词，是过程而不是终点。

修行或拯救，在时空中和在心魂里都没有终点，想必这才是「灭执」的根本。

修行或拯救，在时空中和在心魂里都没有终点，想必这才是“灭执”的根本。大千世界生生不息，矛盾不休，运动不止，困苦永在，前路无限，何处可以留住？哪里能是终点？没有。求其风息浪止无扰无忧，倒像是妄念。指望着终点（成佛、正果、无苦而极乐），却口称“断灭我执”，不仅滑稽，或许就要走歪了路，走到为了独享逍遥连善念也要断灭的地步。

还是不要取消“心识”和“执着”吧——可笑如我者作如此想。因为除非与世隔绝顾自逍遥，魔性佛性总归都是一种价值信奉；因为只要不是毁灭，灵魂与肉身的运动必定就有一个方向；因为除了可祝贺者已独享福乐了之外，再没见有谁不执着的，唯执着点不同而已。有执着于爱的，有执着于恨的，有执着于长寿的，有执着于功名的，有执着于投奔天堂的，有执着于拯救地狱的，还有执着于什么也不执着以期换取一身仙风道骨的……想来，总不能因为有魔的执着存在，便连佛的执着也取消吧，总不能因为心识的可能有误，便连善与恶也不予识别，便连魔与佛也混为一谈吧。

佛之轻看心识，意思大概与“生命之树常青，理论永远是灰色的”相似。我们的智力、语言、逻辑、科学或哲学的理论，与生命或宇宙的全部存在相比，是有限与无穷的差距。今天人们已经渐渐看到，因为人类自诩为自然的主宰，自以为科学技术的不断发展便可引领我们去到天堂，已经把这个地球榨取得多么枯瘪丑陋了，科学的天堂未见，而人们心魂中的困苦有增无减。因此，佛以其先知先觉倡导着另一种认识方法和生活态度。这方法和态度并不简单，若要简单地概括，佛家说是：明心见性。那意思是说：大脑并不全面地可靠，万勿以一（一己之见）概全（宇宙的全部奥秘），不可妄自尊大，要想接近生命或宇宙的真相，必得不断超越智力、逻辑、理论的局限，才能去见那更为辽阔奥渺的存在；要想创造人间的幸福，先要遵法自然的和谐，取与万物和平相处的态度。这当然是更为博大的智慧，但可笑如我者想，这并非意味着要断灭心识。那博大的智慧，是必然要经由心识的，继而指引心识，以及与心识通力合作。就像大学生都曾是从小学校里走出来的，而爱因斯坦的成就虽然超越了牛顿但并不取消牛顿。超凡入圣也不能弃绝了科学技术，最简单的理由就是芸芸众生并不个个都能餐风饮露。这是一个悖论，科学可以造福，科学也可以生祸，福祸相倚，由是佛的指点才为必要。语言和逻辑呢，也不能作废，否则便是佛经也不能读诵。佛经的流传到底还是借助了语言文字，经典的字里行间也还是以其严密的逻辑令人信服、教人醒悟。便是玄妙的禅宗公案，也仍然要靠人去沉思默解，便是“非常道”也只好强给它一个“非常名”，真若不留文字，就怕那智慧终会湮灭，或沦为少数慧根丰厚者的独享。这又是一个悖论，语言给我们自由，同时给我们障碍，这自由与障碍之间才是佛的工作，才是道的全貌。最要紧的是：倘在此心识纷纭、执着各异的世界上，一刀切地取消心识和执着，料必要得一个价值虚无的麻木硕果，以致佛魔难分，小术也称大道，贪官也叫公仆，恶也作佛善也作佛，佛位林立单单不见了佛

……语言给我们自由，同时给我们障碍，这自由与障碍之间才是佛的工作，才是道的全貌。

性与佛行。

心识加执着，可能产生的最大祸患，怕就是专制也可以顺理成章。恶的心识自不必说，便是善的执着也可能如此。比如爱，“爱你没商量”就很可能把别人爱得痛苦不堪，从而侵扰了他人的自由和权利。但这显然不意味着应该取消爱，或者可爱可不爱。失却热情（执着）的爱早也就不是爱了。没有理性（心识）的爱呢，则很可能只是情绪的泛滥。美丽的爱是要执着的，但要使其在更加博大的维度中始终不渝，这应该是佛愿的指向，是终极的关怀。

心识也好，智慧也好，都只是对存在的（或生命奥秘的）“知”，不等于终极关怀。而且！智慧的所“见”也依然是没有止境，佛法的最令人诚服之处，就在于它并不讳言自身的局限，和其超越、升华的无穷前景。若仅停留于“知”，并不牵系于“愿”付诸于“行”，便常让人疑惑那是不是借助众生的苦难在构筑自己的光荣。南怀瑾先生的一部书中的一个章节，我记得标题是《唯在行愿》，我想这才言中了终极关怀。终极关怀都是什么？论起学问来令人胆寒，但我想“条条大路通罗马”，千头万绪都在一个“爱”字上。“断有情”，也只是断那种以占有为目的、或以奉献求酬报的“有情”，而绝不是要把人断得麻木不仁，以致见地狱而绕行，见苦难而逃走。（话说回来，这绕行和逃走又明显是“有情”未断的表征，与地藏菩萨的关怀相比，优劣可鉴。）爱，不是占有，也不是奉献。爱只是自己的心愿，

爱，不是占有，也不是奉献。爱只是自己的心愿，是自己灵魂的拯救之路。

是自己灵魂的拯救之路。因而爱不要求（名、利、情的）酬报；不要求酬报的爱，才可能不通向统制他人和捆绑自己的“地狱”。地藏菩萨的大愿，大约就可以归结为这样的爱，至少是始于这样的爱吧。

但是，我很怀疑地藏菩萨的大愿能否完成。还是老问题：地狱能空吗？矛盾能无吗？困苦能全数消灭吗？没有差别没有矛盾没有困苦的世界，很难想象是极乐，只能想象是死寂。——我非常渴望有谁能来驳倒我，在此之前，我只好沿着我不能驳倒的这个逻辑想下去。

有人说：佛法是一条船，目的是要渡你去彼岸，只要能渡过苦海到达彼岸，什么样的船都是可以的。对此我颇存疑问：一是，说彼岸就是一块无忧的乐土，迄今的证明都很无力；二是“到达”之后将如何？这个问题似在原地踏步，一筹莫展；三是，这样的“渡”，很像不图小利而要中一个大彩的心理，怕是聪明的人一多，又要天翻地覆地争夺不休。

所谓“断灭我执”，我想根本是要断灭这种“终点执”。所谓“解脱”，若是意味着逃跑，大约跑到哪儿也还是难于解脱，唯平心静气地接受一个永动的过程，才可望“得大自在”。彼岸，我想并不与此岸分离，并不是在这个世界的那边存在着一个彼岸。当地藏菩萨说“地狱不空誓不成佛”时，我想，他的心魂已经进入彼岸。彼岸可以进入，但彼岸又不可能到达，是否就是说：彼岸又不是一个名词，而是动词？我想是的。彼岸、普度、宏愿、拯救，都是动词，都是永无止境的过程。而过程，意味着差别、矛盾、运动和困苦的永远相伴，意味着普度的不可完成。既然如此，佛的“普度众生”以及地藏菩萨的大愿岂不是一句空话了？不见得。理想，恰在行的过程中才可能是一句真话，行而没有止境才更见其是一句真话，永远行便永远能进入彼岸且不弃此岸。若因行的不可完成，便叹一声“活得真累”，而后抛弃爱愿，并美其名为“解脱”和“得大自在”——人有这样的自由，当然也就不必太反对，当然也就不必太重视，就像目送一只UFO离去，回过头来人间如故。

理想，恰在行的过程中才可能是一句真话，行而没有止境才更见其是一句真话，永远行便永远能进入彼岸且不弃此岸。

还有一种意见，认为：说到底人只可拯救自己，不能拯救他人，因而爱的问题可以取消。我很相信“说到底人只可拯救自己”，但怎样拯救自己呢？人不可能孤立地拯救自己，和，把自己拯救到一个与世隔绝的地方去。世上如果只有一个人，或者只有一个生命，拯救也就大可不必。拯救，恰是在万物众生的缘缘相系之中才能成立。或者说，福乐逍遥可以独享，拯救则从来是对众生（或曰人类）苦乐福患的关注。孤立一人的随生随灭，细细想去，原不可能有生命意义的提出。因而爱的问题取消，也就是拯救的取消。

当然“爱”也是一个动词，处于永动之中，永远都在理想的位置，不可能有彻底圆满的一天。爱，永远是一种召唤，是一个问题。爱，是立于此岸的精神彼岸，从来不是以完成的状态消解此岸，而是以问题的方式驾临此岸。爱的问题存在与否，对于一个人、一个族、一个类，都是生死攸关，尤其是精神之生死的攸关。

1994年5月24日

（本文最初发表于1995年《北京文学》）

13 上帝的寓言

自从小巧的人脑把科学认作了神明，这颗美丽和谐的星球上便有一种叫做人的动物变得狂妄起来，自以为是天地的主宰，可以听凭自己的意志去移山填海、喝令万物、掠夺自然。

开始的时候，人类的聪明才智大约也曾让上帝欣喜（就像我们欣喜于电脑和机器人），但后来，人类的繁殖速度之快、享乐欲望之强、竞争热情之旺盛、掠夺技巧之高超，肯定令上帝大吃一惊。

人类的繁殖速度之快、享乐欲望之强、竞争热情之旺盛、掠夺技巧之高超，肯定令上帝大吃一惊。

这样，人类未来的一句广告词暗合了他们自己的地位：我们是害虫。森林和草原逐日萎缩，河流干涸，飞禽走兽被屠杀，大量物种灭绝在人类的餐桌上，土壤板结，沙漠扩展，大气层浑浊不堪，臭氧层烂开一个大洞……上帝见一颗蓬勃的果子上长了贪婪的害虫，便以疾病的方式喷洒杀虫剂：感冒啦，霍乱啦，鼠疫，结核，天花等等。不料这害虫鬼机灵，慢慢有了抗药性，更加肆无忌惮。当一切杀虫剂都不能控制他们的时候，上帝能怎么办呢？上帝只好叹息着，看这颗果子蔫萎枯烂。上帝知道，果子被蛀空食尽之时，便是害虫自灭之日。

但狂妄的害虫执迷不悟，仍以加倍的乐观去维护一面贪婪之旗，高歌猛进。

癌症，就是在一个本来和谐的生理结构中，忽然有一种细胞不可控制地猛增，先掠夺杀死异类，然后迎来自己的末日。

上帝不忍，向他们发出暗示或警告。暗示或警告之一是：癌症。癌症，就是在一个本来和谐的生理结构中，忽然有一种细胞不可控制地猛增，先掠夺杀死异类，然后迎来自己的末日。上帝是要说：自然，本来就是一个完美的结构，人不过是其中的一种细胞。上帝是要说：人，如果你们不能醒悟，不能自我控制，一味地膨胀膨胀膨胀，你们就是地球的癌症！暗示或警告之二是：艾滋病。艾滋病，就是由于贪婪地享乐而破坏了自身的免疫系统，以致丧失了抵抗疾病和自身修复的能力。上帝是要说：地球的自身免疫系统就是由森林、草原、河流、海洋、大气、飞禽走兽昆虫等等万物万灵结构起来的，人不过是其中的一个组成部分。上帝是要说：人，如果不能节制你们的欲望，破坏了生态平衡，地球离患艾滋病的日子就已不远！

终于有人听懂了上帝的寓言。据说吉林省人大已经通过立法：禁止一切捕猎，收缴一切猎器，不允许人类的餐桌上出现任何野生动物。感谢他们，感谢他们的立法。

但是，是否所有的人都能静下心来听一听上帝的寓言呢？是否所有的省份和国度都能确立这样的法律呢？是否仅仅禁猎一法就足够了呢？地球已经千疮百孔，我们真是罪孽深重，上帝和人类的万代子孙必定对我们抱着更多的期待。保护自然生态，想来没有比这更重要的事了。“国破山河在”，尚有“城春草木深”，若山河破碎、草木不生、鸟兽尽绝呢，国之焉存？家之安在？

1996年5月5日

（本文曾收入随笔集《对话练习》）

癌症被描绘成了这么一些意向，它们囊括了20世纪经济人的种种负面行为：畸形增长以及能量压抑，后者是指拒绝消费或花费。

——苏珊·桑塔格

14 复杂的必要

母亲去世十年后的那个清明节，我和父亲和妹妹去寻过她的坟。

母亲去得突然，且在中年。那时我坐在轮椅上正惶然不知要向哪儿去，妹妹还在读小学。父亲独自送母亲下了葬。巨大的灾难让我们在十年中都不敢提起她，甚至把墙上她的照片也收起来，总看着她和总让她看着我们，都受不了。才知道越大的悲痛越是无言：没有一句关于她的话是恰当的，没有一个关于她的字不是恐怖的。

十年过去，悲痛才似轻了些，我们同时说起了要去看看母亲的坟。三个人也便同时明白，十年里我们不提起她，但各自都在一天一天地想着她。

坟却没有了，或者从来就没有过。母亲辞世的那个年代，城市的普通百姓不可能有一座坟，只是火化了然后深葬，不留痕迹。父亲满山跑着找，终于找到了他当年牢记下的一个标志，说：离那标志向东三十步左右就是母亲的骨灰深埋的地方。但是向东不足二十步已见几间新房，房前堆了石料，是一家制作墓碑的小工厂了，几个工匠埋头叮当地雕凿着碑石。父亲憋红了脸，喘气声一下比一下粗重。妹妹推着我走近前去，把那儿看了很久。又是无言。离开时我对他们俩说：也好，只当那儿是母亲的纪念堂吧。

虽是这么说，心里却空落得以至于疼。

我当然反对大造阴宅。但是，简单到深埋且不留一丝痕迹，真也太残酷。一个你所深爱的人，一个饱经艰难的人，一个无比丰富的心魂……就这么轻易地删减为零了？这感觉让人沮丧之极，仿佛是说，生命的每一步原都是可以这样删除的。

纪念的习俗或方式可以多样，但总是要有。而且不能简单，务要复杂些才好。复杂不是繁冗和耗费，心魂所要的隆重，并非物质的铺张可以奏效。可以火葬，可以水葬，可以天葬，可以树碑，也可为死者种一棵树，甚或只为他珍藏一片树叶或供奉一根枯草任何方式都好，唯不可意味了简单。任何方式都表明了复杂的必要。因为，那是心魂对心魂的珍重所要求的仪式，心魂不能容忍对心魂的简化。

复杂不是繁冗和耗费，心魂所要的隆重，并非物质的铺张可以奏效……任何方式都表明了复杂的必要。因为，那是心魂对心魂的珍重所要求的仪式，心魂不能容忍对心魂的简化。

从而想到文学。文学，正是遵奉了这种复杂原则。理论要走向简单，文学却要去接近复杂。若要简单，任何人生都是可以删减到只剩下吃喝屙撒睡的，任何小说也都可以删减到只剩下几行梗概，任何历史都可以删减到只留几个符号式的伟人，任何壮举和怯逃都可以删减成一份光荣加一份耻辱……但是这不行，你不可能满足于像孩子那样只盼结局，你要看过程，从复杂的过程看生命艰巨的处境，以享隆重与壮美。其实人间的事，更多的都是可以删减但不容删减的。不信去想吧。比如足球，若单为决个胜负，原是可以一上来就踢点球的，满场奔跑倒为了什么呢？

1995年2月10日

（本文曾收入随笔集《对话练习》）

15 宿命的写作

在一次座谈会上我说，中国文学正在寻找着自己的宗教。话说得乱，引得别人误会了。现在容我引一段既洋且古的名人的话，来说明我的意思吧。

罗素说："现在，人们常常把那种深入探究人类命运问题，渴望减轻人类苦难，并且恳切希望将来会实现人类美好前景的人，说成具有宗教观点，尽管他也许并不接受传统的基督教。"

中国文学正做着这样的探究，越来越多了这样的渴望。

罗素说："一切确切的知识都属于科学。一切涉及超乎确切知识之外的教条都属于神学……介乎神学与科学之间的就是哲学。"

科学确切吗？站在爱因斯坦的时代看，牛顿并不够确切。而现今又已有人发现爱因斯坦的"光速不可超越"说也不够确切。哲学呢？先承认自己不在确切之列。这样看来，科学与哲学在任何具体的时候都不确切得像是神学了。差别在于这二者都不是教条。看来只有教条是坏宗教，不确切是宇宙的本质。所以罗素又说：“只要宗教存在于某种感觉的方式中，而不存在于一套信条中，那么科学就不能干预其事。”

宗教的生命力之强是一个事实。因为人类面对无穷的未知和对未来怀着美好希望与幻想，是永恒的事实。只要人不能尽知穷望，宗教就不会消灭。不如说宗教精神吧，以区别于死教条的坏的宗教。教条是坏东西。不图发展的教条。

什么是发展呢？是精神自由盛开吧。精神可以超越光速。也许，科学的再一次爱因斯坦式的飞跃，要从精神这儿找到生机。

智性与悟性的区别，恰似哲学与宗教精神的区别。哲学的末路通入宗教精神。哲学依靠着智力，运用着与科学相似的方法，像科学立志要为人间建造物质的天堂一样，哲学梦寐以求的是要把人的终极问题弄个水落石出，以期根除灵魂的迷茫。但上帝设下的谜语，看来只是为了让人去猜，并不想让人猜破，猜破了大家都要收场，宇宙岂不寂寞凄凉？因而他给我们的智力与他给我们的谜语太不成比例，之间有着绝对的距离。这样，哲学越走固然猜到的东西越多，但每一个谜底都是十个谜面，又何以能够猜尽？期待着豁然开朗，哲学却步入云遮雾障，不免就有人悲观绝望，声称人大概是上帝的疏忽或者恶念的产物

在思想的世界中，我们还处在婴儿状态，在我们另一个生涯，即感觉的天地里，情况亦复如此。——萧伯纳

『粗知哲学而离弃的那个上帝，与精通哲学而皈依的那个上帝，不是同一个上帝。』

（这有点像九条绝路之上智性的大骂和懊丧）。在这三军无帅临危止步之际，宗教精神继之行道，化战旗为经幡，变长矛作仪仗，续智性以悟性，弃悲声而狂放（设若说哲学是在宗教之后发达起来的，不妨记起一位哲人说过的话：“粗知哲学而离弃的那个上帝，与精通哲学而皈依的那个上帝，不是同一个上帝。”所以在这儿不说宗教，而是以宗教精神四个字与之区别，与那种步入歧途靠贩卖教条为生的宗教相区别）。如果宗教是人们在“不知”时对不相干事物的盲目崇拜，但其发自生命本原的固执的向往却锻造了宗教精神。宗教精神便是人们在“知不知”时依然葆有的坚定信念，是人类大军落入重围时宁愿赴死而求也不甘惧退而失的壮烈理想。这信念这理想不由智性推导出，更不由君王设计成，甚至连其内容都不重要（譬如爱情，究竟为了什么呢？），毋宁说那是自然之神的佳作，是生命固有的趋向，是知生之困境而对生之价值最深刻的领悟。这样，它的坚忍不拔就不必靠晴空和坦途来维持，它在浩渺的海上，在雾罩的山上，在知识和学问捉襟见肘的领域和时刻，也依然不厌弃这个存在（并不是说逆来顺受），依然不失对自然之神的敬畏，对生命之灵的赞美，对创造的骄傲，对游戏的如醉如痴（假如这时他们聊聊天的话，记住吧，那很可能是最好的文学）。

宗教精神并不敌视智性、科学和哲学，而只是在此三者力竭神疲之际，代之以前行。

总之，宗教精神并不敌视智性、科学和哲学，而只是在此三者力竭神疲之际，代之以前行。譬如哲学，倘其见到自身的迷途，而仍不悔初衷，这勇气显然就不是出自哲学本身，而是来自直觉的宗教精神的鼓舞，或者说此刻它本身已不再是哲学而是宗教精神了。既然我们无法指望全知全能，我们就不能指责没有科学根据的信心是迷信。科学自己又怎样？当它告诉我们这个星球乃至这个宇宙迟早都要毁灭，又告诉我们“不必惊慌，为时尚早，在这个灾难到来之前，人类的科学早已发达到足以为人类找到另一个可以居住的地方了”，这时候它有什么科学根据呢？如果它知道那是一个无可阻止的悲剧，而它又不放弃探索并兢兢业业乐此不疲，这种精神难道根据的是科学吗？不，那只是一个信心而已，或者说宁愿要这样一个信心罢了。这不是迷信吗？这若是迷信，我们也乐于要这个迷信。否则怎么办？死？还是当傻瓜？哀叹荒诞，抱怨别无选择，已经不时髦了，我们压根儿就是在自然之神的限定下去选择最为欢乐的游戏。坏的迷信是不顾事实、敌视理智，扼杀众人而为自己谋利的骗局（所以有些宗教实际已丧失了宗教精神，譬如“文革”中的疯狂、中东的战火）。而全体人类在黑暗中幻想的光明出路，在困惑中假设的完美归宿，在屈辱下臆造的最后审判，均非迷信。所以宗教精神天生不属于哪个阶段、哪个政治派别，那些被神化了的个人，它必属于全人类，必关怀全人类，必赞美全人类的团结，也因明了物之目的的局限而崇尚美之精神的历程。它为此所创造的众神与天界也不是迷信，它只是借众神来体现人的意志，借天界来俯察人的平等权利（没有天赋人权的信念，就难有法律面前人人平等的觉醒。而天赋人权和君权神授，很可以看作宗教精神与迷信的分界）。

这样的宗教精神，拿来与艺术精神做一下比照，想必能得到某种深刻的印象。

我认为真正的写作是从人们觉得自己已经不再写作，不再主宰他的行为开始的。

——玛格丽特·杜拉斯

“四十而不惑，五十而知天命”，这话似乎有毛病：四十已经不惑，怎么五十又知天命？既然五十方知天命，四十又谈何不惑呢？尚有不知（何况是天命），就可以自命不惑吗？

斗胆替古人做一点解释：很可能，四十之不惑并不涉及天命（或命运），只不过处世的技巧已经烂熟，识人辨物的目光已经老练，或谦恭或潇洒或气宇轩昂或颐指气使，各类做派都已能放对了位置，天命么，则是另外一码事，再需十年方可明了。再过十年终于明了：天命是不可明了的。不惑截止在日常事务之域，一旦问天命，惑又从中来，而且五十、六十、七老八十亦不可免惑，由是而知天命原来是只可知其不可知的。古人所以把不惑判给四十，而不留到最终，想必是有此暗示。

惑即距离，空间的拓开，时间的迁延，肉身的奔走，心魂的寻觅，写作因此绵绵无绝期。人是一种很傻的动物：知其不可知而知欲不泯。人是很聪明的一种动物：在不绝的知途中享用生年。人是一种认真又倔强的动物：朝闻道，夕死可也。人是豁达且狡猾的一种动物：游戏人生。人还是一种非常危险的动物：不仅相互折磨，还折磨他们的地球母亲。因而人合该又是一种服重刑或服长役的动物：苦难永远在四周看管着他们。

等等等等。于是最后：人是天地间难得的一种会梦想的动物。

这就是写作的原因吧。浪漫（不主义）永不过时，因为有现实以“惑”的方式不间断地给它输入激素和多种维他命。

我自己呢，为什么写作？先是为谋生，其次为价值实现（倒不一定求表扬，但求不被忽略和删除，当然受表扬的味道很诱人的），然后才有了更多的为什么。现在我想，一是为了不要僵死在现实里，因此二要维护和壮大人的梦想，尤其是梦想的能力。

写作是什么，我先以为那是一种职业，又以为它是一种光荣，再以为是一种信仰，现在则更相信写作是一种命运。

至于写作是什么，我先以为那是一种职业，又以为它是一种光荣，再以为是一种信仰，现在则更相信写作是一种命运。并不是说命运不要我砌砖，要我码字，而是说无论人干什么事，终于逃不开那个“惑”字，于是写作行为便发生。还有，我在给一个朋友的信中这样说过：“写什么和怎么写都更像是宿命，与主义和流派无关。一旦早已存在于心中的那些没边没沿、混沌不清的声音要你写下它们，你就几乎没法去想‘应该怎么写和不应该怎么写’这样的问题了……一切都已是定局，你没写它时它已不可改变地都在那儿了，你所能做的只是聆听和跟随。你要是本事大，你就能听到的多一些，跟随的近一些，但不管你有多大本事，你与它们之间都是一个无限的距离。因此，所谓灵感、技巧、聪明和才智，毋宁都归于祈祷，像祈祷上帝给你一次机会（一条道路）那样。”

借助电脑，我刚刚写完一个长篇（谢谢电脑，没它帮忙真是要把人累死的），其中有这样一段：“你的诗是从哪儿来的呢？你的大脑是根据什么写出了一行行诗文的呢？你必于写作之先就看见了一团混沌，你必于写作之中追寻那一团混沌，你必于写作之后发现你离那一团混沌还是非常遥远。那一团激动着你去写作的混沌，就是你的灵魂所在，有可能那就是世界全部消息错综无序的编织。你试图看清它，表达它——这时是大脑在工作，而在此前，那一片混沌早已存在，灵魂在你的智力之先早已存在，诗魂在你的诗句之前早已成定局。你怎样设法去接近它，那是大脑的任务；你能够在多大程度上接近它，那就是你诗作的品位；你永远不可能等同于它，那就注定了写作无尽无休的路途，那就证明了大脑永远追不上灵魂，因而大脑和灵魂肯定是两码事。”卖文为生已经十几年了，唯一的经验是，不要让大脑控制灵魂，而是让灵魂操作大脑，以及按动电脑的键盘。

那一片混沌早已存在，灵魂在你的智力之先早已存在，诗魂在你的诗句之前早已成定局。

写《务虚笔记》的时候，我忽然明白：凡我笔下人物的行为或心理，都是我自己也有的，某些已经露面，某些正蛰伏于可能性中待机而动。所以，那长篇中的人物越来越互相混淆——因我的心路而混淆，又混淆成我的心路：善恶俱在。这不是从技巧出发。我在哪儿？一个人确切地存在于何处？除去你的所作所为，还存在于你的所思所欲之中。于是可以相信：凡你描写他人描写得（或指责他人指责得）准确——所谓一针见血，

描写现存之物，诗人就降格了，流入了教师之列；叙述可能之物，他就是忠于职守；他是一个集体的灵魂，询问，哭泣，希望，有时则猜测。

——波德莱尔

入木三分，惟妙惟肖——之处，你都可以沿着自己的理解或想象，在自己的心底找到类似的埋藏。真正的理解都难免是设身处地，善如此，恶亦如此，否则就不明白你何以能把别人看得那么透彻。作家绝不要相信自己是天命的教导员，作家应该贡献自己的迷途。读者也一样，在迷途面前都不要把自己洗得太干净，你以什么与之共鸣呢？可有谁一点儿都不能体会丑恶所走过的路径吗？

这便是人人都需要忏悔的理由。发现他人之丑恶，等于发现了自己之丑恶的可能，因而是已经需要忏悔的时刻。这似乎有点过分，但其实又适合国情。

当白昼的一切明智与迷障都消散了以后，黑夜要你用另一种眼睛看这世界。

因此我向往着这样的写作——史铁生曾称之为“写作之夜”。当白昼的一切明智与迷障都消散了以后，黑夜要你用另一种眼睛看这世界。很可能是第五只眼睛，第三它不是外来者，第四它也没有特异功能，它是对生命意义不肯放松的累人的眼睛。如果还有什么别的眼睛，尽可都排在它前面，总之这是最后的眼睛，是对白昼表示怀疑而对黑夜秉有期待的眼睛，这样的写作或这样的眼睛，不看重成品，看重的是受造之中的那缕游魂，看重那游魂之种种可能的去向，看重那徘徊所携带的消息。因为，在这样的消息里，比如说，才能看见“我是谁”，才能看清一个人，一个犹豫、困惑的人，执拗的寻觅者而非潇洒的制作者；比如说我才有可能看看史铁生到底是什么，并由此对他的未来保持住兴趣和信心。

幸亏写作可以这样，否则他轮椅下的路早也就走完了。有很多人问过我：史铁生从二十岁上就困在屋子里，他哪儿来那么多可写的？借此机会我也算做出回答：白昼的清晰是有限的，黑夜却漫长，尤其那心流遭遇的黑暗更是辽阔无边。

历史可能顾不得那么多，但写作应该不这样。历史可由后人在未来的白昼中去考证，写作却是鲜活的生命在眼前的黑夜中问路。你可以不问，跟着感觉走，但你要问就必不能去问尸骸，而要去问心流。这大约就是克尔凯戈尔所说的“主观性真理”。他的意思是：“在这些真理中，是不存在供人们建立其合法性以及使其合法的任何客观准则的，这些真理必须通过个体吸收、消化并反映在个体的决定和行动上。主观性真理不是几条知识，而是用来整理并催化知识的方法。这些真理不仅仅是关于外部世界的某些事实，而且也是发扬生命的难以捉摸、微妙莫测和不肯定性的依据。”

难以捉摸、微妙莫测和不肯定性，这便是黑夜。但不是外部世界的黑夜，而是内在心流的黑夜。写作一向都在这样的黑夜中。从我们的知识（“客观性真理”）永远不可能穷尽外部世界的奥秘来看，我们其实永远都在主观世界中徘徊。而一切知识都只是在不断地证明着自身的残缺，它们一再地超越便是一再地证明着自身的无效。一切谜团都在等待未来去解开，一切未来又都是在谜团面前等待（是的，等待戈多）。所以我们的问

一切知识都只是在不断地证明着自身的残缺，它们一再地超越便是一再地证明着自身的无效。

思想如同世界上一切具有超人价值的东西一样，只能以人的牺牲为生。

——卡夫卡

题，既不可去问尸骸，又无法去问“戈多”。

但这并不证明人生的无望，那内在的徘徊终于会被逼迫出一种智慧——正如俄罗斯思想家弗兰克在其《生命的意义》中所说：生命的意义不是被给予的，而是被提出的。

我无法全面转述弗氏伟大精妙的思想，我只有向读者推荐他，并感谢刘小枫先生和徐凤林先生让这个只懂中文的铁生读到了他。我的简陋理解是：生命的意义本不在向外的寻取，而在内在的建立。那意义本非与生俱来，生理的人无缘与人相遇。那意义由精神所提出，也由精神去实现，那便是神性对人性的要求。这要求之下，曾消散于宇宙之无边的生命意义重又聚拢起来，迷失于命运无常的生命意义重又聪慧起来，受困于人之残缺的生命意义终于看见了路。

我正读刘小枫的一篇文章，谈卡夫卡的《一片秋天枯叶上的湿润经脉》。其中有这样一段：“这种受苦是私人形而上学意义上的，不是现世社会意义上的，所以根本不干正义的事。为这私人的受苦寻求社会或人类的正义，不仅荒唐，而且会制造出更多的恶。”我想，这就是写作永远可以生存的根据。人的苦难，很多或者根本是与生俱来的，并没有现实的敌人。比如残、病，甚至无冤可鸣，这类不幸无法导致恨，无法找到报复或声讨的对象。早年这让我感到荒唐透顶，后来慢慢明白，这正是上帝的启示：无缘无故的受苦，才是人的根本处境。这处境不是依靠革命、科学以及任何方法可以改变的，而是必然逼迫着你向神秘去寻求解释，向墙壁寻求回答，向无穷的过程寻求救助。这并不是说可以不关心社会正义，而是说，人的处境远远大于社会，正如存在主义所说：人是被抛到世界上来的。人的由来，注定了人生是一场“赎罪游戏”。

我经常觉得，我与文学并不相干，我只是写作（有时甚至不能写，只是想）。我不知道写作可以归到怎样的“学”里去，写作就像自语，就像冥思、梦想、祈祷、忏悔……是人的现实之外的一份自由和期盼，是面对根本性苦难的必要练习。写作不是能学来的（不像文学），并无任何学理可循。数学二字顺理成章，文学二字常让我莫名其妙，除非它仅仅指理论。还是昆德拉说得对：任何生活都比你想象得复杂（大意）。理论是要走向简单，写作是走向复杂。

人的处境远远大于社会，正如存在主义所说：人是被抛到世界上来的。人的由来，注定了人生是一场『赎罪游戏』。

大概是我总坐在四壁之间的缘故，唯一的窗口执意把我推向“形而上”。想，或者说思考，占据了我的大部分时间。我不想纠正，因为并没有什么纠正的标准。总去想应该怎样，倒不如干脆去由它怎样。唯望您能忍受。

所以语言重要。语言的重要并不仅在于能够说明什么，更在于可以寻找什么，描画理想，触摸虚幻，步入可能。甚至，世界的无限性即系于语言的无限可能。

写作所以和爱情相近，其主要的关心点都不在空间中发生的事，而在“深夜的戏剧”里，布莱希特的“陌生化”，我想，语言的重要并不仅在于能够说明什么，更在于可以寻找什么，描画理想，触摸虚幻，步入可能。甚至，世界的无限性即系于语言的无限可能。

关键是要解除白昼的魔法（即确定所造成的束缚），给语言或思悟以深夜的自由（即对可能的探问）。要是看一出戏，其实在大街上或商店里也能看到，又何必去剧场？要是一种思绪独辟蹊径，拓开了生命的可能之地，没有舞台它也已经是艺术（艺术精神）。有，或者没有这样的思绪在飘动，会造就两种决然不同的现实。

您说“也许爱的最大敌人就是恐惧了”，我非常同意。我所说的理想，恰恰是源于这“最大的敌人”。恐惧当然不是由性产生，人类之初，一切性活动都是自然而然。只当有了精神寻求，有了善恶之分、价值标准，因而有了物质原因之外的敌视、歧视和隔离，才有了这份恐惧，或使这恐惧日益深刻。人们于是“不敢打开窗户”。倘其不必打开倒也省事，但“不敢打开”恰说明“渴望打开”，这便是理想或梦想的源头。这源头永远不会枯竭，因为亚当夏娃永远地被罚出了伊甸园，要求解除这地面对他者带来的恐惧，所以必然会永远怀着超越隔离的期盼。

有些神话真是寓意高妙。比如西绪福斯滚动石头，石头被推上山顶又重新滚回山下，永无停歇。比如斯芬克斯的谜语，谜底是“人”，谁若猜它不出谁就要被吃掉。比如亚当夏娃吃了知识树上的果实，懂得了羞耻，被罚出了伊甸园，于是人类社会开始。

宗教精神（未必是某一种特定的宗教——有些宗教也已经

被敌视与歧视搞糟了）的根本，正是爱的理想。

事实上我们都需要忏悔，因为在现实社会中，不怀有歧视的人并不多。而这又是个不可解的矛盾：一方面，人类社会不可能、也不应该取销价值标准，另一方面价值标准又是歧视与隔离的原因——这就是人间，是原罪，是上帝为人选定的惩罚之地。我常常感到这样的矛盾：睁开白天的眼睛，看很多人很多事都可憎恶。睁开夜的眼睛，才发现其实人人都是苦弱地挣扎，唯当互爱。当然，白天的眼睛并非多余，我是说，夜的眼睛是多么必要。

人们就像在呆板的实际生活中渴望虚构的艺术那样，在这无奈的现实中梦想一片净土、一种完美的时间。这就是宗教精神吧。在这样的境界中，在沉思默坐向着神圣皈依的时间里，尘世的一切标准才被扫荡，于是看见一切众生都是苦弱，歧视与隔离唯使这苦弱深重。那一刻，人摆脱了尘世附加的一切高低贵贱，重新成为赤裸的亚当夏娃。生命必要有这样一种时间，一块净土，尽管它常会被嘲笑为“不现实”。但“不现实”未必不是一种好品质。比如艺术，我想应该是脱离实际的。模仿实际不会有好艺术，好的艺术都难免是实际之外的追寻。

生命必要有这样一种时间，一块净土，尽管它常会被嘲笑为『不现实』。

当然，在强大的现实面前，这理想（梦想、净土）只能是一出非现实的戏剧，不管人们多么渴望它，为它感动，为它流泪，为它呼唤，人们仍要回到现实中去，并且不可能消灭这惩罚之地的规则。但是，有那样的梦想在，现实就不再那么绝望，不至于一味地实际成经济动物。我想，这就是应该强调爱是一种理想的原因。爱是一种理想或梦想，不仅仅是一种实际，这样，当爱的实际并不美满之时，喜欢实际的中国人才不至于全面地倒向实际，而放弃飘缭于心魂的爱的梦想。

我可能是幸运的。我知道满意的爱情并不很多，需要种种机遇。我只是想，不应该因为现实的不满意，就迁怒于那亘古的梦想，说它本来没有。人若无梦，夜的眼睛就要瞎了。说"没有爱情"，是因为必求其现实，而不大看重它更是信奉。不单爱情如此，一切需要信奉的东西都是这样，美满了还有什么好说？不美满，那才是需要智慧和信念的时候。

如果宗教意义上的爱不可能全面地实现，爱情便有了突出的意义——它毕竟是可以实现的。因而它甚至具有了象征意味。它甚至像是上帝为广博的爱所保留的一点火种。它甚至是在现实、现实和现实的强大包围下的一个圆梦的机会。上帝把一个危险性最小的机会（因为人数最少）给了恋人，期待他们"打开窗户"。上帝大约是在暗示：如果这样你们还不能相互敞开，你们就毫无希望了，如果这样你们还是相互隔离或防范，你们就只配永恒的惩罚。所以爱情本身也具有理想意义。艺术又何尝不是如此？它不因现实的强大而放弃热情，相反却乐此不疲地点燃梦想。

我越来越相信，人生是苦海，是惩罚，是原罪。对惩罚之地的最恰当的态度，是把它看成锤炼之地。既是锤炼之地，便有了一种猜想——灵魂曾经不在这里，灵魂也不止于这里，我们是途经这里！宇宙那宏大浑然的消息被分割进肉体，成为一个个有限或残缺，从而体会爱的必要。

在夜的辽阔无比的声音中，确实蕴含着另外的呼唤，需要闭目谛听（我才明白为什么音乐是最高的艺术，因为听之辽阔远非视界所能比及）。我们途经这里，那就是说我们可以期待一个更美好的世界，比如说极乐世界。但这不应该被强调，一旦这样强调，爱的信念就要变成实利的引诱，锤炼之地就难免沦为贿赂之地。一个更美好的世界，不管是人间还是天堂，都必经由万苦不辞的爱的理想！这才是上帝或佛祖或一切宗教精神的要求。

灵魂曾经不在这里，灵魂也不止于这里，我们是途经这里！

（本文为作者在苏州大学“小说家讲坛”上的讲演）

16

想念地坛

想念地坛，主要是想念它的安静。

坐在那园子里，坐在不管它的哪一个角落，任何地方，喧嚣都在远处。近旁只有荒藤老树，只有栖居了鸟儿的废殿颓檐，长满了野草的残墙断壁，暮鸦吵闹着归来，雨燕盘桓吟唱，风过檐铃，雨落空林，蜂飞蝶舞草动虫鸣……四季的歌咏此起彼伏从不间断。地坛的安静并非无声。

有一天大雾迷漫，世界缩小到只剩了园中的一棵老树。有一天春光浩荡，草地上的野花铺铺展展开得让人心惊。有一天漫天飞雪，园中堆银砌玉，有如一座晶莹的迷宫。有一天大雨滂沱，忽而云开，太阳轰轰烈烈，满天满地都是它的威光。数不尽的那些日子里，那些年月，地坛应该记得，有一个人，摇了轮椅，一次次走来，逃也似的投靠这一处静地。

一进园门，心便安稳。有一条界线似的，迈过它，只要一迈过它便有清纯之气扑来，悠远、浑厚。于是时间也似放慢了速度，就好比电影中的慢镜，人便不那么慌张了，可以放下心来把你的每一个动作都看看清楚，每一丝风飞叶动，每一缕愤懑和妄想，盼念与惶茫，总之把你所有的心绪都看看明白。

因而地坛的安静，也不是与世隔离。

那安静，如今想来，是由于四周和心中的荒旷。一个无措的灵魂，不期而至竟仿佛走回到生命的起点。

记得我在那园中成年累月地走，在那儿呆坐，张望，暗自地祈求或怨叹，在那儿睡了又醒，醒了看几页书……然后在那儿想："好吧好吧，我看你还能怎样！"这念头不觉出声，如空谷回音。

谁？谁还能怎样？我，我自己。

我常看那个轮椅上的人，和轮椅下他的影子，心说我怎么会是他呢？怎么会和他一块坐在了这儿？我仔细看他，看他究竟有什么倒霉的特点，或还将有什么不幸的征兆，想看看他终于怎样去死，赴死之途莫非还有绝路？那日何日？我记得忽然我有了一种放弃的心情，仿佛我已经消失，已经不在，唯一缕轻魂在园中游荡，刹那间清风朗月，如沐慈悲。于是乎我听见了那恒久而辽阔的安静。恒久，辽阔，但非死寂，那中间确有如林语堂所说的，一种“温柔的声音，同时也是强迫的声音”。

我记得于是我铺开一张纸，觉得确乎有些什么东西最好是写下来。那日何日？但我一直记得那份忽临的轻松和快慰，也不考虑词句，也不过问技巧，也不以为能拿它去派什么用场，只是写，只是看有些路单靠腿（轮椅）去走明显是不够。写，真是个办法，是条条绝路之后的一条路。

只是多年以后我才在书上读到了一种说法：写作的零度。

《写作的零度》，其汉译本实在是有些磕磕绊绊，一些段落只好猜读，或难免还有误解。我不是学者，读不了罗兰·巴特的法文原著应当不算是玩忽职守。是这题目先就吸引了我，这五个字，已经契合了我的心意。在我想，写作的零度即生命的起点，写作由之出发的地方即生命之固有的疑难，写作之终于的寻求，即灵魂最初的眺望。譬如那一条蛇的诱惑，以及生命自古而今对意义不息的询问。譬如那两片无花果叶的遮蔽，以及人类以爱情的名义、自古而今的相互寻找。譬如上帝对亚当和夏娃的惩罚，以及万千心魂自古而今所祈盼着的团圆。

“写作的零度”，当然不是说清高到不必理睬纷繁的实际生活，洁癖到把变迁的历史虚无得干净，只在形而上寻求生命的解答。不是的。但生活的谜面变化多端，谜底却似亘古不变，

生活的谜面变化多端，谜底却似亘古不变，缤纷错乱的现实之网终难免编织进四顾迷茫，从而编织到形而上的询问。

缤纷错乱的现实之网终难免编织进四顾迷茫，从而编织到形而上的询问。人太容易在实际中走失，驻足于路上的奇观美景而忘了原本是要去哪儿，倘此时灵机一闪，笑遇荒诞，恍然间记起了比如说罗伯·格里叶的《去年在马里昂巴》，比如说贝克特的《等待戈多》，那便是回归了“零度”，重新过问生命的意义。零度，这个词真用得好，我愿意它不期然地还有着如下两种意思：一是说生命本无意义，零嘛，本来什么都没有；二是说，可平白无故地生命它来了，是何用意？虚位以待，来向你要求意义。一个生命的诞生，便是一次对意义的要求。荒诞感，正就是这样地要求。所以要看重荒诞，要善待它。不信等着瞧，无论何时何地，必都是荒诞领你回到最初的眺望，逼迫你去看那生命固有的疑难。

否则，写作，你寻的是什么根？倘只是炫耀祖宗的光荣，弃心魂一向的困惑于不问，岂不还是阿Q的传统？倘写作变成潇洒，变成了身份或地位的投资，它就不要嘲笑喧嚣，它已经加入喧嚣。尤其，写作要是爱上了比赛、擂台和排名榜，它就更何必谴责什么“霸权”？它自己已经是了。我大致看懂了排名的用意：时不时地抛出一份名单，把大家排比得就像是梁山泊的一百零八将，被排者争风吃醋，排者乘机拿走的是权力。可以玩味的是，这排名之妙，商界倒比文坛还要醒悟得晚些。

这又让我想起我曾经写过的那个可怕的孩子。那个矮小瘦弱的孩子，他凭什么让人害怕？他有一种天赋的诡诈——只要把周围的孩子经常地排一排座次，他凭空地就有了权力。“我第一跟谁好，第二跟谁好……第十跟谁好”和“我不跟谁好”，于是，欢欣者欢欣地追随他，苦闷者苦闷着还是去追随他。我记得，那是我很长一段童年时光中恐惧的来源，是我的一次写作的零度。生命的恐惧或疑难，在原本干干净净的眺望中忽而向我要求着计谋；我记得我的第一个计谋，是阿谀。但恐惧并未因此消散，疑难却因此更加疑难。我还记得我抱着那只用于阿谀的破足球，抱着我破碎的计谋，在夕阳和晚风中回家的情景……那又是一次写作的零度。零度，并不只有一次。每当你立于生命固有的疑难，立于灵魂一向的祈盼，你就回到了零度。一次次回到那儿正如一次次走进地坛，一次次投靠安静，走回到生命的起点，重新看看，你到底是要去哪儿？是否已经偏离亚当和夏娃相互寻找的方向？

想念地坛，就是不断地回望零度。放弃强力，当然还有阿谀。现在可真是反了！——面要面霸，居要豪居，海鲜称帝，狗肉称王，人呢？名人，强人，人物。可你看地坛，它早已放弃昔日荣华，一天天在风雨中放弃，五百年，安静了；安静得草木葳蕤，生气盎然。土地，要你气熏烟蒸地去恭维它吗？万物，是你雕栏玉砌就可以挟持的？疯话。再看那些老柏树，历

生命中应该有具有目的的东西，它们是人的生活最显著的标志，但是并不存在涵盖一切的作为一个整体的生命或存在的目的。

——艾温·辛格

每当你立于生命固有的疑难，立于灵魂一向的祈盼，你就回到了零度。

无数春秋寒暑依旧镇定自若，不为流光掠影所迷。我曾注意过它们的坚强，但在想念里，我看见万物的美德更在于柔弱。“坚强”，你想吧，希特勒也会赞成。世间的语汇，可有什么会是强梁所拒？只有“柔弱”。柔弱是爱者的独信。柔弱不是软弱，软弱通常都装扮得强大，走到台前骂人，退回幕后出汗。柔弱，是信者仰慕神恩的心情，静聆神命的姿态。想想看，倘那老柏树无风自摇岂不可怕？要是野草长得比树还高，八成是发生了核泄漏——听说切尔诺贝利附近有这现象。

我曾写过“设若有一位园神”这样的话，现在想，就是那些老柏树吧；千百年中，它们看风看雨，看日行月走人世更迭，浓荫中唯供奉了所有的记忆，随时提醒着你悠远的梦想。

唯柔弱是爱愿的识别，正如放弃是喧嚣的解剂。

但要是“爱”也喧嚣，“美”也招摇，“真诚”沦为一句时髦的广告，那怎么办？唯柔弱是爱愿的识别，正如放弃是喧嚣的解剂。人一活脱便要嚣张，天生的这么一种动物。这动物适合在地坛放养些时日——我是说当年的地坛。

回望地坛，回望它的安静，想念中坐在不管它的哪一个角落，重新铺开一张纸吧。写，真是个办法，油然地通向着安静。写，这形式，注定是个人的，容易撞见诚实，容易被诚实揪住不放，容易在市场之外遭遇心中的阴暗，在自以为是时回归零度。把一切污浊、畸形、歧路，重新放回到那儿去检查，勿使伪劣的心魂流布。

有人跟我说，曾去地坛找我，或看了那一篇《我与地坛》去那儿寻找安静。可一来呢，我搬家搬得离地坛远了，不常去了。二来我偶尔请朋友开车送我去看它，发现它早已面目全非。我想，那就不必再去地坛寻找安静，莫如在安静中寻找地坛。恰如庄生梦蝶，当年我在地坛里挥霍光阴，曾屡屡地有过怀疑：我在地坛吗？还是地坛在我？现在我看虚空中也有一条界线，靠想念去迈过它，只要一迈过它便有清纯之气扑面而来。我已不在地坛，地坛在我。

（本文最初发表于2002年《文汇报》）

17 消逝的钟声

站在台阶上张望那条小街的时候，我大约两岁多。

我记事早。我记事早的一个标记，是斯大林的死。有一天父亲把一个黑色镜框挂在墙上，奶奶抱着我走近看，说：斯大林死了。镜框中是一个陌生的老头儿，突出的特点是胡子都集中在上唇。在奶奶的涿州口音中，“斯”读三声。我心想，既如此还有什么好说，这个“大林”当然是死的呀？我不断重复奶奶的话，把“斯”读成三声，觉得有趣，觉得别人竟然都没有发现这一点可真是奇怪。多年以后我才知道，那是1953年，那年我两岁。

终于有一天奶奶领我走下台阶，走向小街的东端。我一直猜想那儿就是地的尽头，世界将在那儿陷落、消失——因为太阳从那儿爬上来的时候，它的背后好像什么也没有。谁料，那儿更像是一个喧闹的世界的开端。那儿交叉着另一条小街，那街上有酒馆，有杂货铺，有油坊、粮店和小吃摊；因为有小吃摊，那儿成为我多年之中最向往的去处。那儿还有从城外走来的骆驼队。“什么呀，奶奶？”“啊，骆驼。”“干吗呢，它们？”“驮煤。”“驮到哪儿去呀？”“驮进城里。”驼铃一路丁零当啷丁零当啷地响，骆驼的大脚趟起尘土，昂首挺胸目空一切，七八头骆驼不紧不慢招摇过市，行人和车马都给它让路。我望着骆驼来的方向问：“那儿是哪儿？”奶奶说：“再往北就出城啦。”“出城了是哪儿呀？”“是城外。”“城外什么样儿？”“行了，别问啦！”我很想去看看城外，可奶奶领我朝另一个方向走。我说“不，我想去城外”，我说“奶奶我想去城外看看”，我不走了，蹲在地上不起来。奶奶拉起我往前走，我就哭。“带你去个更好玩儿的地方不好吗？那儿有好些小朋友……”我不听，一路哭。

越走越有些荒疏了，房屋零乱，住户也渐渐稀少。沿一道灰色的砖墙走了好一会儿，进了一个大门。啊，大门里豁然开朗完全是另一番景象：大片大片寂静的树林，碎石小路蜿蜒其间。满地的败叶在风中滚动，踩上去吱吱作响。麻雀和灰喜鹊在林中草地上蹦蹦跳跳，坦然觅食。我止住哭声。我平生第一次看见了教堂，细密如烟的树枝后面，夕阳正染红了它的尖顶。

我跟着奶奶进了一座拱门，穿过长廊，走进一间宽大的房子。那儿有很多孩子，他们坐在高大的桌子后面，只能露出脸。他们在唱歌。一个穿长袍的大胡子老头儿弹响风琴，琴声飘荡，满屋子里的阳光好像也随之飞扬起来。奶奶拉着我退出去，退到门口。唱歌的孩子里面有我的堂兄，他看见了我们但不走过来，唯努力地唱歌。那样的琴声和歌声我从未听过，宁静又欢欣，一排排古旧的桌椅、沉暗的墙壁、高阔的屋顶也似都活泼起来，与窗外的晴空和树林连成一气。那一刻的感受我终生难忘，仿佛有一股温柔又强劲的风吹透了我的身体，一下子钻进我的心中。后来奶奶常对别人说："琴声一响，这孩子就傻了似的不哭也不闹了。"我多么羡慕我的堂兄，羡慕所有那些孩子，羡慕那一刻的光线与声音，有形与无形。我呆呆地站着，徒然地睁大眼睛，其实不能听也不能看了，有个懵懂的东西第一次被惊动了——那也许就是灵魂吧。后来的事都记不大清了，好像那个大胡子的老头儿走过来摸了摸我的头，然后光线就暗下去，屋子里的孩子都没有了，再后来我和奶奶又走在那片树林里了，还有我的堂兄。堂兄把一个纸袋撕开，掏出一个彩蛋和几颗糖果，说是幼儿园给的圣诞礼物。

我呆呆地站着，徒然地睁大眼睛，其实不能听也不能看了，有个懵懂的东西第一次被惊动了——那也许就是灵魂吧。

这时候，晚祷的钟声敲响了——唔，就是这声音，就是它！这就是我曾听到过的那种缥缥缈缈响在天空里的声音啊！

"它在哪儿呀，奶奶？"

"什么，你说什么？"

"这声音啊，奶奶，这声音我听见过。"

"钟声吗？啊，就在那钟楼的尖顶下面。"

这时我才知道，我一来到世上就听到的那种声音就是这教堂的钟声，就是从那尖顶下发出的。暮色浓重了，钟楼的尖顶上已经没有了阳光。风过树林，带走了麻雀和灰喜鹊的欢叫。钟声沉稳、悠扬、飘飘荡荡，连接起晚霞与初月，扩展到天的深处或地的尽头……

不知奶奶那天为什么要带我到那儿去，以及后来为什么再也没去过。

不知何时，天空中的钟声已经停止，并且在这块土地上长久地消逝了。

多年以后我才知道，那教堂和幼儿园在我们去过之后不久便都拆除。我想，奶奶当年带我到那儿去，必是想在那幼儿园也给我报个名，但未如愿。

人的故乡，并不止于一块特定的土地，而是一种辽阔无比的心情，不受空间和时间的限制；这心情一经唤起，就是你已经回到了故乡。

再次听见那样的钟声是在四十年以后了。那年，我和妻子坐了八九个小时飞机，到了地球另一面，到了一座美丽的城市，一走进那座城市我就听见了它。在清洁的空气里，在透澈的阳光中和涌动的海浪上面，在安静的小街，在那座城市的所有地方，随时都听见它在自由地飘荡。我和妻子在那钟声中慢慢地走，认真地听它，我好像一下子回到了童年，整个世界都好像回到了童年。对于故乡，我忽然有了新的理解：人的故乡，并不止于一块特定的土地，而是一种辽阔无比的心情，不受空间和时间的限制；这心情一经唤起，就是你已经回到了故乡。

（本文曾收入随笔集《记忆与印象》）

18

我与地坛

（一）

我在好几篇小说中都提到过一座废弃的古园，实际就是地坛。许多年前旅游业还没有开展，园子荒芜冷落得如同一片野地，很少被人记起。

地坛离我家很近。或者说我家离地坛很近。总之，只好认为这是缘分。地坛在我出生前四百多年就坐落在那儿了；而自从我的祖母年轻时带着我父亲来到北京，就一直住在离它不远的地方——五十多年间搬过几次家，可搬来搬去总是在它周围，而且是越搬离它越近了。我常觉得这中间有着宿命的味道：仿佛这古园就是为了等我，而历尽沧桑在那儿等待了四百多年。

仿佛这古园就是为了等我，而历尽沧桑在那儿等待了四百多年。

它等待我出生，然后又等待我活到最狂妄的年龄上忽地残废了双腿。四百多年里，它一面剥蚀了古殿檐头浮夸的琉璃，淡褪了门壁上炫耀的朱红，坍圮了一段段高墙又散落了玉砌雕栏，祭坛四周的老柏树愈见苍幽，到处的野草荒藤也都茂盛得自在坦荡。这时候想必我是该来了。十五年前的一个下午，我摇着轮椅进入园中，它为一个失魂落魄的人把一切都准备好了。那时，太阳循着亘古不变的路途正越来越大，也越红。在满园弥漫的沉静光芒中，一个人更容易看到时间，并看见自己的身影。

自从那个下午我无意中进了这园子，就再没长久地离开过它。我一下子就理解了它的意图，正如我在一篇小说中所说的："在人口密聚的城市里，有这样一个宁静的去处，像是上帝的苦心安排。"

两条腿残废后的最初几年，我找不到工作，找不到去路，忽然间几乎什么都找不到了，我就摇了轮椅总是到它那儿去，仅为着那儿是可以逃避一个世界的另一个世界。我在那篇小说中写道："没处可去我便一天到晚耗在这园子里。跟上班下班一样，别人去上班我就摇了轮椅到这儿来"，"园子无人看管，上下班时间有些抄近路的人们从园中穿过，园子里活跃一阵，过后便沉寂下来。""园墙在金晃晃的空气中斜切下一溜阴凉，我把轮椅开进去，把椅背放倒，坐着或是躺着，看书或者想事，撅一杈树枝左右拍打，驱赶那些和我一样不明白为什么要来这世上的小昆虫。""蜂儿如一朵小雾稳稳地停在半空；蚂蚁摇头晃脑捋着触须，猛然间想透了什么，转身疾行而去；瓢虫爬得不耐烦了，累了，祈祷一回便支开翅膀，忽悠一下升空了；树干上留着一只蝉蜕，寂寞如一间空屋，露水在草叶上滚动，聚集，压弯了草叶轰然坠地摔开万道金光。”“满园子都是草木竞相生长弄出的响动，片刻不息。”这都是真实的记录，园子荒芜但并不衰败。

除去几座殿堂我无法进去，除去那座祭坛我不能上去而只能从各个角度张望它，地坛的每一棵树下我都去过，差不多它的每一米草地上都有过我的车轮印。无论是什么季节，什么天气，什么时间，我都在这园子里待过。有时候待一会儿就回家，有时候就待到满地上都亮起月光。记不清都是在它的哪些角落里了，我一连几小时专心致志地想关于死的事，也以同样的耐心和方式想过我为什么要出生。这样想了好几年，最后事情终于弄明白了：一个人，出生了，这就不再是一个可以辩论的问题，而只是上帝交给他的一个事实；上帝在交给我们这件事实的时候，已经顺便保证了它的结果，所以死是一件不必急于求成的事，死是一个必然会降临的节日。这样想过之后我安心多了，眼前的一切不再那么可怕。比如你起早熬夜准备考试的时候，忽然想起有一个长长的假期在前面等待你，你会不会觉得轻松一点？并且庆幸并且感激这样的安排？

剩下的就是怎样活的问题了。这却不是在某一个瞬间就能完全想透的，不是能够一次性解决的事，怕是活多久就要想它……死是一件不必急于求成的事，死是一个必然会降临的节日。

多久了，就像是伴你终生的魔鬼或恋人。所以，十五年了，我还是总得到那古园里去，去它的老树下或荒草边或颓墙旁，去默坐，去呆想，去推开耳边的嘈杂理一理纷乱的思绪，去窥看自己的心魂。十五年中，这古园的形体被不能理解它的人肆意雕琢，幸好有些东西是任谁也不能改变它的。譬如祭坛石门中的落日，寂静的光辉平铺的一刻，地上的每一个坎坷都被映照得灿烂；譬如在园中最为落寞的时间，一群雨燕便出来高歌，把天地都叫喊得苍凉；譬如冬天雪地上孩子的脚印，总让人猜想他们是谁，曾在那儿做过些什么，然后又都到哪儿去了；譬如那些苍黑的古柏，你忧郁的时候它们镇静地站在那儿，你欣喜的时候它们依然镇静地站在那儿，它们没日没夜地站在那儿，从你没有出生一直站到这个世界上又没了你的时候；譬如暴雨骤临园中，激起一阵阵灼烈而清纯的草木和泥土的气味，让人想起无数个夏天的事件；譬如秋风忽至，再有一场早霜，落叶或飘摇歌舞或坦然安卧，满园中播散着熨帖而微苦的味道。味道是最说不清楚的，味道不能写只能闻，要你身临其境去闻才能明了。味道甚至是难于记忆的，只有你又闻到它你才能记起它的全部情感和意蕴。所以我常常要到那园子里去。

（二）

现在我才想到，当年我总是独自跑到地坛去，曾经给母亲出了一个怎样的难题。

她不是那种光会疼爱儿子而不懂得理解儿子的母亲。她知道我心里的苦闷，知道不该阻止我出去走走，知道我要是老待在家里结果会更糟，但她又担心我一个人在那荒僻的园子里整天都想些什么。我那时脾气坏到极点，经常是发了疯一样地离开家，从那园子里回来又中了魔似的什么话都不说。母亲知道有些事不宜问，便犹犹豫豫地想问而终于不敢问，因为她自己心里也没有答案。她料想我不会愿意她跟我一同去，所以她从未这样要求过，她知道得给我一点独处的时间，得有这样一段过程。她只是不知道这过程得要多久，和这过程的尽头究竟是什么。每次我要动身时，她便无言地帮我准备，帮助我上了轮椅车，看着我摇车拐出小院，这以后她会怎样，当年我不曾想过。

有一回我摇车出了小院，想起一件什么事又返身回来，看见母亲仍站在原地，还是送我走时的姿势，望着我拐出小院去的那处墙角，对我的回来竟一时没有反应。待她再次送我出门的时候，她说："出去活动活动，去地坛看看书，我说这挺好。"许多年以后我才渐渐听出，母亲这话实际是自我安慰，是暗自的祷告，是给我的提示，是恳求与嘱咐。只是在她猝然去世之后，我才有余暇设想，当我不在家里的那些漫长的时间，她是怎样心神不定坐卧难宁，兼着痛苦与惊恐与一个母亲最低限度的祈求。现在我可以断定，以她的聪慧和坚忍，在那些空落的白天后的黑夜，在那不眠的黑夜后的白天，她思来想去最后准是对自己说："反正我不能不让他出去，未来的日子是他自己的，如果他真的要在那园子里出什么事，这苦难也只好我来承担。"在那段日子里——那是好几年长的一段日子啊，我想我一定使母亲做过了最坏的准备了，但她从来没有对我说过"你为我想想"。事实上我也真的没为她想过。那时她的儿子还太年轻，还来不及为母亲想，他被命运击昏了头，一心以为自己是世上最不幸的一个，不知道儿子的不幸在母亲那儿总是要加倍的。她有一个长到二十岁上忽然截瘫了的儿子，这是她唯一的儿子；她情愿截瘫的是自己而不是儿子，可这事无法代替。她想，只要儿子能活下去，哪怕自己去死呢也行，可她又确信一个人不能仅仅是活着，儿子得有一条路走向自己的幸福，而这条路呢，没有谁能保证她的儿子终于能找到。——这样一个母亲，注定是活得最苦的母亲。

有一次与一个作家朋友聊天，我问他学写作的最初动机是什么？他想了一会儿说："为我母亲。为了让她骄傲。"我心里一惊，良久无言。回想自己最初写小说的动机，虽不似这位朋友的那般单纯，但如他一样的愿望我也有，且一经细想，发现这愿望也在全部动机中占了很大比重。这位朋友说："我的动机太低俗了吧？"我光是摇头，心想低俗并不见得低俗，只怕是这愿望过于天真了。他又说："我那时真就是想出名，出了名让别人羡慕我母亲。"我想，他比我坦率。我想，他又比我幸福，因为他的母亲还活着。而且我想，他的母亲也比我的母亲运气好，他的母亲没有一个双腿残废的儿子，否则事情就不这么简单。

在我的头一篇小说发表的时候，在我的小说第一次获奖的那些日子里，我真是多么希望我的母亲还活着。我便又不能在家里待了，又整天整天独自跑到地坛去，心里是没头没尾的沉郁和哀怨，走遍整个园子却怎么也想不通：母亲为什么就不能再多活两年？为什么在她的儿子就快要碰撞开一条路的时候，她却忽然熬不住了？莫非她来此世上只是为了替儿子担忧，却不该分享我的一点点快乐？她匆匆离我去时才只有四十九岁呀！有那么一会儿，我甚至对世界对上帝充满了仇恨和厌恶。后来我在一篇题为《合欢树》的文章中写道："我坐在小公园安静的树林里，闭上眼睛，想，上帝为什么早早地召母亲回去呢？很久很久，迷迷糊糊的我听见了回答：'她心里太苦了，上帝看她受不住了，就召她回去。'我似乎得了一点安慰，睁开眼睛，看见风正从树林里穿过。"小公园，指的也是地坛。

只是到了这时候，纷纭的往事才在我眼前幻现得清晰，母亲的苦难与伟大才在我心中渗透得深彻。上帝的考虑，也许是对的。

摇着轮椅在园中慢慢走，又是雾罩的清晨，又是骄阳高悬的白昼，我只想着一件事：母亲已经不在了。在老柏树旁停下，在草地上在颓墙边停下，又是处处虫鸣的午后，又是鸟儿归巢的傍晚，我心里只默念着一句话：可是母亲已经不在了。把椅目的虽有，却无路可循；我们称之为路的无非是踌躇。
——卡夫卡

背放倒，躺下，似睡非睡挨到日没，坐起来，心神恍惚，呆呆地直坐到古祭坛上落满黑暗然后再渐渐浮起月光，心里才有点明白：母亲不能再来这园中找我了。

曾有过好多回，我在这园子里待得太久了，母亲就来找我。她来找我又不想让我发觉，只要见我还好好地在这园子里，她就悄悄转身回去；我看见过几次她的背影。我也看见过几回她四处张望的情景，她视力不好，端着眼镜像在寻找海上的一条船；她没看见我时我已经看见她了，待我看见她也看见我了，我就不去看她，过一会儿我再抬头看她，就又看见她缓缓离去的背影。我单是无法知道有多少回她没有找到我。有一回我坐在矮树丛中，树丛很密，我看见她没有找到我，她一个人在园子里走，走过我的身旁，走过我经常待的一些地方，步履茫然又急迫。我不知道她已经找了多久，还要找多久，我不知道为什么我决意不喊她——但这绝不是小时候的捉迷藏，这也许是出于长大了的男孩子的倔强或羞涩？但这倔只留给我痛悔，丝毫也没有骄傲。我真想告诫所有长大了的男孩子，千万不要跟母亲来这套倔强，羞涩就更不必，我已经懂了可我已经来不及了。

年年月月我都到这园子里来，年年月月我都要想，母亲盼望我找到的那条路到底是什么。

儿子想使母亲骄傲，这心情毕竟是太真实了，以致使“想出名”这一声名狼藉的念头也多少改变了一点形象。这是个复杂的问题，且不去管它了罢。随着小说获奖的激动逐日暗淡，我开始相信，至少有一点我是想错了：我用纸笔在报刊上碰撞开的一条路，并不就是母亲盼望我找到的那条路。年年月月我都到这园子里来，年年月月我都要想，母亲盼望我找到的那条路到底是什么。母亲生前没给我留下过什么隽永的哲言，或要我恪守的教诲，只是在她去世之后，她艰难的命运，坚忍的意志和毫不张扬的爱，随光阴流转，在我的印象中愈加鲜明深刻。

有一年，十月的风又翻动起安详的落叶，我在园中读书，听见两个散步的老人说："没想到这园子有这么大。"我放下书，想，这么大一座园子，要在其中找到她的儿子，母亲走过了多少焦灼的路。多年来我头一次意识到，这园中不单是处处都有过我的车辙，有过我的车辙的地方也都有过母亲的脚印。

境遇悲惨时，唯一的安慰是对另一种生活的期望。在此之下，一切都无法理解。

——马丁·路德

（三）

如果以一天中的时间来对应四季，当然春天是早晨，夏天是中午，秋天是黄昏，冬天是夜晚。如果以乐器来对应四季，我想春天应该是小号，夏天是定音鼓，秋天是大提琴，冬天是圆号和长笛。要是以这园子里的声响来对应四季呢？那么，春天是祭坛上空漂浮着的鸽子的哨音，夏天是冗长的蝉歌和杨树叶子哗啦啦地对蝉歌的取笑，秋天是古殿檐头的风铃响，冬天是啄木鸟随意而空旷的啄木声。以园中的景物对应四季，春天是一径时而苍白时而黑润的小路，时而明朗时而阴晦的天上摇荡着串串杨花；夏天是一条条耀眼而灼人的石凳，或阴凉而爬满了青苔的石阶，阶下有果皮，阶上有半张被坐皱的报纸；秋天是一座青铜的大钟，在园子的西北角上曾丢弃着一座很大的铜钟，铜钟与这园子一般年纪，浑身挂满绿锈，文字已不清晰；冬天，是林中空地上几只羽毛蓬松的老麻雀。以心绪对应四季呢？春天是卧病的季节，否则人们不易发觉春天的残忍与渴望；夏天，情人们应该在这个季节里失恋，不然就似乎对不起爱情；秋天是从外面买一棵盆花回家的时候，把花搁在阔别了的家中，并且打开窗户把阳光也放进屋里，慢慢回忆慢慢整理一些发过霉的东西；冬天伴着火炉和书，一遍遍坚定不死的决心，写一些并不发出的信。还可以用艺术形式对应四季，这样春天就是一幅画，夏天是一部长篇小说，秋天是一首短歌或诗，冬天是一群雕塑。以梦呢？以梦对应四季呢？春天是树尖上的呼喊，夏天是呼喊中的细雨，秋天是细雨中的土地，冬天是干净的土地上一只孤零的烟斗。

因为这园子，我常感恩于自己的命运。

我甚至现在就能清楚地看见，一旦有一天我不得不长久地离开它，我会怎样想念它，我会怎样想念它并且梦见它，我会怎样因为不敢想念它而梦也梦不到它。

（四）

现在让我想想，十五年中坚持到这园子来的人都有谁呢？好像只剩了我和一对老人。

十五年前，这对老人还只能算是中年夫妇，我则货真价实还是个青年。他们总在薄暮时分来园中散步，我不大弄得清他们是从哪边的园门进来，一般来说他们是逆时针绕这园子走。男人个子很高，肩宽腿长，走起路来目不斜视，胯以上直至脖颈挺直不动；他的妻子攀了他一条胳膊走，也不能使他的上身稍有松懈。女人个子却矮，也不算漂亮，我无端地相信她必出身于家道中衰的名门富族；她攀在丈夫胳膊上像个娇弱的孩子，她向四周观望似总含着恐惧，她轻声与丈夫谈话，见有人走近就立刻怯怯地收住话头。我有时因为他们而想起冉阿让与柯赛特，但这想法并不巩固，他们一望即知是老夫老妻。两个人的穿着都算得上考究，但由于时代的演进，他们的服饰又可以称为古朴了。他们和我一样，到这园子里来几乎是风雨无阻，不过他们比我守时。我什么时间都可能来，他们则一定是在暮色初临的时候。刮风时他们穿了米色风衣，下雨时他们打了黑色的雨伞，夏天他们的衬衫是白色的裤子是黑色的或米色的，冬天他们的呢子大衣又都是黑色的，想必他们只喜欢这三种颜色。他们逆时针绕这园子一周，然后离去。他们走过我身旁时只有男人的脚步响，女人像是贴在高大的丈夫身上跟着漂移。我相信他们一定对我有印象，但是我们没有说过话，我们互相都没有想要接近的表示。十五年中，他们或许注意到一个小伙子进入了中年，我则看着一对令人羡慕的中年情侣不觉中成了两个老人。

曾有过一个热爱唱歌的小伙子，他也是每天都到这园中来，来唱歌，唱了好多年，后来不见了。他的年纪与我相仿，他多日子久了，我感到我们都有结识的愿望，但似乎都不知如何开口，于是互相注视一下终又都移开目光擦身而过，这样的次数一多，便更不知如何开口了。

半是早晨来，唱半小时或整整唱一个上午，估计在另外的时间里他还得上班。我们经常在祭坛东侧的小路上相遇，我知道他是到东南角的高墙下去唱歌，他一定猜想我去东北角的树林里做什么。我找到我的地方，抽几口烟，便听见他谨慎地整理歌喉了。他反反复复唱那么几首歌。“文化革命”没过去的时候，他唱“蓝蓝的天上白云飘，白云下面马儿跑……”我老也记不住这歌的名字。“文革”后，他唱《货郎与小姐》中那首最为流传的咏叹调。“卖布——卖布嘞，卖布——卖布嘞！”我记得这开头的一句他唱得很有声势，在早晨清澈的空气中，货郎跑遍园中的每一个角落去恭维小姐。“我交了好运气，我交了好运气，我为幸福唱歌曲……”然后他就一遍一遍地唱，不让货郎的激情稍减。依我听来，他的技术不算精到，在关键的地方常出差错，但他的嗓子是相当不坏的，而且唱一个上午也听不出一点疲惫。太阳也不疲惫，把大树的影子缩小成一团，把疏忽大意的蚯蚓晒干在小路上。将近中午，我们又在祭坛东侧相遇，他看一看我，我看一看他，他往北去，我往南去。日子久了，我感到我们都有结识的愿望，但似乎都不知如何开口，于是互相注视一下终又都移开目光擦身而过，这样的次数一多，便更不知如何开口了。终于有一天——一个丝毫没有特点的日子，我们互相点了一下头。他说：“你好。”我说：“你好。”他说：“回去啦？”我说：“是，你呢？”他说：“我也该回去了。”我们都放慢脚步（其实我是放慢车速），想再多说几句，但仍然是不知从何说起，这样我们就都走过了对方，又都扭转身子面向对方。他说：“那就再见吧。”我说：“好，再见。”便互相笑笑各走各的路了。但是我们没有再见，那以后，园中再没了他的歌声，我才想到，那天他或许是有意与我道别的，也许他考上哪家专业的文工团或歌舞团了吧？真希望他如他歌里所唱的那样，交了好运气。

还有一些人，我还能想起一些常到这园子里来的人。有一个老头，算得一个真正的饮者；他在腰间挂一个扁瓷瓶，瓶里当然装满了酒，常来这园中消磨午后的时光。他在园中四处游逛，如果你不注意你会以为园中有好几个这样的老头，等你看过了他卓尔不群的饮酒情状，你就会相信这是个独一无二的老头。他的衣着过分随便，走路的姿态也不慎重，走上五六十米路便选定一处地方，一只脚踏在石凳上或土埂上或树墩上，解下腰间的酒瓶，解酒瓶的当儿眯起眼睛把一百八十度视角内的景物细细看一遭，然后以迅雷不及掩耳之势倒一大口酒入肚，把酒瓶摇一摇再挂向腰间，平心静气地想一会儿什么，便走下一个五六十米去。还有一个捕鸟的汉子，那岁月园中人少，鸟却多，他在西北角的树丛中拉一张网，鸟撞在上面，羽毛戗在网眼里便不能自拔。他单等一种过去很多而现在非常罕见的鸟，其他的鸟撞在网上他就把它们摘下来放掉，他说已经有好多年没等到那种罕见的鸟了，他说他再等一年看看到底还有没有那种鸟，结果他又等了好多年。早晨和傍晚，在这园子里可以看见一个中年女工程师，早晨她从北向南穿过这园子去上班，傍晚她从南向北穿过这园子回家。事实上我并不了解她的职业或者学历，但我以为她必是个学理工的知识分子，别样的人很难有她那般的素朴并优雅。当她在园中穿行的时刻，四周的树林也仿佛更加幽静，清淡的日光中竟似有悠远的琴声，比如说是那曲《献给艾丽丝》才好。我没有见过她的丈夫，没有见过那个幸运的男人是什么样子，我想象过却想象不出，后来忽然懂了，想象不出才好，那个男人最好不要出现。她走出北门回家去，我竟有点担心，担心她会落入厨房，不过，也许她在厨房里劳作的情景更有另外的美吧，当然不能再是《献给艾丽丝》，是个什么曲子呢？还有一个人，是我的朋友，他是个最有天赋的长跑家，但他被埋没了。他因为在“文革”中出言不慎而坐了几年牢，出来后好不容易找了个拉板车的工作，样样待遇都不能与别人平等，苦闷极了便练习长跑。那时他总来这园子里跑，我用手表为他计时，他每跑一圈向我招一下手，我就记下一个时间。每次他要环绕这园子跑二十圈，大约两万米。他盼望以他的长跑成绩来获得政治上真正的解放，他以为记者的镜头和文字可以帮他做到这一点。第一年他在春节环城赛上跑了第十五名，他看见前十名的照片都挂在了长安街的新闻橱窗里，于是有了信心。第二年他跑了第四名，可是新闻橱窗里只挂了前三名的照片，他没灰心。第三年他跑了第七名，橱窗里挂前六名的照片，他有点怨自己。第四年他跑了第三名，橱窗里却只挂了第一名的照片。第五年他跑了第一名——他几乎绝望

他盼望以他的长跑成绩来获得政治上真正的解放，他以为记者的镜头和文字可以帮他做到这一点。

了，橱窗里只有一幅环城赛群众场面的照片。那些年我们俩常一起在这园子里待到天黑，开怀痛骂，骂完沉默着回家，分手时再互相叮嘱：先别去死，再试着活一活看。现在他已经不跑了，年岁太大了，跑不了那么快了。最后一次参加环城赛，他以三十八岁之龄又得了第一名并且破了纪录，有一位专业队的教练对他说："我要是十年前发现你就好了。"他苦笑一下什么也没说，只在傍晚又来这园中找到我，把这事平静地向我叙说一遍。不见他已有好几年了，现在他和妻子和儿子住在很远的地方。

这些人现在都不到园子里来了，园子里差不多完全换了一批新人。十五年前的旧人，现在就剩我和那对老夫老妻了。有那么一段时间，这老夫老妻中的一个也忽然不来，薄暮时分唯男人独自来散步，步态也明显迟缓了许多，我悬心了很久，怕是那女人出了什么事。幸好过了一个冬天那女人又来了，两个人仍是逆时针绕着园子走，一长一短两个身影恰似钟表的两支指针；女人的头发白了很多，但依旧攀着丈夫的胳膊走得像个孩子。"攀"这个字用得不恰当了，或许可以用"挎"吧，不知有没有兼具这两个意思的字。

（五）

我也没有忘记一个孩子——一个漂亮而不幸的小姑娘。十五年前的那个下午，我第一次到这园子里来就看见了她，那时她大约三岁，蹲在斋宫西边的小路上捡树上掉落的“小灯笼”。那儿有几棵大栾树，春天开一簇簇细小而稠密的黄花，花落了便结出无数如同三片叶子合抱的小灯笼，小灯笼先是绿色，继而转白，再变黄，成熟了掉落得满地都是。小灯笼精巧得令人爱惜，成年人也不免捡了一个还要捡一个。小姑娘咿咿呀呀地跟自己说着话，一边捡小灯笼。她的嗓音很好，不是她那个年龄所常有的那般尖细，而是很圆润甚或是厚重，也许是因为那个下午园子里太安静了。我奇怪这么小的孩子怎么一个人跑来这园子里？我问她住在哪儿？她随手指一下，就喊她的哥哥，沿墙根一带的茂草之中便站起一个七八岁的男孩，朝我望望，看我不像坏人，便对他的妹妹说“我在这儿呢”，又伏下身去；他在捉什么虫子。他捉到螳螂、蚂蚱、知了和蜻蜓，来取悦他的妹妹。有那么两三年，我经常在那几棵大栾树下见到他们，兄妹俩总是在一起玩，玩得和睦融洽，都渐渐长大了些。之后有很多年没见到他们。我想他们都在学校里吧，小姑娘也到了上学的年龄，必是告别了孩提时光，没有很多机会来这儿玩了。这事很正常，没理由太搁在心上，若不是有一年我又在园中见到他们，肯定就会慢慢把他们忘记。

那是个晴朗而令人心碎的上午，时隔多年，我竟发现那个漂亮的小姑娘原来是个弱智的孩子。

那是个礼拜日的上午。那是个晴朗而令人心碎的上午，时隔多年，我竟发现那个漂亮的小姑娘原来是个弱智的孩子。我摇着车到那几棵大栾树下去，恰又是遍地落满了小灯笼的季节。当时我正为一篇小说的结尾所苦，既不知为什么要给它那样一个结尾，又不知何以忽然不想让它有那样一个结尾，于是从家里跑出来，想依靠着园中的镇静，看看是否应该把那篇小说放弃。我刚刚把车停下，就见前面不远处有几个人在戏耍一个少女，做出怪样子来吓她，又喊又笑地追逐她拦截她，少女在几棵大树间惊惶地东跑西躲，却不松手放开揪卷在怀里的裙裾，两条腿袒露着也似毫无察觉。我看出少女的智力是有些缺陷，却还没看出她是谁。我正要驱车上前为少女解围，就见远处飞快地骑车来了个小伙子，于是那几个戏耍少女的家伙望风而逃。小伙子把自行车支在少女近旁，怒目望着那几个四散逃窜的家伙，一声不吭喘着粗气，脸色如暴雨前的天空一样一会儿比一会儿苍白。这时我认出了他们，小伙子和少女就是当年那对小兄妹。我几乎是在心里惊叫了一声，或者是哀号。世上的事常常使上帝的居心变得可疑。小伙子向他的妹妹走去。少女松开了手，裙裾随之垂落下来，很多很多她捡的小灯笼便洒落一地，铺散在她脚下。她仍然算得漂亮，但双眸迟滞没有光彩。她呆呆地望着那群跑散的家伙，望着极目之处的空寂，凭她的智力绝不可能把这个世界想明白吧？大树下，破碎的阳光星星点点，风把遍地的小灯笼吹得滚动，仿佛暗哑地响着的无数小铃铛。哥哥把妹妹扶上自行车后座，带着她无言地回家去了。

无言是对的。要是上帝把漂亮和弱智这两样东西都给了这个小姑娘，就只有无言和回家去是对的。

谁又能把这世界想个明白呢？世上的很多事是不堪说的。

无言是对的。要是上帝把漂亮和弱智这两样东西都给了这个小姑娘，就只有无言和回家去是对的。

你可以抱怨上帝何以要降诸多苦难给这人间，你也可以为消灭种种苦难而奋斗，并为此享有崇高与骄傲，但只要你再多想一步你就会坠入深深的迷茫了：假如世界上没有了苦难，世界还能够存在么？要是没有愚钝，机智还有什么光荣呢？要是没了丑陋，漂亮又怎么维系自己的幸运？要是没有了恶劣和卑下，善良与高尚又将如何界定自己如何成为美德呢？要是没有了残疾，健全会否因其司空见惯而变得腻烦和乏味呢？我常梦想着在人间彻底消灭残疾，但可以相信，那时将由患病者代替残疾人去承担同样的苦难。如果能够把疾病也全数消灭，那么这份苦难又将由（比如说）相貌丑陋的人去承担了。就算我们连丑陋，连愚昧和卑鄙和一切我们所不喜欢的事物和行为，也都可以统统消灭掉，所有的人都一样健康、漂亮、聪慧、高尚，结果会怎样呢？怕是人间的剧目就全要收场了，一个失去差别的世界将是一条死水，是一块没有感觉也没有肥力的沙漠。

看来差别永远是要有的。看来就只好接受苦难——人类的全部剧目需要它，存在的本身需要它。看来上帝又一次对了。

于是就有一个最令人绝望的结论等在这里：由谁去充任那些苦难的角色？又由谁去体现这世间的幸福、骄傲和欢乐？只好听凭偶然，是没有道理好讲的。

就命运而言，休论公道。

那么，一切不幸命运的救赎之路在哪里呢？

设若智慧或悟性可以引领我们去找到救赎之路，难道所有的人都能够获得这样的智慧和悟性吗？

我常以为是丑女造就了美人。我常以为是愚氓举出了智者。我常以为是懦夫衬照了英雄。我常以为是众生度化了佛祖。

（六）

设若有一位园神，他一定早已注意到了，这么多年我在这园里坐着，有时候是轻松快乐的，有时候是沉郁苦闷的，有时候悠哉游哉，有时候恓惶落寞，有时候平静而且自信，有时候又软弱，又迷茫。其实总共只有三个问题交替着来骚扰我，来陪伴我。第一个是要不要去死？第二个是为什么活？第三个，我干嘛要写作？

现在让我看看，它们迄今都是怎样编织在一起的吧。

你说，你看穿了死是一件无需乎着急去做的事，是一件无论怎样耽搁也不会错过的事，便决定活下去试试？是的，至少这是很关键的因素。为什么要活下去试试呢？好像仅仅是因为不甘心，机会难得，不试白不试，腿反正是完了，一切仿佛都要完了，但死神很守信用，试一试不会额外再有什么损失。说不定倒有额外的好处呢是不是？我说过，这一来我轻松多了，自由多了。为什么要写作呢？“作家”是两个被人看重的字，这谁都知道。为了让那个躲在园子深处坐轮椅的人，有朝一日在别人眼里也稍微有点光彩，在众人眼里也能有个位置，哪怕那时再去死呢，也就多少说得过去了。开始的时候就是这样想，

一切不幸命运的救赎之路在哪里呢？

『作家』是两个被人看重的字，这谁都知道。

这不用保密。这些现在不用保密了。

我带着本子和笔，到园中找一个最不为人打扰的角落，偷偷地写。那个爱唱歌的小伙子在不远的地方一直唱。要是有人走过来，我就把本子合上把笔叼在嘴里。我怕写不成反落得尴尬。我很要面子。可是你写成了，而且发表了。人家说我写得还不坏，他们甚至说：真没想到你写得这么好。我心说你们没想到的事还多着呢。我确实有整整一宿高兴得没合眼。我很想让那个唱歌的小伙子知道，因为他的歌也毕竟是唱得不错。我告诉我的长跑家朋友的时候，那个中年女工程师正优雅地在园中穿行。长跑家很激动，他说好吧，我玩命跑，你玩命写。这一来你中了魔了，整天都在想哪一件事可以写，哪一个人可以让你写成小说。是中了魔了，我走到哪儿想到哪儿，在人山人海里只寻找小说，要是有一种小说试剂就好了，见人就滴两滴看他是不是一篇小说，要是有一种小说显影液就好了，把它泼满全世界看看都是哪儿有小说，中了魔了，那时我完全是为了写作活着。结果你又发表了几篇，并且出了一点小名，可这时你越来越感到恐慌。我忽然觉得自己活得像个人质，刚刚有点像个人了却又过了头，像个人质，被一个什么阴谋抓了来当人质，不定哪天就被处决，不定哪天就完蛋。你担心要不了多久你就会文思枯竭，那样你就又完了。凭什么我总能写出小说来呢？凭什么那些适合作小说的生活素材就总能送到一个截瘫者跟前来呢？人家满世界跑都有枯竭的危险，而我坐在这园子里

书中的孤独是全世界的孤独，书中自有这种内容。我始终相信孤独无所不在。它占据了一切，和大家一样，没有孤独便无所事事，便不再注意什么东西。

——玛格丽特·杜拉斯

凭什么可以一篇接一篇地写呢？你又想到死了。我想见好就收吧。当一名人质实在是太累了太紧张了，太朝不保夕了。我为写作而活下来，要是写作到底不是我应该干的事，我想我再活下去是不是太冒傻气了？你这么想着你却还在绞尽脑汁地想写。我好歹又拧出点水来，从一条快要晒干的毛巾上。恐慌日甚一日，随时可能完蛋的感觉比完蛋本身可怕多了，所谓不怕贼偷就怕贼惦记，我想人不如死了好，不如不出生的好，不如压根儿没有这个世界的好。可你并没有去死。我又想到那是一件不必着急的事。可是不必着急的事并不证明是一件必要拖延的事呀？你总是决定活下来，这说明什么？是的，我还是想活。人为什么活着？因为人想活着，说到底是这么回事，人真正的名字叫做：欲望。可我不怕死，有时候我真的不怕死。有时候，——说对了。不怕死和想去死是两回事，有时候不怕死的人是有的，一生下来就不怕死的人是没有的。我有时候倒是怕活。可是怕活不等于不想活呀？可我为什么还想活呢？因为你还想得到点什么，你觉得你还是可以得到点什么的，比如说爱情，比如说价值感之类，人真正的名字叫欲望。这不对吗？我不该得到点什么吗？没说不该。可我为什么活得恐慌，就像个人质？后来你明白了，你明白你错了，活着不是为了写作，而写作是为了活着。你明白了这一点是在一个挺滑稽的时刻。那天你又说你不如死了好，你的一个朋友劝你：你不能死，你还得写呢，还有好多好作品等着你去写呢。这时候你忽然明白了，你说：只

活着不是为了写作，而写作是为了活着。你明白了这一点是在一个挺滑稽的时刻。

是因为我活着，我才不得不写作。或者说只是因为你还想活下去，你才不得不写作。是的，这样说过之后我竟然不那么恐慌了。就像你看穿了死之后所得的那份轻松？一个人质报复一场阴谋的最有效的办法是把自己杀死。我看出我得先把我杀死在市场上，那样我就不用参加抢购题材的风潮了。你还写吗？还写。你真的不得不写吗？人都忍不住要为生存找一些牢靠的理由。你不担心你会枯竭了？我不知道，不过我想，活着的问题在死之前是完不了的。

这下好了，您不再恐慌了不再是个人质了，您自由了。算了吧你，我怎么可能自由呢？别忘了人真正的名字是：欲望。所以您得知道，消灭恐慌的最有效的办法就是消灭欲望。可是我还知道，消灭人性的最有效的办法也是消灭欲望。那么，是消灭欲望同时也消灭恐慌呢，还是保留欲望同时也保留人性？

那么，是消灭欲望同时也消灭恐慌呢，还是保留欲望同时也保留人性？

我在这园子里坐着，我听见园神告诉我：每一个有激情的演员都难免是一个人质。每一个懂得欣赏的观众都巧妙地粉碎了一场阴谋。每一个乏味的演员都是因为他老以为这戏剧与自己无关。每一个倒霉的观众都是因为他总是坐得离舞台太近了。

我在这园子里坐着，园神成年累月地对我说：孩子，这不是别的，这是你的罪孽和福祉。

（七）

要是有些事我没说，地坛，你别以为是我忘了，我什么也没忘，但是有些事只适合收藏。不能说，也不能想，却又不能忘。它们不能变成语言，它们无法变成语言，一旦变成语言就不再是它们了。它们是一片朦胧的温馨与寂寥，是一片成熟的希望与绝望，它们的领地只有两处：心与坟墓。比如说邮票，有些是用于寄信的，有些仅仅是为了收藏。

如今我摇着车在这园子里慢慢走，常常有一种感觉，觉得我一个人跑出来已经玩得太久了。有一天我整理我的旧相册，看见一张十几年前我在这园子里照的照片——那个年轻人坐在轮椅上，背后是一棵老柏树，再远处就是那座古祭坛。我便到园子里去找那棵树。我按着照片上的背景找很快就找到了它，按着照片上它枝干的形状找，肯定那就是它。但是它已经死了，而且在它身上缠绕着一条碗口粗的藤萝。我当然记得园工们种那棵藤萝时的情景，我却不记得是在什么时候它已经长到了碗口粗。有一天我在这园子里碰见一个老太太，她说："哟，你还在这儿哪？"她问我："你母亲还好吗？""您是谁？""你不记得我，我可记得你。有一回你母亲来这儿找你，她问我您看没看见一个摇轮椅的孩子？……"我忽然觉得，我一个人跑到这世界上来玩真是玩得太久了。有一天夜晚，我独自坐在祭坛边的路灯下看书，忽然从那漆黑的祭坛里传出一阵阵唢呐声。四周都是参天古树，方形的祭坛占地几百平米，空旷坦荡独对苍天，我看不见那个吹唢呐的人，唯唢呐声在星光寥寥的夜空里低吟高唱，时而悲怆时而欢快，时而缠绵时而苍凉，或许这几个词都不足以形容它，我清清醒醒地听出它响在过去，响在现在，响在未来，回旋飘转亘古不散。

必有一天，我会听见喊我回去。

那时您可以想象一个孩子，他玩累了可他还没玩够呢，心里好些新奇的念头甚至等不及到明天。也可以想象是一个老人，无可置疑地走向他的安息地，走得任劳任怨。还可以想象一对热恋中的情人，互相一次次说“我一刻也不想离开你”，又互相一次次说“时间已经不早了”，时间不早了可我一刻也不想离开你，一刻也不想离开你可时间毕竟是不早了。

时间不早了可我一刻也不想离开你，一刻也不想离开你可时间毕竟是不早了。

我说不好我想不想回去。我说不好是想还是不想，还是无所谓。我说不好我是像那个孩子，还是像那个老人，还是像一个热恋中的情人。很可能是这样：我同时是他们三个。我来的时候是个孩子，他有那么多孩子气的念头所以才哭着喊着闹着要来，他一来一见到这个世界便立刻成了不要命的情人，而对一个情人来说，不管多么漫长的时光也是稍纵即逝，那时他便明白，每一步每一步，其实一步步都是走在回去的路上。当牵牛花初开的时节，葬礼的号角就已吹响。

但是太阳，它每时每刻都是夕阳也都是旭日。当它熄灭着走下山去收尽苍凉残照之际，正是它在另一面燃烧着爬上山巅布散烈烈朝辉之时。有一天，我也将沉静着走下山去，扶着我的拐杖。那一天，在某一处山洼里，势必会跑上来一个欢蹦的孩子，抱着他的玩具。

当然，那不是我。

但是，那不是我吗？

宇宙以其不息的欲望将一个歌舞炼为永恒。这欲望有怎样一个人间的姓名，大可忽略不计。

写于1989年5月5日

修改于1990年1月7日

（本文最初发表于1991年《上海文学》）

19 关于《务虚笔记》的一封信

柳青：

您好！

来信收到已久，本该早给您回信的，但总想就您对《务虚笔记》的意见说说我的想法，所以一直耽搁着。

可现在又觉得，要在一封信中说清楚，未必容易。试试看吧。但这绝不是说《务虚笔记》（以下简称《务》）有多么高明，只是说它有点特别，甚至让人难于接受。让人难于接受的原因，当然不都是它的特别所致，还因为它确实存在很多缺陷。但这缺陷，我以为又不是简单的删减可以弥补的，删减只能损害它的特别。而其“特别”，又恰是我不能放弃的。所以，这篇东西还是让它保留着缺陷同时也保留下特别吧。你不必再操心在海外出版它的事了。它本不指望抓住只给它一点点时间的读者，这是我从一开始就明白的事。世界上的人很多，每个人的世界其实又很小，一个个小世界大约只在务实之际有所相关，一旦务虚，便很可能老死难相理解。这不见得是一件坏事。也许这恰恰说明，法律需要共同遵守，而信仰是个人的自由。

这篇东西还是让它保留着缺陷同时也保留下特别吧。

《务》正在国内印第二版，这已经超出我的意料。读者大约是根据对我以前作品的印象而买这本书的，我估计很多人会有上当的感觉。对此我真是有点抱歉，虽然我不认为这是我的错。我还是相信，有些作品主要是为了卖，另一些更是为了写——这是陈述，不包含价值褒贬。就比如爱情的成败，并不根据婚姻的落实与否来鉴定。

您在信中说，“C的穿插可以舍去……没有自传体味道，使它脱胎而独立，更显得成熟”。——就从这儿说起吧。

在我想来，人们完全可以把《务虚笔记》看成自传体小说。只不过，其所传者主要不是在空间中发生过的，而是在心魂中发生着的事件。二者的不同在于：前者是泾渭分明的人物塑造或事件记述，后者却是时空、事件乃至诸人物在此一心魂中混淆的印象。而其混淆所以会是这样而非那样，则是此一心魂的证明。故此长篇亦可名曰“心魂自传”。我相信一位先哲（忘记是谁了）说过的话，大意是：一个作家，无论他写什么，其实都不过是在写他自己。因而我在《务》中直言道：

我不认为我可以塑造任何完整或丰满的人物，我不认为作家可以做成这样的事……所以我放弃塑造丰满的他人之企图。因为，我，不可能知道任何完整或丰满的他人，不可能跟随任何他人自始至终。我经过他们而已。我在我的生命旅程中经过他们，从一个角度张望他们，在一个片刻与他们交谈，在某个地点同他们接近，然后与他们长久地分离，或者忘记他们或者对他们留有印象。但，印象里的并不是真确的他们，而是真确的我的种种心绪。

我不可能走进他们的心魂，是他们铺开了我的心路。如果……在一年四季的任何时刻我常常会想起他们，那就是我试图在理解他们，那时他们就更不是真确的他们，而是我真确的思想。……在我一生中的很多时刻如果我想起他们并且想象他们的继续，那时他们就只是我真确的希望与迷茫。他们成为我的生命的诸多部分，他们构成着我创造着我，并不是我在塑造他们。

我不能塑造他们，我是被他们塑造的。但我并不是他们的相加，我是他们的混淆，他们混淆而成为——我。在我之中，他们相互随机地连接、重叠、混淆，之间没有清晰的界线。……我就是那空空的来风，只在脱落下和旋卷限制造成了力量：天才的力量，就来自他囚居瓶中的命运。

——维尔博

起斑斓的落叶抑或印象之时，才捕捉到自己的存在。

……我经常，甚至每时每刻，都像一个临终时的清醒的老人，发现一切昨天都在眼前消逝了，很多很多记忆都逃出了大脑，但它们变成印象却全都住进了我的心灵。而且住进心灵的，并不比逃出大脑的少，因为它们在那儿编织雕铸成了另一个无边无际的世界，而那才是我的真世界。记忆已经黯然失色，而印象是我鲜活的生命。

——《务》136节

这就是我以为可以把《务》看作自传体小说的理由，及这一种自传的逻辑。

所以，有关C的章节是不能删除的。因为C并不是一个我要塑造或描写的人物，而应看作是这一份心魂历史的C部分。C的其他方面在这篇小说中是不重要的，只有以C为标志的残疾与爱情的紧密相关，才是这一心魂历史不可或缺的。而C的其他路途，亦可由Z、L甚至O、N等此书中出现的其他角色（即此一心魂的其他部分）来填补、联想，甚至混淆为一——这是允许的，但非一定的。一定的仅仅是：这诸多部分，混淆、重叠而成就了我的全部心路。

如果有人说这是一部爱情小说，我不会反对。残疾（残缺）与爱情——尤其是它们以C为标志如此地紧密相关，我甚至相信这是生命的寓言，或是生命所固有的遗传密码，在所有人的心里和处境中都散布着它们的消息。从我们一出生，一感受到这个世界、这个同类之群，我们就日益强烈地感受到了差别、隔离和惧怕，同时生出了爱的欲望。——这就是“我”与画家Z从童年时，便由“一座美丽的房子”和“一个可怕的孩子”所听到的消息。这消息不断流传，不断演变，直至诗人L的日记被人贴在了墙上，和他未来在性爱中的迷惑；直至WR的童言无忌与流放边陲；直至O的等待，及其梦想的破灭；直至F医生的眺望、深藏的痛苦与梦中的供奉；直至Z的叔叔晚年重归葵林；直至一个叛徒的生不如死的残酷处境，和她永生永世的期盼……这一切都携带着那种美丽并那种可怕的消息。因而这一切（无论是更为个体化的，还是更为社会化的）都发端于、也结束于生命最初的那个密码：残疾（残缺）与爱情。

从我们一出生，一感受到这个世界、这个同类之群，我们就日益强烈地感受到了差别、隔离和惧怕，同时生出了爱的欲望。

就是说，每个人生来都是孤独的，这是人之个体化的残缺。因此我们倾向与他者沟通、亲和。而他者之为他者，意味着差别、隔离、恐惧甚至伤害，这是社会化的残缺。于是我们更加地期盼着团聚——我需要你，需要他者，一个心魂需要与另外的心魂相融合。而这，证明了爱情。我们因残缺而走向爱情。我们因残缺而走向他者，但却从他者审视的目光里发现自己是如此地残缺。我们试图弥补残缺，以期赢得他者的垂青或收纳，但我们又发现这弥补不可能不求助于他者，因为只有在他者同样祈盼的目光中，那生就的残缺才可获弥补。甘地说过：没有什么方法可以获得和平，和平本身是一种方法。爱亦如此，爱

我们因残缺而走向爱情。我们因残缺而走向他者，但却从他者审视的目光里发现自己是如此地残缺。

可以视为和平的根源，那不是一种可期捕获之物，是方法，是关系。爱的艰难与祈盼，简直是千古的轮回或重演！原来残缺和爱情是互为因果的。一切心魂的福乐与危惧中都携带了这样的消息。而这消息，在C的处境中（或我之C的思绪里）尤显昭彰。

我并不想写一个残疾人的爱情遭遇，那些东西差不多已经被写滥了。我是要写，恰是人之残缺的背景，使爱情成为可能和必要。恰是性的残疾或沉沦，使爱情与单纯的性欲明显区分，使爱情大于性欲的部分得以昭彰。是人对残缺的意识，把性炼造成了爱的语言，把性爱演成心魂相互团聚的仪式。只有这样，当赤裸的自由不仅在于肉体而更在于心魂的时刻，残疾或沉沦了的性才复活了，才找到了激情的本源，才在上帝曾经赋予了它而后又禁闭了它的地方，以非技术而是艺术的方式，重归乐园。为此应该感恩于上帝，也感恩于魔鬼，亦即感恩于爱也感恩于残缺。当残疾降临之时，以至其后很多年，我绝没想到过有一天我会这样说。而当有一天我忽然想到了这一点时，我真是由衷地感动。

有人说，父母之爱比性爱更无私更纯洁，我实在不能同意。父母对儿女的爱固然伟大，但那并不触及爱的本质，因为其中缺少了他者。父母爱儿女，其实是爱着自己的一部分。唯在与他者的关系中，即自我的残缺中，爱的真意才显现。当有一天，父母对儿女说“我们是朋友”的时候，我想那是应该庆祝的，因为那时父母已视儿女为平等的他者了。但是多么有意思啊，如果在恋人之间忽然要特地强调“我们是朋友”，这却值得悲哀，这说明一堵曾经拆除的墙又要垒起来了。语言真是魔术师。这墙的重新垒起，不仅指示爱情的消逝，同时意味着性关系的结束或变质。可见，于人而言，性从来不仅仅是性，那是上帝给人的一种语言，一种极端的表达方式。所以诗人L终有一天会明白，这方式是不能滥用的，滥用的语言将无以言说。是啊，一切存在都依靠言说。这让我想起大物理学家玻尔的话：物理学不告诉我们世界是什么，而是告诉我们关于世界我们能够谈论什么。

《务》最劳累读者的地方，大约就是您所说的“过于分散的物象”。人物都以字母标出，且人物或事件常常相互重叠、混淆，以致读者总要为“到底谁是谁”而费神。我试着解释一下我的意图。

首先——但不是首要的：姓名总难免有一种固定的意义或意向，给读者以成见。我很不喜欢所谓的人物性格，那总难免类型化，使内心的丰富受到限制。

其次——但这是最重要的：我前面已经说过了我不试图塑造完整的人物，倘若这小说中真有一个完整的人物，那只能是我，其他角色都可以看作是我的思绪的一部分。这就是第一章里那个悖论所指明的，“我是我的印象的一部分，而我的全部印象才是我”。就连“我”这个角色也只是我全部印象的一部分，

我是我的印象的一部分，而我的全部印象才是我。

自然，诸如C、Z、L、F、O、N、WR……就都是我之生命印象的一部分，他们的相互交织、重叠、混淆，才是我的全部，才是我的心魂之所在，才使此一心魂的存在成为可能。此一心魂，倘不经由诸多他者，便永远只是“空空来风”。唯当我与他者发生关系——对他们的理解、诉说、揣测、希望、梦想……我的心路才由之形成。我经由他们，正如我经由城市、村庄、旷野、山河，物是我的生理的岁月，人是我心魂的年轮。就像此刻，我的心路正是经由向您的这一番解释而存在的。

如果这种解释（在小说里是叙述，在生活中是漫想，或“意识流”）又勾连起另外的人和事，这些人和事就会在我心里相互衔接（比如A爱上了B，或相反，A恨着B）。但这样的衔接并不见得就是那些人的实际情况（比如A和B实际从不相识），只是在我心里发生着，只不过是我的确凿的思绪。所以我说我不能塑造他人，而是他们塑造着我。——这简直可以套用玻尔的那句名言了：文学不告诉我们他人是什么，而是告诉我们关于他人我们能够谈论什么。而这谈论本身是什么呢？恰是我的思绪、我的心魂，我由此而真确地存在。那“空空的来风”，在诸多他人之间漫游、串联、采撷、酿制、理解乃至误解……像一个谣言的生成那样，构成变动不居的：我。说得过分一点，即：他人在我之中，我是诸多关系的一个交叉点，命运之网的一个结。《务》中的说法是：

文学不告诉我们他人是什么，而是告诉我们关于他人我们能够谈论什么。

“我”能离开别人而还是“我”吗？“我”可以离开这

土地、天空、日月星辰而还是“我”吗？“我”可能离开远古的消息和未来的呼唤而依然是“我”吗？“我”怎么可能离开造就“我”的一切而孤独地是“我”呢……

——《务》228节

如果这类衔接发生错位——这是非常可能的，比如把A的事迹连接到B的身上去了，甚至明知不是这样，但觉得唯其如此才可以填补我的某种情感或思想空白，于是在我心魂的真实里，一些人物（包括我与他人）之间便出现了重叠或混淆。这重叠或混淆，我以为是不应该忽略的，不应该以人物或故事线索的清晰为由来删除的，因为它是有意义的——这也就是小说之虚构的价值吧，它创造了另一种真实。比如若问：它何以是这样地混淆而非那样地混淆？回答是：我的思绪使然。于是这混淆画出了“我”的内心世界，“我”的某种愿望，甚至是隐秘。

（我有时想，一旦轻视了空间事物，而去重视心魂状态，很可能就像物理学从宏观转向微观一样，所有的确定都赖于观察了。这时，人就像原子，会呈现出“波粒二重性”，到底是波还是粒子唯取决于观察，而一个人，他到底是这样还是那样，唯取决于我的印象。孤立地看他，很像是粒子，但若感悟到他与人群之间那些看不见摸不着的神秘关联，他就更像似波了吧。——这有点离题了。）

死绝非给生命以意义的东西；相反，在原则上，死是把意义从生命中拿走的东西。如果我们必须死，那么我们的生命就是无意义的，因为生命的问题远远没有得到解决……

——萨特

说到隐秘，什么隐秘呢？比如说，A的恶行我也可能会有（善行也一样），只不过因为某种机缘，A的恶行成为了现实，而我的这种潜在的可能性未经暴露——这通过我对A的理解而得印证。我相信，凡我们真正理解了的行为，都是我们也可能发生的行为，否则我们是怎么理解的呢？我们怎么知道他是如此这般，于是顺理成章地铸成了恶行的呢？如果我们没有这种潜在的可能，我们就会想不通，我们就会说“那真是我不能理解的”。人性恶，并不只是一些显形罪者的专利。（比如，某甲在“文革”中并未打人，但他是否就可以夸耀自己的清白？是不是说，未曾施暴的人就一定不会施暴呢？叛徒的逻辑亦如是，你不是叛徒，但你想过没有，你若处在他的位置上会怎样么？如果我们都害怕自己就是葵花林里的那个叛徒，那就说明我们都清楚她进退维谷的可怕处境，就说明我们都可能是她。）不光在这类极端的例子中有这样的逻辑，在任何其他的思与行中都是如此。我可能是Z、L、O、N、WR……因此我这样地写了他们，这等于是写了我自己的种种可能性。我的心魂，我的欲望，要比我的实际行为大得多，那大出的部分存在于我的可能性中，并在他人的现实性中看到了它的开放——不管是恶之花，还是善之花。尽管这种种可能性甚至是互相矛盾的，但难道我们不是矛盾的么？我们的内心、欲望、行为不是常常地矛盾着么？善恶俱在，我中有你，你中有我，才是此一心魂的真确。当然，他们做过的很多事并非就是我的实际经历，但那是

人性恶，并不只是一些显形罪者的专利。

我的心魂经历。如果我这样设想，这样理解、希望、梦想了……并由之而感受到了美好与丑陋、快乐与恐惧、幸福与痛苦、爱恋或怨恨、有限与无限……为什么这不可以叫做我的经历？皮肉的老茧，比心魂的年轮更称得上是经历吗？（所以，顺便说一句：当有人说《务》中的角色可能是现实中的谁的时候，我想那可真是离题太远。）

人们拍照，是为了把那些事从意识中赶出去。我的故事就类似闭上眼睛。

——卡夫卡

我想，某种小说的规矩是可以放弃的，在试图看一看心魂真实的时候，那尤其是值得放弃的。就是说，对《务》中的角色，不必一定要弄清楚谁是谁（更不要说《务》外的人物了）。事实上，除非档案与病历，又何必非弄清楚谁是谁不可呢？又怎么能弄清楚谁是谁呢？然而档案只记录行为，病历只记录生理，二者均距心魂遥远，那未必是文学要做的事。还是玻尔那句话的翻版：我无法告诉你我是谁，我只能告诉你，关于我，我能够怎样想。

某种小说的规矩是可以放弃的，在试图看一看心魂真实的时候，那尤其是值得放弃的。

如果有人说《务》不是小说，我觉得也没什么不对。如果有人说它既不是小说，也不是散文，也不是诗，也不是报告文学，我觉得也还是没什么不对。因为实在是不知道它是什么，才勉强叫它作小说。大约还因为，玻尔先生的那句话还可以作另一种引申：我不关心小说是什么，我只关心小说可以怎样说。况且，倘其不是小说，也不是其他任何有名有姓的东西，它就不可以也出生一回试试吗？——这是我对所谓“小说”的看法，并不特指《务》。这封信已经写得有点像争辩了，或者为着什么实际的东西而争辩了。那就再说一句：写这部长篇时的心情更像是为了还一个心愿，其初始点是极私人化的，虽然也并非纯粹到不计功利，但能出版也已经足够了。至于它能抓住多少读者，那完全是它自己的事了。您的出版事业刚刚开始，不必太为它操心，不能赚钱的事先不要做，否则反倒什么也干不成。“务虚”与“务实”本当是两种逻辑，各司其职，天经地义。

我近来身体稍差，医生要我全面休息，所以就连这封信也是断断续续写了好些天。立哲想请我去美国逛一趟，如果身体无大问题，可望六月成行。到时瑞虎将做我们的导游兼司机，这真让人想起来就高兴。只盼美梦成真吧——这一回不要止于务虚才好。那时您若有空，可否也来一聚呢？

即颂

大安！

史铁生

1997年3月14日

（本文曾收入随笔集《想念地坛》）

20 秋天的怀念

双腿瘫痪后，我的脾气变得暴怒无常。望着望着天上北归的雁阵，我会突然把面前的玻璃砸碎；听着听着李谷一甜美的歌声，我会猛地把手边的东西摔向四周的墙壁。母亲就悄悄地躲出去，在我看不见的地方偷偷地听着我的动静。当一切恢复沉寂，她又悄悄地进来，眼边红红的，看着我。“听说北海的花儿都开了，我推着你去走走。”她总是这么说。母亲喜欢花，可自从我的腿瘫痪后，她侍弄的那些花都死了。“不，我不去！”我狠命地捶打这两条可恨的腿，喊着：“我活着有什么劲！”母亲扑过来抓住我的手，忍住哭声说：“咱娘儿俩在一块儿，好好儿活，好好儿活……”可我却一直都不知道，她的病已经到了那步田地。后来妹妹告诉我，她常常肝疼得整宿整宿翻来覆去

母亲就悄悄地躲出去，在我看不见的地方偷偷地听着我的动静。当一切恢复沉寂，她又悄悄地进来，眼边红红的，看着我。

地睡不了觉。

那天我又独自坐在屋里，看着窗外的树叶唰唰啦啦地飘落。母亲进来了，挡在窗前："北海的菊花开了，我推着你去看看吧。"她憔悴的脸上现出央求般的神色。"什么时候？""你要是愿意，就明天？"她说。我的回答已经让她喜出望外了。"好吧，就明天。"我说。她高兴得一会儿坐下，一会儿站起："那就赶紧准备准备。""唉呀，烦不烦？几步路，有什么好准备的！"她也笑了，坐在我身边，絮絮叨叨地说着："看完菊花，咱们就去'仿膳'，你小时候最爱吃那儿的豌豆黄儿。还记得那回我带你去北海吗？你偏说那杨树花是毛毛虫，跑着，一脚踩扁一个……"她忽然不说了。对于"跑"和"踩"一类的字眼儿，她比我还敏感。她又悄悄地出去了。

她出去了。就再也没回来。

邻居们把她抬上车时，她还在大口大口地吐着鲜血。我没想到她已经病成那样。看着三轮车远去，也绝没有想到那竟是永远的诀别。

邻居的小伙子背着我去看她的时候，她正艰难地呼吸着，像她那一生艰难的生活。别人告诉我，她昏迷前的最后一句话是："我那个有病的儿子和我那个还未成年的女儿……"又是秋天，妹妹推我去北海看了菊花。黄色的花淡雅、白色的花高洁、紫红色的花热烈而深沉，泼泼洒洒，秋风中正开得烂漫。我懂得母亲没有说完的话。妹妹也懂。我俩在一块儿，要好好儿活……

（本文最初发表于1981年《南风报》）

21 庙的回忆

据说，过去北京城内的每一条胡同都有庙，或大或小总有一座。这或许有夸张成分。但慢慢回想，我住过以及我熟悉的胡同里，确实都有庙或庙的遗迹。

在我出生的那条胡同里，与我家院门斜对着，曾经就是一座小庙。我见到它时它已改做油坊，庙门、庙院尚无大变，唯走了僧人，常有马车运来大包大包的花生、芝麻，院子里终日磨声隆隆，呛人的油脂味经久不散。推磨的驴们轮换着在门前的空地上休息，打滚儿，大惊小怪地喊叫。

从那条胡同一直往东的另一条胡同中，有一座大些的庙，香火犹存。或者是庵，记不得名字了，只记得奶奶说过那里面没有男人。那是奶奶常领我去的地方，庙院很大，松柏森然。

夏天的傍晚不管多么燠热难熬，一走进那庙院立刻就觉清凉，我和奶奶并排坐在庙堂的石阶上，享受晚风和月光，看星星一个一个亮起来。僧尼们并不驱赶俗众，更不收门票，见了我们唯颔首微笑，然后静静地不知走到哪里去了，有如晚风掀动松柏的脂香似有若无。庙堂中常有法事，钟鼓声、铙钹声、木鱼声，噌噌，那音乐让人心中犹豫。诵经声如无字的伴歌，好像黑夜的愁叹，好像被灼烤了一白天的土地终于得以舒展便油然飘缭起的雾霭。奶奶一动不动地听，但鼓励我去看看。我迟疑着走近门边，只向门缝中望了一眼，立刻跑开。那一眼印象极为深刻。现在想，大约任何声音、光线、形状、姿态，乃至温度和气息，都在人的心底有着先天的响应，因而很多事可以不懂但能够知道，说不清楚，却永远记住。那大约就是形式的力量。气氛或者情绪，整体地袭来，它们大于言说，它们进入了言不可及之域，以致一个五六岁的孩子本能地审视而不单是看见。我跑回到奶奶身旁，出于本能我知道了那是另一种地方，或是通向着另一种地方；比如说树林中穿流的雾霭，全是游魂。奶奶听得入神，摇撼她她也不觉，她正从那音乐和诵唱中回想生命，眺望那另一种地方吧。我的年龄无可回想，无以眺望，另一种地方对一个初来的生命是严重的威胁。我钻进奶奶的怀里不敢看，不敢听也不敢想，唯觉幽冥之气弥漫，月光也似冷暗了。这个孩子生而怯懦，禀性愚顽，想必正是他要来这人间的缘由。

上小学的那一年，我们搬了家，原因是若干条街道联合起来成立了人民公社，公社机关看中了我们原来住的那个院子以及相邻的两个院子，于是他们搬进来我们搬出去。我记得这件事进行得十分匆忙，上午一通知下午就搬，街道干部打电话把各家的主要劳力都从单位里叫回家，从中午一直搬到深夜。这事很让我兴奋，所有要搬走的孩子都很兴奋，不用去上学了，很可能明天和后天也不用上学了，而且我们一齐搬走，搬走之后仍然住在一起。我们跳上运家具的卡车奔赴新家，觉得正有一些动人的事情在发生，有些新鲜的东西正等着我们。可惜路程不远，完全谈不上什么经历新家就到了。不过微微的失望转瞬即逝，我们冲进院子，在所有的屋子里都风似的刮一遍，以主人的身份接管了它们。从未来的角度看，这院子远不如我们原来的院子，但新鲜是主要的，新鲜与孩子天生有缘，新鲜在那样的季节里统统都被推崇，我们才不管院子是否比原来的小或房子是否比原来的破，立刻在横倒竖歪的家具中间捉迷藏，疯跑疯叫，把所有的房门都打开然后关上，把所有的电灯都关上然后打开，爬到树上去然后跳下来，被忙乱的人群撞倒然后自己爬起来，为每一个新发现激动不已，然后看看其实也没什么……最后集体在某一个角落里睡熟，睡得不省人事，叫也叫不应。那时母亲正在外地出差，来不及通知她，几天后她回来时发现家已经变成了公社机关，她在那门前站了很久才有人来向她解释，大意是：不要紧放心吧，搬走的都是好同志，住在哪儿和不住在哪儿都一样是革命需要。

新家所在之地叫“观音寺胡同”，顾名思义那儿也有一座庙。那庙不能算小，但早已破败，久失看管。庙门不翼而飞，院子里枯藤老树荒草藏人。侧殿空空。正殿里尚存几尊泥像，彩饰斑驳，站立两旁的护法天神怒目圆睁但已赤手空拳，兵器早不知被谁夺下扔在地上。我和几个同龄的孩子便捡起那兵器，挥舞着，在大殿中跳上跳下杀进杀出，模仿俗世的战争，朝残圮的泥胎劈砍，向草丛中冲锋，披荆斩棘草叶横飞，大有唐吉诃德之神采，然后给寂寞的老树“施肥”，擦屁股纸贴在墙上……做尽亵渎神灵的恶事然后鸟儿一样在夕光中回家。很长一段时期那儿都是我们的乐园，放了学不回家先要到那儿去，那儿有发现不完的秘密，草丛中有死猫，老树上有鸟窝，幽暗的殿顶上据说有蛇和黄鼬，但始终未得一见。有时是为了一本小人书，租期紧，大家轮不过来，就一齐跑到那庙里去看，一个人捧着大家围在四周，大家都说看好了才翻页。谁看得慢了，大家就骂他笨，其实都还识不得几个字，主要是看画，看画自然也有笨与不笨之分。或者是为了抄作业，有几个笨主儿作业老是不会，就抄别人的，庙里安全，老师和家长都看不见。佛嘛，心中无佛什么事都敢干。抄者撅着屁股在菩萨眼皮底下紧抄，被抄者则乘机大肆炫耀其优越感，说一句“我的时间不多你要抄就快点儿”，然后故意放大轻松与快乐，去捉蚂蚱、逮蜻蜓，大喊大叫地弹球儿、扇三角，急得抄者流汗，撅起的屁股有节奏地颠，嘴中念念有词，不时扭过头来喊一句：“等我会儿嘿！”其实谁也知道，没法等。还有一回专门是为了比赛胆儿大。“晚上谁敢到那庙里去？”“这有什么，嘁！”“有什么？有鬼，你敢去吗？”“废话！我早都去过了。”“牛！”“嘿，你要不信嘿今儿晚上就去你敢不敢？”“去就去有什么呀，嘁！”“行，谁不去谁孙子敢不敢？”“行，几点？”“九点。”“就怕那会儿我妈不让我出来。”“哎哟喂，不敢就说不敢！”“行，九点就九点！”那天晚上我们真的到那庙里去了一回，有人拿了个手电筒，还有人带了把水果刀好歹算一件武器。我们走进庙门时还是满天星斗，不一会儿天却阴上来，而且起了风。我们在侧殿的台阶上蹲着，挤成一堆儿，不敢动也不敢大声说话，荒草摇摇，老树沙沙，月亮在云中一跳一跳地走。有人说想回家去撒泡尿。有人说撒尿你就到那边撒去呗。有人说别的倒也不怕，就怕是要下雨了。有人说下雨也不怕，就怕一下雨家里人该着急了。有人说一下雨蛇先出来，然后指不定还有什么呢。那个想撒尿的开始发抖，说不光想撒尿这会儿又想屙屎，可惜没带纸。这样，大家渐渐都有了便意，说憋屎憋尿是要生病的，有个人老是憋屎憋尿后来就变成了罗锅儿。大家惊诧道：是吗？那就不如都回家上厕所吧。可是第二天，那个最先要上厕所的成了唯一要上厕所的，大家都埋怨他，说要不是他我们还会在那儿待很久，说不定就能捉到蛇，甚至可能看看鬼。

有一天，那庙院里忽然出现了很多暗红色的粉末，一堆堆像小山似的，不知道是什么，也想不通到底何用。那粉末又干又轻，一脚踩上去“噗”的一声到处飞扬，而且从此鞋就变成暗红色再也别想洗干净。又过了几天，庙里来了一些人，整天在那暗红色的粉末里折腾，于是一个个都变成暗红色不说，庙墙和台阶也都变成暗红色，荒草和老树也都变成暗红色，那粉末随风而走或顺水而流，不久，半条胡同都变成了暗红色。随后，庙门前挂出了一块招牌：有色金属加工厂。从此游戏的地方没有了，蛇和鬼不知迁徙何方，荒草被锄净，老树被伐倒，只剩下一团暗红色满天满地逐日壮大。再后来，庙堂也拆了，庙墙也拆了，盖起了一座轰轰烈烈的大厂房。那条胡同也改了名字，以后出生的人会以为那儿从来就没有过庙。

我的小学，校园本也是一座庙，准确说是一座大庙的一部分。大庙叫柏林寺，里面有很多合抱粗的柏树。有风的时候，老柏树浓密而深沉的响声一浪一浪，传遍校园，传进教室，使吵闹的孩子也不由得安静下来，使朗朗的读书声时而飞扬时而沉落，使得上课和下课的铃声飘忽而悠扬。

摇铃的老头，据说曾经就是这庙中的和尚，庙既改做学校，他便还俗做了这儿的看门人，看门兼摇铃。老头极和蔼，随你怎样摸他的红鼻头和光脑袋他都不恼，看见你不快活他甚至会低下头来给你，说：想摸摸吗？孩子们都愿意到传达室去玩，挤在他的床上，挤得密不透风，没大没小地跟他说笑。上课或下课的时间到了，他摇起铜铃，不紧不慢地在所有的窗廊下走过，目不旁顾，一路都不改变姿势。叮当叮当——叮当叮当——，铃声在风中飘摇，在校园里回荡，在阳光里漫散开去，在所有孩子的心中留下难以磨灭的记忆。那铃声，上课时摇得紧张，下课时摇得舒畅，但无论紧张还是舒畅都比后来的电铃有味道，浪漫，多情，仿佛知道你的惧怕和盼望。

但有一天那铃声忽然消失，摇铃的老人也不见了，听说是回他的农村老家去了。为什么呢？据说是因为他仍在悄悄地烧香念佛，而一个崭新的时代应该是无神论的时代。孩子们再走进校门时，看见那铜铃还在窗前，但物是人非，传达室里端坐着一名严厉的老太太，老太太可不让孩子们在她的办公重地胡闹。上课和下课，老太太只在按钮上轻轻一点，电铃于是“哇——哇——”地叫，不分青红皂白，把整个校园都吓得要昏过去。在那近乎残酷的声音里，孩子们懂得了怀念：以往的铃声，它到哪儿去了？唯有一点是确定的，它随着记忆走进了未来。在它飘逝多年之后，在梦中，我常常又听见它，听见它的飘忽与悠扬，看见那摇铃老人沉着的步伐，在他一无改变的面容中惊醒。那铃声中是否早已埋藏下未来，早已知道了以后的事情呢？

在梦中，我常常又听见它，听见它的飘忽与悠扬，看见那摇铃老人沉着的步伐，在他一无改变的面容中惊醒。那铃声中是否早已埋藏下未来，早已知道了以后的事情呢？

多年以后，我二十一岁，插队回来，找不到工作，等了很久还是找不到，就进了一个街道生产组。我在另外的文章里写过，几间老屋尘灰满面，我在那儿一干七年，在仿古的家具上画些花鸟鱼虫、山水人物，每月所得可以糊口。那生产组就在柏林寺的南墙外。其时，柏林寺已改做北京图书馆的一处书库。我和几个同是待业的小兄弟常常就在那面红墙下干活儿。老屋里昏暗而且无聊，我们就到外面去，一边干活一边观望街景，看来来往往的各色人等，时间似乎就轻快了许多。早晨，上班去的人们骑着车，车后架上夹着饭盒，一路吹着口哨，按响车铃，单那姿态就令人羡慕。上班的人流过后，零零散散地有一些人向柏林寺的大门走来，多半提个皮包，进门时亮一亮证件，也不管守门人看不看得清楚便大步朝里面去，那气派更是让人不由得仰望了。并非什么人都可以到那儿去借书和查阅资料的，小D说得是教授或者局级才行。“你知道？”“废话！”小D重感觉不重证据。小D比我小几岁，因为小儿麻痹一条腿比一条腿短了三公分，中学一毕业就到了这个生产组；很多招工单位也是重感觉不重证据，小D其实什么都能干。我们从早到晚坐在那面庙墙下，眼观六路耳听八方，不用看表也不用看太阳便知此刻何时。一辆串街的杂货车，“油盐酱醋花椒大料洗衣粉”一路喊过来，是上午九点。收买废品的三轮车来时，大约十点。磨剪子磨刀的老头总是星期三到，瞄准生产组旁边的一家小饭馆，“磨剪子嘞——戗菜刀——！”声音十分洪亮；大家都说他真是糟蹋了，干吗不去唱戏？下午三点，必有一群幼儿园的孩子出现，一个牵定一个的衣襟，咿咿呀呀地唱着，以为不经意走进的这个人间将会多么美好，鲜艳的衣裳彩虹一样地闪烁，再彩虹一样地消失。四五点钟，常有一辆囚车从我们面前开过，离柏林寺不远有一座著名的监狱，据说专门收容小偷。有个叫小德子的，十七八岁没爹没妈，跟我们一起在生产组干过。这小子能吃，有一回生产组不知惹了什么麻烦要请人吃饭，吃客们走后，折箩足足一脸盆，小德子买了一瓶啤酒，坐在火炉前稀里呼噜只用了半小时脸盆就见了底。但是有一天小德子忽然失踪，生产组的大妈大婶们四处打听，才知那小子在外面行窃被逮住了。以后的很多天，我们加倍地注意天黑前那辆囚车，看看里面有没有他；囚车呼啸而过，大家一齐喊“小德子！小德子！”小德子还有一个月工资未及领取。

那时，我仍然没头没脑地相信，最好还是要有一份正式工作，倘能进一家全民所有制单位，一生便有了倚靠。母亲陪我一起去劳动局申请。我记得那地方廊回路转的，庭院深深，大约曾经也是一座庙。什么申请呀，简直就像去赔礼道歉，一进门母亲先就满脸堆笑，战战兢兢，然后不管抓住一个什么人，就把她的儿子介绍一遍，保证说这一个坐在轮椅上的孩子其实仍可胜任很多种工作。那些人自然是满口官腔，母亲跑了前院跑后院，从这屋被支使到那屋。我那时年轻气盛，没那么多好听的话献给他们。最后出来一位负责同志，有理有据地给了我们回答："慢慢再等一等吧，全须儿全尾儿的我们这还分配不过来呢！"此后我不再去找他们了。再也不去。但是母亲，直到她去世之前还在一趟一趟地往那儿跑，去之前什么都不说，疲惫地回来时再向她愤怒的儿子赔不是。我便也不再说什么，但我知道她还会去的，她会在两个星期内重新积累起足够的希望。

……母亲就是在去为我找工作的路上，在一棵大树下，挖回了一棵含羞草；以为是含羞草，越长越大，其实是一棵合欢树。

我在一篇名为《合欢树》的散文中写过，母亲就是在去为我找工作的路上，在一棵大树下，挖回了一棵含羞草；以为是含羞草，越长越大，其实是一棵合欢树。

大约1979年夏天，某一日，我们正坐在那庙墙下吃午饭，不知从哪儿忽然走来了两个缁衣落发的和尚，一老一少仿佛飘然而至。"哟？"大家停止吞咽，目光一齐追随他们。他们边走边谈，眉目清朗，步履轻捷，颦笑之间好像周围的一切都变得空阔甚至是虚拟了。或许是我们的紧张被他们发现，走过我们面前时他们特意地颔首微笑。这一下，让我想起了久违的童年。然后，仍然是那样，他们悄然地走远，像多年以前一样不知走到哪里去了。

"不是柏林寺要恢复了吧？"

"没听说呀？"

"不会。那得多大动静呀咱能不知道？"

"八成是北边的净土寺，那儿的房子早就翻修呢。"

“没错儿，净土寺！”小D说，“前天我瞧见那儿的庙门油漆一新我还说这是要干吗呢。”

大家愣愣地朝北边望。侧耳听时，也并没有什么特殊的声音传来。这时我才忽然想到，庙，已经消失了这么多年了。消失了，或者封闭了，连同那可以眺望的另一种地方。

在我的印象里，就是从那一刻起，一个时代结束了。

傍晚，我独自摇着轮椅去找那小庙。我并不明确为什么要去找它，也许只是为了找回童年的某种感觉？总之，我忽然想念起庙，想念起庙堂的屋檐、石阶、门廊，月夜下庙院的幽静与空荒，香缕细细地飘升，然后破碎。我想念起庙的形式。我由衷地想念那令人犹豫的音乐，也许是那样的犹豫，终于符合了我的已经不太年轻的生命。然而，其实，我并不是多么喜欢那样的音乐。那音乐，想一想也依然令人压抑、惶恐、胆战心惊。但以我已经走过的岁月，我不由地回想，不由地眺望，不由地从那音乐的压力之中听见另一种存在了。我并不喜欢它，譬如不能像喜欢生一样地喜欢死。但是要有它。人的心中，先天就埋藏了对它的响应。响应，什么样的响应呢？在我，（这个生性愚顽的孩子！）那永远不会是成就圆满的欣喜，恰恰相反，是残缺明确地显露。眺望越是美好，越是看见自己的丑弱，越是无边，越看到限制。神在何处？以我的愚顽，怎么也想象不出一个无苦无忧的极乐之地。设若确有那样的极乐之地，设若有

我想念起庙的形式。我由衷地想念那令人犹豫的音乐，也许是那样的犹豫，终于符合了我的已经不太年轻的生命。

福的人果真到了那里，然后呢？我总是这样想：然后再往哪儿去呢？心如死水还是再有什么心愿？无论再往哪儿去吧，都说明此地并非圆满。丑弱的人和圆满的神之间，是信者永远的路。这样，我听见，那犹豫的音乐是提醒着一件事：此岸永远是残缺的，否则彼岸就要坍塌。这大约就是佛之慈悲的那一个“悲”字吧。“慈”呢，便是在这一条无尽无休的路上行走，所要有的持念。

没有了庙的时代结束了。紧跟着，另一个时代到来了，风风火火。北京城内外的一些有名的寺庙相继修葺一新，重新开放。但那更像是寺庙变成公园的开始，人们到那儿去多是游览，于是要收门票，票价不菲。香火重新旺盛起来，但是有些异样。人们大把大把地烧香，整簇整簇的香投入香炉，火光熊熊，烟气熏蒸，人们衷心地跪拜，祈求升迁，祈求福寿，消灾避难，财运亨通……倘今生难为，可于来世兑现，总之祈求佛祖全面的优待。庙，消失多年，回来时已经是一个极为现实的地方了，再没有什么犹豫。

庙，消失多年，回来时已经是一个极为现实的地方了，再没有什么犹豫。

1996年春天，我坐了八九个小时飞机，到了很远的地方，地球另一面，一座美丽的城市。一天傍晚，会议结束，我和妻子在街上走，一阵钟声把我们引进了一座小教堂（庙）。那儿有很多教堂，清澈的阳光里总能听见飘扬的钟声。那钟声让我想起小时候我家附近有一座教堂，我站在院子里，最多两岁，刚刚从虚无中睁开眼睛，尚未见到外面的世界先就听见了它的声音，清朗、悠远、沉稳，仿佛响自天上。此钟声是否彼钟声？当然，我知道，中间隔了八千公里并四十几年。我和妻子走进那小教堂，在那儿拍照，大声说笑，东张西望，毫不吝惜地按动快门……这时，我看见一个中年女人独自坐在一个角落，默默地望着前方耶稣的雕像。（后来，在洗印出来的照片中，在我和妻子身后，我又看见了她。）她的眉间似有些愁苦，但双手放松地摊开在膝头，心情又似非常宁静，对我们的喧哗一无觉察，或者是我们的喧哗一点也不能搅扰她吧。我心里忽然颤抖——那一瞬间，我以为我看见了我的母亲。

我一直有着一个凄苦的梦，隔一段时间就会在我的黑夜里重复一回：母亲，她并没有死，她只是深深地失望了，对我，或者尤其对这个世界，完全地失望了，困苦的灵魂无处诉告，无以支持，因而她走了，离开我们到很远的地方去了，不再回来。在梦中，我绝望地哭喊，心里怨她："我理解你的失望，我理解你的离开，但你总要捎个信儿来呀，你不知道我们会牵挂你不知道我们是多么想念你吗？"但就连这样的话也无从说给她，只知道她在很远的地方，并不知道她到底在哪儿。这个梦一再地走进我的黑夜，驱之不去，我便在醒来时、在白日的梦里为它作一个续：母亲，她的灵魂并未消散，她在幽冥之中注视我并保佑了我多年，直等到我的眺望已在幽冥中与她汇合，

我一直有着一个凄苦的梦，隔一段时间就会在我的黑夜里重复一回：母亲，她并没有死，她只是深深地失望了，对我，或者尤其对这个世界……

她才放了心，重新投生别处，投生在一个灵魂有所诉告的地方了。

我希望，我把这个梦写出来，我的黑夜从此也有了皈依了。

（本文最初发表于1999年《人民文学》）

22 活出爱

李健鸣：

您好！

我正读刘小枫的一篇文章，谈卡夫卡的《一片秋天枯叶上的湿润经脉》。其中有这样一段："这种受苦是私人形而上学意义上的，不是现世社会意义上的，所以根本不干正义的事。为这私人的受苦寻求社会或人类的正义，不仅荒唐，而且会制造出更多的恶。"我想，这就是写作永远可以生存的根据。人的苦难，很多或者根本，是与生俱来的，并没有现实的敌人。比如残、病，甚至无冤可鸣，这类不幸无法导致恨，无法找到报复或声讨的对象。早年这让我感到荒唐透顶，后来慢慢明白，这正是上帝的启示：无缘无故的受苦，才是人的根本处境。这处境不是依靠革命、科学以及任何功法可以改变的，而是必然逼迫着你向神秘去寻求解释，向墙壁寻求问答，向无穷的过程寻求救助。这并不是说可以不关心社会正义，而是说，人的处境远远大于社会，正如存在主义所说：人是被抛到世界上来的。人的由来，注定了人生是一场“赎罪游戏”。

最近我总想起《去年在马里昂巴》，那真是独一无二的神来之笔。

人是步入歧途了，生来就像是走错了地方。这地方怎么一切都好像中了魔法？狂热的叫卖声中，进行的是一场骗术比赛，人们的快意多半系于骗术的胜利。在熙熙攘攘的人群（或者竟是千姿百态的木偶）中走，定一定神，隐隐地甚至可以听见魔法师的窃笑。

在熙熙攘攘的人群（或者竟是千姿百态的木偶）中走，定一定神，隐隐地甚至可以听见魔法师的窃笑。

我想起《去年在马里昂巴》，正像似剧中人想起（和希望别人也想起）去年在马里昂巴那样，仿佛是想起了一个亘古的神约。这神约无法证实，这神约存在于你不断地想起它，不断的魂牵梦萦。但是中了魔法的人有几个还能再相信那神约呢？

“马里昂巴”与“戈多”大有关联，前者是神约是希望，后者是魔法是绝境。

我经常觉得，我与文学并不相干，我只是写作（有时甚至不能写，只是想）。我不知道写作可以归到怎样的“学”里去。

写作就像自语，就像冥思、梦想、祈祷、忏悔……是人的现实之外的一份自由和期盼，是面对根本性苦难的必要练习。写作不是能学来的（不像文学），并无任何学理可循。数学二字顺理成章，文学二字常让我莫名其妙，除非它仅仅指理论。还是昆德拉说得对：任何生活都比你想象得复杂（大意）。理论是要走向简单，写作是走进复杂。

当然，写作与写作不同，有些只是为了卖，有些主要是为了写。就像说书瞎子，嘴里说着的一部是为了衣食，心里如果还有一部，就未必是大家都能听懂的。

我们是自己的魔鬼，我们将自己逐出我们的天堂。
——歌德

我曾经写过：人与人的差别大于人与猪的差别。人与猪的差别是一个定数，人与人的差别却是无穷大。所以，人与人的交往多半肤浅。或者说，只有在比较肤浅的层面上，交往是容易的。一旦走进复杂，人与人就是相互的迷宫。这大概又是人的根本处境，所以巴别塔总是不能通到天堂。

现在的媒体是为了求取大众的快慰，能指望它什么？

人与人的差别大于人与猪的差别。人与猪的差别是一个定数，人与人的差别却是无穷大。

性和爱，真是生命中两个最重要的密码，任何事情中都有它们的作为：一种是走向简单的快慰，一种是走向复杂的困苦。难怪流行着的对爱情的看法是：真累。大凡魔法（比如吸毒，比如电子游戏）必要有一份快慰作吸引，而神约，本来是困苦中的跋涉。

没有任何理由认为惧怕死亡是非理性的。
——艾温·辛格

造罪的其实是上帝。他把一个浑然的消息分割进亿万个肉体，和亿万种残缺的境况，寂寞的宇宙于是有了热火朝天的“人间戏剧”。但是在戏剧的后面（在后台，在散了戏回家的路上，在角色放弃了角色的时候）才有真相。我怀疑上帝更想看的也许是深夜的“戏剧”——梦境中的期盼。深夜是另一个世界，那时地球的这一面弥漫着与白天完全不同的消息，那是角色们卸装之后的心情，那时候如果魔法中得不深，他们可能就会想起类似“马里昂巴”那样的地方，就会发现，每一个人都是那浑然消息的一部分，而折磨，全在于分割，分割之后的隔离。肉体是一个囚笼，是一种符咒，是一份残缺，细想一切困苦都是由于它，但后果却要由精神去担负。那大约就是上帝的意图——锤炼精神。就像是漂流黄河，人生即是漂流，在漂流中体会上帝的意图。

爱，就是重新走向那浑然消息的愿望，所以要沟通，所以要敞开。那是唯一符合上帝期待的行动吧，是上帝想看到的成果。

还有死。怕死真是人类最愚蠢的一种品质。不过也可能，就像多年的囚徒对自由的担心吧，毕竟是一种新的处境。

怕死真是人类最愚蠢的一种品质。不过也可能，就像多年的囚徒对自由的担心吧，毕竟是一种新的处境。

病得厉害的时候，我写了一首小诗（自以为诗）：

最后的练习是沿悬崖行走／在梦里我听见／灵魂像一只飞虻／在窗户那儿嗡嗡作响／在颤动的阳光里，边舞边唱／眺望即是回想。

谁说我没有死过？／在出生以前／太阳已无数次起落／无限的光阴，被无限的虚无吞并／又以我生日的名义／卷土重来。

午后，如果阳光静寂／你是否能听／往日已归去哪里？／在光的前端，或思之极处／时间被忽略的存在中／生死同一。

至于这个乌烟瘴气的“现代”和“城市”，我真有点相信气功师们的说法，是末世的征兆。不可遏制的贪婪，对于一个有限的地球，迟早是灭顶之灾。只是不知道人们能否及时地从那魔法中跳出来？

不可遏制的贪婪，对于一个有限的地球，迟早是灭顶之灾。只是不知道人们能否及时地从那魔法中跳出来？

您的通信建议非常好，可以随意地聊，不拘规则。确实有很多念头，只是现在总是疲劳，有时候就不往下想了。随意地聊聊和听听，可以刺激日趋麻木的思想。只是您别嫌慢，我笔下从来就慢，现在借着透析就更慢。

问候钱老师。

祝

好！

史铁生

1998年11月14日

李健鸣：

您好！

我又写了几行自以为诗的文字：

如果收拾我的遗物／请别忘记这个窗口／那是我最常用的东西／我的目光／我的呼吸和我的好梦／我的神思从那儿流向世界／我的世界在那儿幻出奇景／我的快乐／从那儿出发又从那儿回来／黎明夜色都是我的魂灵

大概是我总坐在四壁之间的缘故，唯一的窗口执意把我推向“形而上”。想，或者说思考，占据了我的大部分时间。我不想纠正，因为并没有什么纠正的标准。总去想应该怎样，倒不如干脆去由它怎样。唯望您能忍受。

我还是相信，爱情，从根本上说是一种理想（梦想，心愿），并不要求它必须是现实。

现实的内容太多，要有同样多的智谋去应对，势单力薄的理想因此很容易被扯碎，被埋没，剩下的是无穷无尽的事务、消息、反应……所以就有一种潇洒的态度流行：其实并没有什么爱情，有的只是实实在在的日子（换句话就是：哪有什么理想，有的只是真实的生活）。但这潇洒必定经不住迂腐的多有一问：其实并没有的那个东西，到底是什么？如果说不出没有的是什么，如何断定它没有呢？如果说出了没有的是什么，什么

爱不在小说里，而在叙述的对象里。

——卡夫卡

就已经有了。

爱情并非有形之物，爱情是一种心愿，它在思念中、描画中，或者言说中存在。呼唤它，梦想它，寻找它，乃至丢失它，轻慢它，都说明它是有的，它已经存在。只有认为性欲和婚姻就已经是它的时候，它消失，或者根本不曾出面。

所有的理想都是这个逻辑，没有它的根本不会说它，说它的都因为已经有它。

所以语言重要。语言的重要并不仅在于能够说明什么，更在于可以寻找什么，描画理想，触摸虚幻，步入可能。甚至，世界的无限性即系于语言的无限可能。

写作所以和爱情相近，其主要的关心点都不在空间中发生的事，而在“深夜的戏剧”里。布莱希特的“陌生化”，我想，关键是要解除白昼的魔法（即确定所造成的束缚），给语言或思悟以深夜的自由（即对可能的探问）。要是看一出戏，其实在大街上或商店里也能看到，又何必去剧场？要是一种思绪独辟蹊径，拓开了生命的可能之地，没有舞台它也已经是艺术（艺术精神）。有，或者没有这样的思绪在飘动，会造就两种决然不同的现实。

写作所以和爱情相近，其主要的关心点都不在空间中发生的事，而在『深夜的戏剧』里。

昨天有几个朋友来看我，不知怎么一来说起了美国，其中一个说：“美国有什么了不起？我可不想当美国人。”另一个说：

男女之间的爱通过肉体接触而被完成，这是一个事实。

——今道友信

“那当然，当美国人干吗？”这对话让我感慨颇多，当不当美国人是一回事，但想不想当美国人确实已经作为一个问题被提出、被强调了，事情就不再那么简单。比如，为什么没有人去考虑要不要当古巴人？或者，你即便声称想当古巴人，也不会在人们心中掀起什么波澜，或引起什么非难。所以，存在之物，在乎其是否已经成为问题，而有没有公认的答案倒可以轻视。

我也并不想当美国人，当然让我去美国玩玩我会很高兴，原因不在于哪儿更好，而在于哪儿更适合我。这都是题外话。再说一句题外话：有人（记不清是谁了）曾经说过：不可以当和尚，但不可以不想当和尚。此言大有其妙。

并非有形的东西才存在。想什么和不想什么，说什么和不说什么，现实会因而大不相同。

并非有形的东西才存在。想什么和不想什么，说什么和不说什么，现实会因而大不相同。譬如神，一个民族或者一个社会，相信什么样的神，于是便会有什么样的精神。所谓失神落魄，就是说，那个被言说、被思悟着的信仰（神）如果不对劲儿，现实（魄）必也要出问题。

三毛说“爱如禅，一说就错”，这话说得机灵，但是粗浅。其实禅也离不开说，不说怎么知道一说就错？“一说就错”只不过是说，爱，非语言可以穷尽。而同时也恰恰证明，爱，是语言的无限之域。一定要说它是语言的无限之域，是因为，不说（广义地说，包括思考与描画），它就没有，就萎缩，就消失，或者就变质。眼下中国人渐渐地少说它了，谁说谁迂腐，谁累。

中国人现在少说理想，多说装修，少说爱情，多言性。中国人现在怕累，因为以往的理想都已落空，因为以往的理想都曾信誓旦旦地想要承包现实。

让理想承包现实，错误大约正从这儿开始。理想可以消失为现实，不可能落实为现实。理想的本质，注定它或者在现实的前面奔跑，或者在现实的上空飘动，绝难把它捉来牢牢地放在床上。两个没有梦想的人，不大可能有爱情，只可以有性和繁殖。同床异梦绝非最糟糕的状态，糟糕的是同床无梦。

让理想承包现实，错误大约正从这儿开始。理想可以消失为现实，不可能落实为现实。

我曾经写过：爱这个字，颇多歧义。母爱、父爱等等，说的多半是爱护。“爱牙日”也是说爱护。爱长辈，说的是尊敬，或者还有一点威吓之下的屈从。爱百姓，还是爱护，这算好的，不好时里面的意思就多了。爱哭，爱睡，爱流鼻涕，是说容易、控制不住。爱玩，爱笑，爱桑拿，爱汽车，说的是喜欢。“爱怎么着就怎么着”，是想的意思，随便你。“你爱死不死”，也是说请便，不过已经是恨了。

“飘飘欲仙”的感觉，在我想来，仍只在性的领域。性的领域很大，不单是性生活。说得极端些，甚至豪华汽车之于男人，良辰美景之于女人，都在性的领域。因为那仅仅还是喜欢的状态。喜欢的状态是不大可能长久的，正如荷尔蒙的分泌之有限。人的心情多变，但心情的多变无可指责，生活本来多么曲折！

因此，爱，虽然赞美激情和“飘飘欲仙”，但并不谴责或遗憾于其短暂。当激情或“飘飘欲仙”的感觉疲倦了，才见爱之要义。

在我看来，爱情大于性的，主要是两点。一是困苦中的默然相守，一是隔离中的相互敞开。

默然相守，病重时我尤感深刻。那时我病得几乎没了希望，而透析费之高昂更令人不知所措。那时的处境是，有钱（天文数字）就可以活下去，没钱只好眼睁睁地憋死。那时希米日夜在我身边，当然她也没什么办法。有那么一段时间，我们只是一同默默地发愁，和一同以听天由命来相互鼓励。恰是这默默和一同，让我感到了爱的辽阔和深重——爱与性之比，竟是无限与有限之比的悬殊！那大约正是因为，人生的困苦比喜欢要辽阔得多、深重得多吧。所以，喜欢不能证明爱情（但可以证明性），困苦才能证明。这困苦是超越肉体的。肉体的困苦不可能一同，一同的必是精神，而默默，是精神一同面对困苦的证明。那便是爱，是爱情与性之比的辽阔无边，所以令语言力不从心，所以又为语言开辟了无限领域。

喜欢不能证明爱情（但可以证明性），困苦才能证明。这困苦是超越肉体的。

相互敞开。人不仅“是被抛到这个世界上来的”，而且是一个个分开着被抛来的。人的另一种（其实是根本的）困苦，就是这相互的隔离。要超越这隔离，只能是心魂的相互敞开，所以才有语言的不断创造，或者说语言的创造才有了根据，才有了家园，语言的创造才不至于是哗众取宠的胡拼乱凑。这样的家园，也可以就叫做：爱情。

性，所以在爱情中有其不可忽视的地位，就因为那是语言，那已不仅仅是享乐，那是牵动着一切历史（个人的，以及个人所在其中）的诉说与倾听。

我曾经写过：爱情所以选中性作为表达，作为仪式，正是因为，性，以其极端的遮蔽状态和极端的敞开形式，符合了爱的要求。极端的遮蔽和极端的敞开，只要能表达这一点，不是性也可以，但恰恰是它，性于是走进爱的领地。没有什么比性更能体现这两种极端了，爱情所以看中它，正是要以心魂的敞开去敲碎心魂的遮蔽，爱情找到了它就像艺术家终于找到了一种形式，以期梦想可以清晰，可以确凿，可以不忘，尽管人生转眼即是百年。

人大约有两种本性，一是要发展，二是要稳定。没有发展，即是死亡。没有稳定，则一切意义都不能呈现。

譬如“现在”，现在即是一种稳定。现在是多久？一分钟还是一秒钟，或者更长和更短？不，现在并没有客观的度量，现在是精神对一种意义的确认所需要的最短过程。失去对意义的确认，时间便是盲目的，现在便无从捕捉。

我想，发展是属于性的——生长，萌动，更新（比如科学）；

譬如『现在』，现在即是一种稳定。现在是多久？一分钟还是一秒钟，或者更长和更短？

稳定是属于爱情的——要使意义得以呈现，得到确认（比如信仰）。

所以不能谴责性的多向与善变，在任何人心中，性都是一团野性的风暴，而那也正是它的力与美。所以也不能谴责爱的相对保守，它希望随时建设一片安详的净土。同样的比喻也适于男性与女性。我不用“男人”与“女人”，意思是，这不是指生理之别，而是指生命态度——男性的态度和女性的态度。上帝的意思大约是：这两种态度都是必要的。所以，“金风玉露一相逢，便胜却人间无数”，那当然是不易的。不易，因而更要作为一种祈祷而存在。

这个话题显然没完，或者也许不可能完，慢慢说吧。

祝

新年好运　己卯吉祥

史铁生

1998年12月11日

李健鸣：

您好！

总算把年过完了。在民间传说中“年”被描画成一种可怕的怪兽，果然不假。

我是这样想：在“爱的本身”后面，一定有“对爱的追求”，即一定有一种理想——或者叫梦想更合适。这理想或者梦想并不很清晰，它潜藏在心魂里而不是表明在理智中，它依靠直觉而不是逻辑，所以它如您所说是“无法事先预料和无法估计后果的情感”。这很明白。我说“爱是一种理想”，其原因并不在于此。

您说“也许爱的最大敌人就是恐惧了”，我非常同意。我所说的理想，恰恰是源于这“最大的敌人”。恐惧当然不是由性产生，人类之初，一切性活动都是自然而然。只当有了精神寻求，有了善恶之分、价值标准，因而有了物质原因之外的敌视、歧视和隔离，才有了这份恐惧，或使这恐惧日益深刻。人们于是“不敢打开窗户”。倘其不必打开倒也省事，但“不敢打开”恰说明“渴望打开”，这便是理想或梦想的源头。这源头永远不会枯竭，因为亚当、夏娃永远地被罚出了伊甸园，要永远地面对他者带来的恐惧，所以必然会永远怀着超越隔离的期盼。

有些神话真是寓意高妙。比如西绪福斯滚动石头，石头被推上山顶又重新滚回山下，永无停歇。比如斯芬克斯的谜语，谜底是“人”，谁若猜它不出谁就要被吃掉。比如亚当、夏娃吃了知识树上的果实，懂得了羞耻，被罚出伊甸园，于是人类社会开始。

不存在什么方法，除非你才华横溢。

——艾略特

宗教精神（未必是某一种特定的宗教——有些宗教也已经被敌视与歧视搞糟了）的根本，正是爱的理想。

事实上我们都需要忏悔，因为在现实社会中，不怀有歧视的人并不多。

事实上我们都需要忏悔，因为在现实社会中，不怀有歧视的人并不多。而这又是个不可解的矛盾：一方面，人类社会不可能、也不应该取消价值标准，另一方面价值标准又是歧视与隔离的原因。——这就是人间，是原罪，是上帝为人选定的惩罚之地。我常常感到这样的矛盾：睁开白天的眼睛，看很多人很多事都可憎恶。睁开夜的眼睛，才发现其实人人都是苦弱地挣扎，唯当互爱。当然，白天的眼睛并非多余，我是说，夜的眼睛是多么必要。

在沉思默坐向着神圣皈依的时间里，尘世的一切标准才被扫荡，于是看见一切众生都是苦弱，歧视与隔离唯使这苦弱深重。

人们就像在呆板的实际生活中渴望虚构的艺术那样，在这无奈的现实中梦想一片净土、一种完美的时间。这就是宗教精神吧。在这样的境界中，在沉思默坐向着神圣皈依的时间里，尘世的一切标准才被扫荡，于是看见一切众生都是苦弱，歧视与隔离唯使这苦弱深重。那一刻，人摆脱了尘世附加的一切高低贵贱，重新成为赤裸的亚当、夏娃。生命必要有这样一种时间，一块净土，尽管它常会被嘲笑为“不现实”。但“不现实”未必不是一种好品质。比如艺术，我想应该是脱离实际的。模仿实际不会有好艺术，好的艺术都难免是实际之外的追寻。

当然，在强大的现实面前，这理想（梦想、净土）只能是一出非现实的戏剧，不管人们多么渴望它，为它感动，为它流泪，为它呼唤，人们仍要回到现实中去，并且不可能消灭这惩罚之地的规则。但是，有那样的梦想在，现实就不再那么绝望，不至于一味地实际成经济动物。我想，这就是应该强调爱是一种理想的原因。爱是一种理想或梦想，不仅仅是一种实际，这样，当爱的实际并不美满之时，喜欢实际的中国人才不至于全面地倒向实际，而放弃飘缭于心魂的爱的梦想。

我可能是幸运的。我知道满意的爱情并不很多，需要种种机遇。我只是想，不应该因为现实的不满意，就迁怒于那亘古的梦想，说它本来没有。人若无梦，夜的眼睛就要瞎了。说“没有爱情”，是因为必求其现实，而不大看重它更是信奉。不单爱情如此，一切需要信奉的东西都是这样，美满了还有什么好说？不美满，那才是需要智慧和信念的时候。

如果宗教意义上的爱不可能全面地实现，爱情便有了突出的意义——它毕竟是可以实现的，因而它甚至具有了象征意味。它甚至像是上帝为广博的爱所保留的一点火种。它甚至是在现实、现实、和现实的强大包围下的一个圆梦的机会。上帝把一个危险性最小的机会（因为人数最少）给了恋人，期待他们“打开窗户”。上帝大约是在暗示：如果这样你们还不能相互敞开你们就毫无希望了，如果这样你们还是相互隔离或防范，你们就只配永恒的惩罚。所以爱情本身也具有理想意义。艺术又何尝不是如此？它不因现实的强大而放弃热情，相反却乐此不疲地点燃梦想。

人生是苦海，是惩罚，是原罪。对惩罚之地的最恰当的态度，是把它看成锤炼之地。

我越来越相信，人生是苦海，是惩罚，是原罪。对惩罚之地的最恰当的态度，是把它看成锤炼之地。既是锤炼之地，便有了一种猜想——灵魂曾经不在这里，灵魂也不止于这里，我们是途经这里！宇宙那宏大浑然的消息被分割进肉体，成为一个个有限或残缺，从而体会爱的必要。

在夜的辽阔无比的声音中，确实蕴含着另外的呼唤，需要闭目谛听。（我才明白为什么音乐是最高级的艺术，因为听之辽阔远非视界所能比及。）我们途经这里，那就是说我们可以期待一个更美好的世界，比如说极乐世界。但这不应该被强调，一旦这样强调，爱的信念就要变成实利的引诱，锤炼之地就难免沦为贿赂之地。一个更美好的世界，不管是人间还是天堂，都必经由万苦不辞的爱的理想，这才是上帝或佛祖或一切宗教精神的要求。

现在的一些气功或崇拜恰恰相反，不是许诺实利就是以实利为目的，所以可疑。

您的信中最后说道："所有你能遇到的意识形态都是为了去掉你的天性"，"那不是任何理论所能解决的，只能依靠我们的心性”。这真是说得好。我曾真心地以为真理越辩越清，现在我知道，真理本来清楚，很可能是越辩越糊涂。很多理论，其出发点未必是为生命的意义而焦虑，甚至可能只是为了话语的权利而争夺。思考是必要的，但必须“直指心性”。

先写这些。

祝

好！

史铁生

1999年2月28日

（本文最初发表于2000年《钟山》，原题《给李健鸣的三封信》）

23 信仰是自己的精神描述

杨晓敏：

你好！

看了您的论文。文章中最准确的一个判断是：我并非像有的人所估计的那样已经“大彻大悟”，已经皈依了什么。因为至少我现在还不知道“大彻大悟”到底意味着什么。

我并非像有的人所估计的那样已经『大彻大悟』，已经皈依了什么。

由于流行，也由于确实曾想求得一点解脱，我看了一些佛、禅、道之类。我发现它们在世界观方面确有高明之处（比如“物我同一”“万象唯识”等等对人的存在状态的判断；比如不相信有任何孤立的事物的“缘起”说；比如相信“生生相继”的“轮实现美好的人生无论是个人的还是社会的，都无捷径可走。要创造美好的人生，我们必须拥有智慧、自制和同情心。

——罗素

回”说；比如“不立文字”“知不知为上”对人的智力局限所给出的暗示；以及借助种种悖论式的“公案”使人看见智力的极限，从而为人们体会自身的处境开辟了直觉的角度，等等这些确凿是大智慧）。但不知怎么回事，这些妙论一触及人生观便似乎走入了歧途，因为我总想不通，比如说：佛要普度众生，倘众生都成了“忘却物我，超脱苦乐，不苦不乐，心极寂定”的佛，世界将是一幅什么图景？而且这可不可能？如果世间的痛苦不可能根除，而佛却以根除世间痛苦的宏愿获得了光荣，充其量那也只能是众生度化了佛祖而已。也许可能？但是，一个“超脱苦乐”甚至“不苦不乐”的效果原是一颗子弹就可以办到的，又为什么要佛又为什么要活呢？也许那般的冷静确实可以使人长寿，但如果长寿就是目的，何不早早地死去待机做一棵树或做一把土呢？如果欲望就是歧途，大致就应该相信为人即是歧途。比如说人与机器人的区别，依我想，就在于欲望的有无。科学已经证明，除去创造力，人所有的一切功能机器人都可以仿效，只要给它输入相应的程序即可，但要让机器人具有创造能力，则从理论上也找不到一条途径。要使机器人具有创造力，得给它输入什么呢？我想，必得是：欲望。欲望产生幻想，然后才有创造。欲望这玩意儿实在神秘，它与任何照本宣科的程序都不同，它可以无中生有变化万千，这才使一个人间免于寂寞了。输入欲望，实在是上帝为了使一个原本无比寂寞的世界得以欢腾而做出的最关键的决策。如果说猴子也有欲望，那只能说明人为了超越猴子应该从欲望处升华，并不说明应该把欲望阉割以致反倒从猴子退化。而“不苦不乐”是什么呢？或者是放弃了升华的猴子，或者是退出了欲望的石头。所以我渐渐相信，欲望不可能无，也不应该无。当然这有一个前提，就是：我们还想做人，还是在为人找一条路，而且不仅仅想做一个各种器官都齐全都耐用的人，更想为人所独有的精神找一个美丽的位置。还得注意：如果谁不想做人而更愿意做一棵树，我们不应该制止，万物都有其选择生存方式的权利——当然那也就谈不上选择，因为选择必是出于欲望并导致欲望。说归齐，不想做人的事我们不关心（不想做人的人，自然也都蔑视我们这类凡俗的关心，他们这种蔑视的欲望我们应该理解，虽然他们连这凡俗的理解也照常地蔑视——我唯一放心的是他们不会认为我这是在暗含地骂人，因为那样他们就暴露了暗地里的愤怒，结果违反了“不苦不乐”的大原则，倒为我们这类凡俗的关心提出了证据）。我们关心的事，还是那一条或那一万条人的前途。

我们还想做人，还是在为人找一条路，而且不仅仅想做一个各种器官都齐全都耐用的人，更想为人所独有的精神找一个美丽的位置。

这就说到了“突围”。我确曾如您所判断的，一度甚至几度地在寻求突围。但我现在对此又有点新想法了——那是突不出去的，或者说别指望突出去。因为紧接着的问题是：出去又到了哪儿呢？也许我们下辈子有幸做一种比人还高明的生命体，但又怎么想象在一个远为高明的存在中可以没有欲望、没有矛盾、没有苦乐呢？而在这一点上佛说对了（这属于世界观）——永恒的轮回。这下我有点懂了，轮回绝非是指肉身的重复，而是指：只要某种主体（或主观）存在，欲望、矛盾、苦乐之类就是无法寂灭的。（而他又希望这类寂灭，真是世上没有不犯错误的人！）这下我就正像您所判断的那样“越走越逼近绝境”了，生生相继，连突围出去也是妄想。于是我相信神话是永远要存在的，甚至迷信也是永远要存在的。我近日写了一篇散文，其中有这么两段话：“有神无神并不值得争论，但在命运的混沌之点，人自然会忽略着科学，向虚冥之中寄托一份虔敬的祈盼。正如迄今，人类最美好的向往也都没有实际的验证，但那向往并不因此消灭。”“我仍旧有时候默念着‘上帝保佑’而陷入茫然。但是有一天我认识了神，他有一个更为具体的名字——精神。在科学的迷茫之处，在命运的混沌之点，人唯有乞灵于自己的精神。不管我们信仰什么，都是我们自己的精神的描述和引导。”我想，因为智力的有限性和世界的无限性这样一个大背景的无以逃遁，无论科学还是哲学每时每刻都处在极限和迷途之中，因而每时每刻它们都在进入神话，借一种不需实证的信念继续往前走。这不需实证也无从实证的信念难道不是一种迷信吗？但这是很好的迷信，必要的迷信，它不是出自科学论证的鼓舞，而是出于生存欲望的逼迫。这就是常说的信心吧。在前途似锦的路上有科学就够了，有一个清晰而且美妙的前景在召唤谁都会兴高采烈地往前走，那算得上幸运算不得信心，那倒真是凭了最初级的欲望。信心从来就是迷途上的迷信，信心从来就意味着在绝境中“蛮横无理”地往前走，因而就得找一

生生相继，连突围出去也是妄想。于是我相信神话是永远要存在的，甚至迷信也是永远要存在的。

个非现实的图景来专门保护着自己的精神。信佛的人常说“我佛慈悲”，大半都是在祈望一项很具体的救济，大半都只注意了“慈”而没有注意“悲”，其实这个“悲”字很要紧，它充分说明了佛在爱莫能助时的情绪，倘真能“有求必应”又何悲之有？人类在绝境或迷途上，爱而悲，悲而爱，互相牵着手在眼见无路的地方为了活而舍死地朝前走，这便是佛及一切神灵的诞生，这便是宗教精神的引出，也便是艺术之根吧。(所以艺术总是讲美，不总是讲理。所以宗教一旦失去这慈悲精神，而热衷于一个人或一部分人的物界利益时，就有堕落成一种坏迷信的危险。）这个“悲”字同时说明了，修炼得已经如此高超的佛也是有欲望的，比如“普度众生”，佛也是有苦有乐有欢有悲的。结果非常奇怪，佛之欲求竟是使众生无欲无求，佛之苦乐竟系于众生是否超脱了苦乐。这一矛盾使我猜想，此佛陀非彼佛陀，他早已让什么人给篡改了，倘非如此我们真是要这个劳什子干吗？无非是我们以永世的劫难去烘托他的光环罢了。所以，我一直不知道“大彻大悟”到底是什么，或者我不相信无苦无乐的救赎之路是可能的是有益的。所以，灭欲不能使我们突围，长寿也不能。死也许能，但突围是专指活着的行为。那个围是围定了的，活着即在此围中。

我一直不知道『大彻大悟』到底是什么，或者我不相信无苦无乐的救赎之路是可能的是有益的。

在这样的绝境上，我还是相信西绪福斯的欢乐之路是最好的救赎之路，他不指望有一天能够大功告成而入极乐世界，他于绝境之上并不求救于“瑶台仙境，歌舞升平”，而是由天落地重返人间，同时敬重了慈与悲，他千万年的劳顿给他酿制了一种智慧，他看到了那个永恒的无穷动即是存在的根本，于是他正如尼采所说的那样，以自己的劳顿为一件艺术品，以劳顿的自己为一个艺术欣赏家，把这个无穷的过程全盘接受下来再把它点化成艺术，其身影如日神一般地作美的形式，其心魂如酒神一般地常常醉出躯壳，在一旁作着美的欣赏。(我并没有对佛、禅、道之类有过什么研究，只是就人们对它们的一般理解有着自己的看法罢了。不过我想，它们原本是什么并不如它们实际的效用更重要，即："源"并不如"流"重要。但如果溯本清源，也许佛的精神与西绪福斯有大同，这是我从佛像的面容上得来的猜想，况且慈与悲的双重品质非导致美的欣赏不可。）所以宗教和艺术总是难解难分的，我一直这么看：好的宗教必进入艺术境界，好的艺术必源于宗教精神。

但是这又怎么样呢？从死往回看，从宇宙毁灭之日往回看：在写字台上赌一辈子钱，和在写字台前看一辈子书有什么不一样呢？抽一辈子大烟最后抽死，和写一辈子文章最后累死有什么不一样呢？为全套的家用电器焦虑终生，和为完美的艺术终生焦虑有什么不一样呢？以无苦无乐为渡世之舟，和以心醉于悲壮醉于神圣为渡世之舟又有什么不一样呢？如果以具体的生存方式论，问题就比较难说清，但把获得欢乐之前、之后的两个西绪福斯相比较，就能明白一个区别：前者（即便不是推石头也）仅仅是一个永远都在劳顿和焦灼中循环的西绪福斯，后者（无论做什么）则是一个既有劳顿和焦灼之苦，又有欣赏和沉醉之乐的西绪福斯，因而他打破了那个绝望的怪圈，至少是在这条不明缘由的路上每天都有一个悬念迭出的梦境，每年都有一个可供盼望的假期。这便是物界的追寻和（精）神界的追寻，所获的两种根本不同的结果吧。当然赌钱或许也能赌到一个美妙境界，最后不在乎钱而在乎兴奋了，那自然是值得祝贺的，但我想，真有这样的高人，也不过是让苦给弄伤了心，到那牌局中去躲避着罢了，与西绪福斯式的欢乐越离得远些。

最后有一个死结，估计我今生是解它不开了：无论哪条路好，所有的人都能入此路吗？从理论上说人都是一样的构造，所以“人皆可成佛”，可是实际上从未有过这样的事实；倘若设想一个人人是佛的世界，便只能设想出一片死寂来，无差别的世界不是一片死寂能是什么呢？——至少我是想不出一个解法来。想而又想可能本就是一个荒唐者的行状，最后想出一个死结来，无非证明荒唐得有了点水平而已。那个欢乐的西绪福斯只是一个少数，正如那个“大彻大悟”的佛也是一个少数，又正如那些饱食终日的君主同样是一些少数，所谓众生呢？似乎总就是一出突围之戏剧的苦难布景，还能不体会一个“悲”字吗？

有一个死结，估计我今生是解它不开了：无论哪条路好，所有的人都能入此路吗？从理论上说人都是一样的构造，所以『人皆可成佛』，可是实际上从未有过这样的事实……

1990 年

（本文曾收入随笔集《对话练习》）

24 我二十一岁那年

友谊医院神经内科病房有十二间病室，除去一号二号，其余十间我都住过。当然，决不为此骄傲。即便多么骄傲的人，据我所见，一躺上病床也都谦恭。一号和二号是病危室，是一步登天的地方，上帝认为我住那儿为时尚早。

十九年前，父亲搀扶着我第一次走进那病房。那时我还能走，走得艰难，走得让人伤心就是了。当时我有过一个决心：要么好，要么死，一定不再这样走出来。

正是晌午，病房里除了病人的微鼾，便是护士们轻极了的脚步，满目洁白，阳光中漂浮着药水的味道，如同信徒走进了庙宇，我感觉到了希望。一位女大夫把我引进十号病室。她贴近我的耳朵轻轻柔柔地问：“午饭吃了没？”我说：“您说我的病还能好吗？”她笑了笑。记不得她怎样回答了，单记得她说了一句什么之后，父亲的愁眉也略略地舒展。女大夫步履轻盈地走后，我永远留住了一个偏见：女人是最应该当大夫的，白大褂是她们最优雅的服装。

那天恰是我二十一岁生日的第二天。我对医学对命运都还未及了解，不知道病出在脊髓上将是一件多么麻烦的事。我舒心地躺下来睡了个好觉。心想：十天，一个月，好吧就算是三个月，然后我就又能是原来的样子了。和我一起插队的同学来看我时，也都这样想；他们给我带来很多书。

十号有六个床位。我是六床。五床是个农民，他天天都盼着出院。“光房钱一天就一块一毛五，你算算得啦，”五床说，“死呗可值得了这么些？”三床就说：“得了嘿你有完没完！死死死，数你悲观。”四床是个老头，说：“别介别介，咱毛主席有话啦——既来之，则安之。”农民便带笑地把目光转向我，却是对他们说：“敢情你们都有公费医疗。”他知道我还在与贫下中农相结合。一床不说话，一床一旦说话即可出院。二床像是个有些来头的人，举手投足之间便赢得大伙的敬畏。二床幸福地把一切名词都忘了，包括忘了自己的姓名。二床讲话时，所有名词都以“这个”“那个”代替，因而讲到一些轰轰烈烈的事迹却听不出是谁人所为。四床说：“这多好，不得罪人。”

我不搭茬儿。刚有的一点舒心顷刻全光。一天一块多房钱都要从父母的工资里出，一天好几块的药钱、饭钱都要从父母的工资里出，何况为了给我治病，家中早已是负债累累了。我马上就想那农民之所想了：什么时候才能出院呢？我赶紧松开拳头让自己放明白点：这是在医院不是在家里，这儿没人会容忍我发脾气，而且砸坏了什么还不是得用父母的工资去赔？所幸身边有书，想来想去只好一头埋进书里去，好吧好吧，就算是三个月！我平白地相信这样一个期限。

可是三个月后我不仅没能出院，病反而更厉害了。

那时我和二床一起住到了七号。二床果然不同寻常，是位局长，十一级干部，但还是多了一级，非十级以上者无缘去住高干病房的单间。七号是这普通病房中唯一仅设两张病床的房间，最接近单间，故一向由最接近十级的人去住。据说刚有个十三级从这儿出去。二床搬来名正言顺。我呢？护士长说是“这孩子爱读书”，让我帮助二床把名词重新记起来。“你看他连自己是谁都闹不清了，”护士长说。但二床却因此越来越让人喜欢，因为“局长”也是名词也在被忘之列，我们之间的关系日益平等、融洽。有一天他问我：“你是干什么的？”我说：“插队的。”二床说他的“那个”也是，两个“那个”都是，他在高出他半个头的地方比画一下：“就是那两个，我自己养的。”“您是说您的两个儿子？”他说对，儿子。他说好哇，革命嘛就不能人会因感受过多而生病，会因与周围的一切过于密切而生病。人不再受自己的秘密性质所驱使，而成为世界表面的一切诱惑肉体和灵魂的事物的牺牲品。

——米歇尔·福柯

怕苦，就是要去结合。他说：“我们当初也是从那儿出来的嘛。”我说：“农村？”“对对对。什么？”“农村。”“对对对农村。别忘本呀！”我说是。我说：“您的家乡是哪儿？”他于是抱着头想好久。这一回我也没办法提醒他。最后他骂一句，不想了，说：“我也放过那玩意。”他在头顶上伸直两个手指。“是牛吗？”他摇摇头，手往低处一压。“羊？”“对了，羊。我放过羊。”他躺下，双手垫在脑后，甜甜蜜蜜地望着天花板老半天不言语。大夫说他这病叫作“角回综合征，命名性失语”，并不影响其他记忆，尤其是遥远的往事更都记得清楚。我想局长到底是局长，比我会得病。他忽然又坐起来：“我的那个，喂，小什么来？”“小儿子？”“对！”他怒气冲冲地跳到地上，说：“那个小玩意，娘个×！”说：“他要去结合，我说好嘛我支持。”说：“他来信要钱，说要办个这个。”他指了指周围，我想“那个小玩意”可能是要办个医疗站。他说：“好嘛，要多少？我给。可那个小玩意！”他背着手气哼哼地来回走，然后停住，两手一摊：“可他又要在那儿结婚！”“在农村？”“对，农村。”“跟农民？”“跟农民。”无论是根据我当时的思想觉悟，还是根据报纸电台当时的宣传倡导，这都是值得肃然起敬的。“扎根派，”我钦佩地说。“娘了个×派！”他说：“可你还要不要回来嘛？”这下我有点发蒙。见我愣着，他又一跺脚，补充道：“可你还要不要革命？！”这下我懂了，先不管革命是什么，二床的坦诚都令人欣慰。

不必去操心那些玄妙的逻辑了。整个冬天就快过去，我反倒拄着拐杖都走不到院子里去了，双腿日甚一日地麻木，肌肉无可遏止地萎缩，这才是需要发愁的。

我能住到七号来，事实上是因为大夫护士们都同情我。因为我还这么年轻，因为我是自费医疗，因为大夫护士都已经明白，我这病的前景极为不妙，还因为我爱读书——在那个“知识越多越反动”的年代，大夫护士们尤为喜爱一个爱读书的孩子。他们都还把我当孩子。他们的孩子有不少也在插队。护士长好几次在我母亲面前夸我，最后总是说：“唉，这孩子……”这一声叹，暴露了当代医学的爱莫能助。他们没有别的办法帮助我，只能让我住得好一点，安静些，读读书吧——他们可能是想，说不定书中能有“这孩子”一条路。

可我已经没了读书的兴致。整日躺在床上，听各种脚步从门外走过；希望他们停下来，推门进来，又希望他们千万别停，走过去走你们的路去别来烦我。心里荒荒凉凉地祈祷：上帝如果你不收我回去，就把能走路的腿也给我留下！我确曾在没人的时候双手合十，出声地向神灵许过愿。多年以后才听一位无名的哲人说过：危卧病榻，难有无神论者。如今来想，有神无神并不值得争论，但在命运的混沌之点，人自然会忽略着科学，向虚冥之中寄托一份虔敬的祈盼。正如迄今人类最美好的向往也都没有实际的验证，但那向往并不因此消灭。

多年以后才听一位无名的哲人说过：危卧病榻，难有无神论者。

主管大夫每天来查房，每天都在我的床前停留得最久：“好吧，别急。”按规矩主任每星期查一次房，可是几位主任时常都来看看我：“感觉怎么样？嗯，一定别着急。”有那么些天全科的大夫都来看我，八小时以内或以外，单独来或结队来，检查一番各抒主张，然后都对我说：“别着急，好吗？千万别急。”从他们谨慎的言谈中我渐渐明白了一件事：我这病要是因为一个肿瘤捣的鬼，把它找出来切下去随便扔到一个垃圾桶里，我就还能直立行走，否则我多半就把祖先数百万年进化而来的这一优势给弄丢了。

窗外的小花园里已是桃红柳绿，二十二个春天没有哪一个像这样让人心抖。我已经不敢去羡慕那些在花丛树行间漫步的健康人，和在小路上打羽毛球的年轻人。我记得我久久地看过一个身着病服的老人，在草地上踱着方步晒太阳；只要这样我想只要这样！只要能这样就行了就够了！我回忆脚踩在软软的草地上是什么感觉？想走到哪儿就走到哪儿是什么感觉？踢一颗路边的石子，踢着它走是什么感觉？没这样回忆过的人不会相信，那竟是回忆不出来的！老人走后我仍呆望着那块草地，阳光在那儿慢慢地淡薄，脱离，凝作一缕孤哀凄寂的红光一步步爬上墙，爬上楼顶……我写下一句歪诗：轻拨小窗看春色，漏入人间一斜阳。日后我摇着轮椅特意去看过那块草地，并从那儿张望七号窗口，猜想那玻璃后面现在住的谁？上帝打算为他挑选什么前程？当然，上帝用不着征求他的意见。

我乞求上帝不过是在和我开着一个临时的玩笑——在我的脊椎里装进了一个良性的瘤子。对对，它可以长在椎管内，但必须要长在软膜外，那样才能把它剥离而不损坏那条珍贵的脊髓。“对不对，大夫？”“谁告诉你的？”“对不对吧？”大夫说：“不过，看来不太像肿瘤。”我用目光在所有的地方写下“上帝保佑”，我想，或许把这四个字写到千遍万遍就会赢得上帝的怜悯，让它是个瘤子，一个善意的瘤子。要么干脆是个恶毒的瘤子，能要命的那一种，那也行。总归得是瘤子，上帝！

朋友送了我一包莲子，无聊时我捡几颗泡在瓶子里，想，赌不赌一个愿？——要是它们能发芽，我的病就不过是个瘤子。但我战战兢兢地一直没敢赌。谁料几天后莲子竟都发芽。我想好吧我赌！我想其实我压根儿是倾向于赌的。我想倾向于赌事实上就等于是赌了。我想现在我还敢赌——它们一定能长出叶子！（这是明摆着的。）我每天给它们换水，早晨把它们移到窗台西边，下午再把它们挪到东边，让它们总在阳光里；为此我抓住床栏走，扶住窗台走，几米路我走得大汗淋漓。这事我不说，没人知道。不久，它们长出一片片圆圆的叶子来。“圆”，又是好兆。我更加周到地侍候它们，坐回到床上气喘吁吁地望着它们，夜里醒来在月光中也看看它们：好了，我要转运了。并且忽然注意到“莲”与“怜”谐音，毕恭毕敬地想：上帝终于要对我发发慈悲了吧？这些事我不说没人知道。叶子长出了瓶口，闲人要去摸，我不让，他们硬是摸了呢，我便在心里加疾病隐喻从来就不是清白的，但可以说，癌症隐喻是其中极为恶劣的一例：它暗示种族大屠杀。

——苏珊·桑塔格

倍地祈祷几回。这些事我不说，现在也没人知道。然而科学胜利了，它三番五次地说那儿没有瘤子，没有没有。果然，上帝直接在那条娇嫩的脊髓上做了手脚！定案之日，我像个冤判的屈鬼那样疯狂地作乱，挣扎着站起来，心想干吗不能跑一回给那个没良心的上帝瞧瞧？后果很简单，如果你没摔死你必会明白：确实，你干不过上帝。

我终日躺在床上一言不发，心里先是完全的空白，随后由着一个死字去填满。王主任来了。（那个老太太，我永远忘不了她。还有张护士长。八年以后和十七年以后，我有两次真的病到了死神门口，全靠这两位老太太又把我抢下来。）我面向墙躺着，王主任坐在我身后许久不说什么，然后说了，话并不多，大意是：还是看看书吧，你不是爱看书吗？人活一天就不要白活。将来你工作了，忙得一点时间都没有，你会后悔这段时光就让它这么白白地过去了。这些话当然并不能打消我的死念，但这些话我将受用终生，在以后的若干年里我频繁地对死神抱有过热情，但在未死之前我一直记得王主任这些话，因而还是去做些事。使我没有去死的原因很多（我在另外的文章里写过），“人活一天就不要白活”亦为其一，慢慢地去做些事于是慢慢地有了活的兴致和价值感。有一年我去医院看她，把我写的书送给她，她已是满头白发了，退休了，但照常在医院里从早忙到晚。我看着她想，这老太太当年必是心里有数，知道我还不至

慢慢地去做些事于是慢慢地有了活的兴致和价值感。

去死，所以她单给我指一条活着的路。可是我不知道当年我搬离七号后，是谁最先在那儿发现过一团电线？并对此作过什么推想？那是个秘密，现在也不必说。假定我那时真的去死了呢？我想找一天去问问王主任。我想，她可能会说“真要去死那谁也管不了”，可能会说“要是你找不到活着的价值，迟早还是想死”，可能会说“想一想死倒也不是坏事，想明白了倒活得更自由”，可能会说“不，我看得出来，你那时离死神还远着呢，因为你有那么多好朋友”。

友谊医院——这名字叫得好。“同仁”“协和”“博爱”“济慈”，这样的名字也不错，但或稍嫌冷静，或略显张扬，都不如“友谊”听着那么平易、亲近。也许是我的偏见。二十一岁末尾，双腿彻底背叛了我，我没死，全靠着友谊。还在乡下插队的同学不断写信来，软硬兼施劝骂并举，以期激起我活下去的勇气；已转回北京的同学每逢探视日必来看我，甚至非探视日他们也能进来。“怎进来的你们？”“咳，闭上一只眼睛想一会儿就进来了。”这群插过队的，当年可以凭一张站台票走南闯北，甭担心还有他们走不通的路。那时我搬到了加号。加号原本不是病房，里面有个小楼梯间，楼梯间弃置不用了，余下的地方仅够放一张床，虽然窄小得像一节烟筒，但毕竟是单间，光景固不可比十级，却又非十一级可比。这又是大夫护士们的一番苦心，见我的朋友太多，都是少男少女难免说笑得不管不顾，既不能影响了别人又不可剥夺了我的快乐，于是给了我十级半的待遇。加号的窗口朝向大街，我的床紧挨着窗，在那儿我度过了二十一岁中最惬意的时光。每天上午我就坐在窗前清清静静地读书，很多名著我都是在那时读到的，也开始像模像样地学着外语。一过中午，我便直着眼睛朝大街上眺望，尤其注目骑车的年轻人和五路汽车的车站，盼着朋友们来。有那么一阵子我暂时忽略了死神。朋友们来了，带书来，带外面的消息来，带安慰和欢乐来，带新朋友来，新朋友又带新的朋友来，然后都成了老朋友。以后的多少年里，友谊一直就这样在我身边扩展，在我心里深厚。把加号的门关紧，我们自由地嬉笑怒骂，毫无顾忌地议论世界上所有的事，高兴了还可以轻声地唱点什么——陕北民歌，或插队知青自己的歌。晚上朋友们走了，在小台灯幽寂而又喧嚣的光线里，我开始想写点什么，那便是我创作欲望最初的萌生。我一时忘记了死，还因为什么？还因为爱情的影子在隐约地晃动。那影子将长久地在我心里晃动，给未来的日子带来幸福也带来痛苦，尤其带来激情，把一个绝望的生命引领出死谷。无论是幸福还是痛苦，都会成为永远的珍藏和神圣的纪念。

二十一岁、二十九岁、三十八岁，我三进三出友谊医院，我没死，全靠了友谊。后两次不是我想去勾结死神，而是死神对我有了兴趣；我高烧到四十多度，朋友们把我抬到友谊医院，内科说没有护理截瘫病人的经验，柏大夫就去找来王主任，找来张护士长，于是我又住进神内病房。尤其是二十九岁那次，高烧不退，整天昏睡、呕吐，差不多三个月不敢闻饭味，光用血管去喝葡萄糖，血压也不安定，先是低压升到 120 接着高压又降到 60，大夫们一度担心我活不过那年冬天了——肾，好像是接近完蛋的模样，治疗手段又像是接近于无了。我的同学找柏大夫商量，他们又一起去找唐大夫：要不要把这事告诉我父亲？他们决定：不。告诉他，他还不是白着急？然后他们分了工：死的事由我那同学和柏大夫管，等我死了由他们去向我父亲解释；活着的我由唐大夫多多关照。唐大夫说："好，我以教学的理由留他在这儿，他活一天就还要想一天办法。"真是人不当死鬼神奈何其不得，冬天一过我又活了，看样子极可能活到下一个世纪去。唐大夫就是当年把我接进十号的那个女大夫，就是那个步履轻盈温文尔雅的女大夫，但八年过去她已是两鬓如霜了。又过了九年，我第三次住院时唐大夫已经不在。听说我又来了，科里的老大夫、老护士们都来看我，问候我，夸我的小说写得还不错，跟我叙叙家常，唯唐大夫不能来了。我知道她不能来了，她不在了。我曾摇着轮椅去给她送过一个小花圈，大家都说：她是累死的，她肯定是累死的！我永远记得她把我迎进病房的那个中午，她贴近我的耳边轻轻柔柔地问："午饭吃了没？"倏忽之间，怎么，她已经不在了？她不过才五十岁出头。这事真让人哑口无言，总觉得不大说得通，肯定是谁

真是人不当死鬼神奈何其不得，冬天一过我又活了，看样子极可能活到下一个世纪去。

把逻辑摆弄错了。

但愿柏大夫这一代的命运会好些。实际只是当着众多病人时我才叫她柏大夫。平时我叫她“小柏”，她叫我“小史”。她开玩笑时自称是我的“私人保健医生”，不过这不像玩笑这很近实情。近两年我叫她“老柏”她叫我“老史”了。十九年前的深秋，病房里新来了个卫生员，梳着短辫儿，戴一条长围巾穿一双黑灯芯绒鞋，虽是一口地道的北京城里话，却满身满脸的乡土气尚未退尽。“你也是插队的？”我问她。“你也是？”听得出来，她早已知道了。“你哪届？”“老初二，你呢？”“我六八，老初一。你哪儿？”“陕北。你哪儿？”“我内蒙。”这就行了，全明白了，这样的招呼是我们这代人的专利，这样的问答立刻把我们拉近。我料定，几十年后这样的对话仍会在一些白发苍苍的人中间流行，仍是他们之间最亲切的问候和最有效的沟通方式；后世的语言学者会煞费苦心地对此作一番考证，正儿八经地写一篇论文去得一个学位。而我们这代人是怎样得一个学位的呢？十四五岁停学，十七八岁下乡，若干年后回城，得一个最被轻视的工作，但在农村待过了还有什么工作不能干的呢，同时学心不死业余苦读，好不容易上了个大学，毕业之后又被轻视——因为真不巧你是个“工农兵学员”，你又得设法摘掉这个帽子，考试考试考试这代人可真没少考试，然后用你加倍的努力让老的少的都服气，用你的实际水平和能力让人们相信你配得上那个学位——比如说，这就是我们这代人得一个学位的典型途径。这还不是最坎坷的途径。“小柏”变成“老柏”，那个卫生员成为柏大夫，大致就是这么个途径，我知道，因为我们已是多年的朋友。她的丈夫大体上也是这么走过来的，我们都是朋友了；连她的儿子也叫我“老史”。闲下来细细去品，这个“老史”最令人羡慕的地方，便是一向活在友谊中。真说不定，这与我二十一岁那年恰恰住进了“友谊”医院有关。

因此偶尔有人说我是活在世外桃源，语气中不免流露了一点讥讽，仿佛这全是出于我的自娱甚至自欺。我颇不以为然。我既非活在世外桃源，也从不相信有什么世外桃源。但我相信世间桃源，世间确有此源，如果没有恐怕谁也就不想再活。倘此源有时弱小下去，依我看，至少讥讽并不能使其强大。千万年来它作为现实，更作为信念，这才不断。它源于心中再流入心中，它施于心又由于心，这才不断。欲其强大，舍心之虔诚又向何求呢？

也有人说我是不是一直活在童话里？语气中既有赞许又有告诫。赞许并且告诫，这很让我信服。赞许既在，告诫并不意指人们之间应该加固一条防线，而只是提醒我：童话的缺憾不在于它太美，而在于它必要走进一个更为纷繁而且严酷的世界，那时只怕它太娇嫩。

童话的缺憾不在于它太美，而在于它必要走进一个更为纷繁而且严酷的世界，那时只怕它太娇嫩。

事实上在二十一岁那年，上帝已经这样提醒我了，他早已把他的超级童话和永恒的谜语向我略露端倪。

住在四号时，我见过一个男孩。他那年七岁，家住偏僻的山村，有一天传说公路要修到他家门前了，孩子们都翘首以待好梦联翩。公路终于修到，汽车终于开来，乍见汽车，孩子们惊讶兼着胆怯，远远地看。日子一长孩子便有奇想，发现扒住卡车的尾巴可以威风凛凛地兜风，他们背着父母玩得好快活。可是有一次，只一次，这七岁的男孩失手从车上摔了下来。他住进医院时已经不能跑，四肢肌肉都在萎缩。病房里很寂寞，孩子一瘸一瘸地到处串；淘得过分了，病友们就说他："你说说你是怎么伤的？"孩子立刻低了头，老老实实地一动不动。"说呀？""说，因为什么？"孩子嗫嚅着。"喂，怎么不说呀？给忘啦？""因为扒汽车，"孩子低声说。"因为淘气，"孩子补充道。他在诚心诚意地承认错误。大家都沉默，除了他自己谁都知道：这孩子伤在脊髓上，那样的伤是不可逆的。孩子仍不敢动，规规矩矩地站着用一双正在萎缩的小手擦眼泪。终于会有人先开口，语调变得哀柔："下次还淘不淘了？"孩子很熟悉这样的宽容或原谅，马上使劲摇头："不，不，不了！"同时松了一口气。但这一回不同以往，怎么没有人接着向他允诺"好啦，只要改了就还是好孩子"呢？他睁大眼睛去看每一个大人，那意思是：还不行么？再不淘气了还不行么？他不知道，他还不懂，命运中有一种错误是只能犯一次的，并没有改正的机会，命运中有一种并非是错误的错误（比如淘气，是什么错误呢？），但这却

命运中有一种并非是错误的错误（比如淘气，是什么错误呢？），但这却是不被原谅的。

是不被原谅的。那孩子小名叫“五蛋”，我记得他，那时他才七岁，他不知道，他还不懂。未来，他势必有一天会知道，可他势必有一天就会懂吗？但无论如何，那一天就是一个童话的结尾。在所有童话的结尾处，让我们这样理解吧：上帝为了锤炼生命，将布设下一个残酷的谜语。

住在六号时，我见过一对恋人。那时他们正是我现在的年纪，四十岁。他们是大学同学。男的二十四岁时本来就要出国留学，日期已定，行装都备好了，可命运无常，不知因为什么屁大的一点事不得不拖延一个月，偏就在这一个月里因为一次医疗事故他瘫痪了。女的对他一往情深，等着他，先是等着他病好，没等到；然后还等着他，等着他同意跟她结婚，还是没等到。外界的和内心的阻力重重，一年一年，男的既盼着她来又说服着她走。但一年一年，病也难逃爱也难逃，女的就这么一直等着。有一次她狠了狠心，调离北京到外地去工作了，但是斩断感情却不这么简单，而且再想调回北京也不这么简单，女的只要有三天假期也迢迢千里地往北京跑。男的那时病更重了，全身都不能动了，和我同住一个病室。女的走后，男的对我说过：你要是爱她，你就不能害她，除非你不爱她，可那你又为什么要结婚呢？男的睡着了，女的对我说过：我知道他这是爱我，可他不明白其实这是害我，我真想一走了事，我试过，不行，我知道我没法不爱他。女的走了男的又对我说过：不不，她还年轻，她还有机会，她得结婚，她这人不能没有爱。男的睡了女的又对我说过：可什么是机会呢？机会不在外边而在心里，结婚的机会有可能在外边，可爱情的机会只能在心里。女的不在时，我把她的话告诉男的，男的默然垂泪。我问他：“你干嘛不能跟她结婚呢？”他说：“这你还不懂。”他说：“这很难说得清，因为你活在整个这个世界上。”他说：“所以，有时候这不是光由两个人就能决定的。”我那时确实还不懂。我找到机会又问女的：“为什么不是两个人就能决定的？”她说：“不，我不这么认为。”她说：“不过确实，有时候这确实很难。”她沉吟良久，说：“真的，跟你说你现在也不懂。”十九年过去了，那对恋人现在该已经都是老人。我不知道现在他们各自在哪儿，我只听说他们后来还是分手了。十九年中，我自己也有过爱情的经历了，现在要是有个二十一岁的人问我爱情都是什么？大概我也只能回答：真的，这可能从来就不是能说得清的。无论她是什么，她都很少属于语言，而是全部属于心的。还是那位台湾作家三毛说得对：爱如禅，不能说不能说，一说就错。那也是在一个童话的结尾处，上帝为我们能够永远地追寻着活下去，而设置的一个残酷却诱人的谜语。

在以后的年月里，还将有很多我料想不到的事发生，我仍旧有时候默念着『上帝保佑』而陷入茫然。

二十一岁过去，我被朋友们抬着出了医院，这是我走进医院时怎么也没料到的。我没有死，也再不能走，对未来怀着希望也怀着恐惧。在以后的年月里，还将有很多我料想不到的事发生，我仍旧有时候默念着“上帝保佑”而陷入茫然。但是有一天我认识了神，他有一个更为具体的名字——精神。在科学的迷茫之处，在命运的混沌之点，人唯有乞灵于自己的精神。不管我们信仰什么，都是我们自己的精神的描述和引导。

1990 年 12 月 7 日

（本文最初发表于 1991 年《三月风》）

25 无病之病

听说有这样的医生，对治病没什么兴趣，专长论文，虽医道平平，论文却接二连三地问世。他们也接诊病人，也查阅病历，却只挑选“有价值”的一类投以热情。据说那是为了科研；毫无疑问我们都应当拥护科研，似不该对其挑选心存疑怨。但是，他们的挑选标准却又耐人寻味：遇寻常的病症弃之，见疑难的病症避之，如此淘汰之余才是其论文的对象。前者之弃固无可非议，科研嘛；但是后者之避呢，又当如何解释？要点在于，无论怎么解释都已不妨碍其论文的出世了。

以上只是耳闻，我拿不出证据，也不通医道。尤其让我不敢轻信的原因是，“寻常”与“疑难”似有非此即彼的逻辑，弃避之余的第三种兴趣可能是什么呢？第三种热情又是靠什么维论文之先不一定都是科研的动机，论文也可以仅仅是一门手艺。

系的？但如果注意到，不管是在什么领域，论文的数量都已大大超过了而且还在以更快的速度超过着发明与发现，便又可信上述耳闻未必虚传。于是想到：论文之先不一定都是科研的动机，论文也可以仅仅是一门手艺。

世上有各种手艺：烧陶、刻石、修脚、理发、酿酒、烹饪、制衣、编席……所以是手艺，在于那都是沿袭的技术，并无创见。一旦有了创见，大家就不再看那是手艺，而要赞叹：这是学问！这是艺术啊！手艺，可以因为创造之光的照耀，而成长为学问或艺术。反之，学问和艺术也可以熟谙成一门手艺。比如文学作品，乃至各类文章，常常也只能读出些熟而生巧的功夫。

其实，天下论文总归是两类动机：其一可谓因病寻医问药；其二，是应景，无病呻吟。两类动机都必散布于字里行间，是瞒不过读者的。前一种，无论其成败，总能见出心路的迷惑，以及由之而对陌生之域的惊讶、敬畏与探问。后一种呢，则先就要知难而避，然后驾轻车行熟路。然而，倘言词太过庸常，立论太过浅显，又怕轻薄了写作的威仪，不由得便要去求助巧言、盛装，甚至虎皮。

还以前述那类医生作比——到底什么病症才对他们“有价值”呢？不是需要医治的一种，也不是值得研究的一种，而是便于构筑不寻常之论文的那一种。方便又不寻常，这类好事不可能太多，但如果论文的需求又太多太多呢？那就不难明白，何以不管在什么领域，都会有那么多不寻常的自说自话了。它们在“寻常”与“疑难”之间开辟了第三种可能，在无病之地自行其乐。

“寻常”，是已被榨干说尽的领域，是穷途，是一种限制。“疑难”尚为坚壁，或者说不定还是陷阱，是险径，也是限制。而限制，恰恰是方便的天敌，何苦要与它过不去呢？（正像一句流行的口头禅所劝导的：哥们儿你累不累？）所以要弃之与避之。这样，方便就保住了，只缺着不寻常。然而不寻常还有什么不方便么？比如撒一泡旷古的长尿（听说在所谓的“行为艺术”中出现过这类奇观）。对于论文，方便而又不寻常的路在哪儿？在语言市场上的俏货，在理论的叠床架屋并浅入深出，在主义的相互帮忙和逻辑的自我循环，在万勿与实际相关，否则就难免又碰上活生生的坚壁或陷阱——势必遭遇无情的诘问。所以，魔魔道道的第三种热情，比如说，就像庸医终于逃脱了患者的纠缠，去做无病的诊治游戏，在自说自话中享受其论说的自由。

我没说论文都是这样。我只是说有些论文是这样，至少有些论文让人相信论文可以是这样：有富足的智力，有快乐的心理，唯不涉精神的疑难。其病何在？无病之病是也。

有富足的智力，有快乐的心理，唯不涉精神的疑难。其病何在？无病之病是也。

写到这儿，我偶然从《华人文化世界》上读到一篇题为《当代医学的挑剔者》的文章（作者王一方），其中提到一位名叫图姆斯的哲学家，以其自身罹病的经验，写了一本书：《病患的意义》。文中介绍的图姆斯对现代医学的“挑剔”，真是准确又简在人与自己的情感、与时间、与他者的关系都发生了变化的环境里，疯癫有可能发生了，因为在人的生活及发展中一切都是与自然本性的一种决裂。

——米歇尔·福柯

洁地说出了我想说而无能说出的话。

在图姆斯看来，现代医学混淆了由医生（客体）通过逻辑实证及理性建构的医学图景与病患者（主体）亲自体验的异常丰富的病患生活世界的界限。前者是条理近乎机械、权威（不容怀疑）的“他们”的世界，后者是活鲜、丰富的“我”的世界；前者是被谈论的、被研究的、被确认的客观世界，后者是无言的体验、或被打断或被告知不合逻辑的、荒诞不经的主观世界。正是这一条条鸿沟，不仅带来医、患之间认识、情感、伦理判断及行为等方面的冲突，也使得医学只配作为一堆“知识”、“信息”、“技术项目”，而不能嵌入生命与感情世界。为此，患者图姆斯为现代医学开出了药方，一是建议医学教育中重视医学与文学的沟通，鼓励医科学生去阅读叙述疾病过程与体验的文学作品，以多重身份去品味、体悟、理解各种非科学的疾患倾诉；二是亲自去体验疾病。……古人“三折肱而为良医”，图姆斯的“折肱”……却为现代医学的精神困境送去了一支燃烧着的红烛。

生理病患的困苦终归是要打击到精神上来，才算圆满了其魔鬼的勾当。

以上所录图姆斯对现代医学的“挑剔”和药方，我想也可以是照亮现代文学、艺术和评论之困境的红烛吧。况且精神的病患甚于生理的病患，而生理病患的困苦终归是要打击到精神上来，才算圆满了其魔鬼的勾当。——图姆斯大约也正是基于这一点而希望医学能与文学沟通的。

我记得，好像是前两年得了诺贝尔奖的那个诗人帕斯说过：诗是对生活的纠正。我相信这是对诗性最恰切的总结。我们活着，本不需要诗。我们活着，忽然觉悟到活出了问题，所以才有了“诗性地栖居”那样一句名言。诗性并不是诗歌的专利（有些号称诗歌的东西，其中并无诗性），小说、散文、论文都应该有，都应该向诗性靠近，亦即向纠正生活靠近。而纠正生活，很可能不是像老师管教学生那样给你一种纪律，倒更可能像是不谙世故的学生，捉来一个司空见惯却旷古未解的疑问，令老师头疼。这类疑问，常常包含了生活的一种前所未有的可能性，因而也常常指示出现实生活的某种沉疴痼疾。

纠正生活，很可能不是像老师管教学生那样给你一种纪律，倒更可能像是不谙世故的学生，捉来一个司空见惯却旷古未解的疑问，令老师头疼。

1997年3月21日

（本文最初发表于《学术思想评论》第2辑）

26 三月留念

活着的事，大抵在两个方面：务实与务虚。缺其一，便可算得残疾。譬如一个家，家徒四壁势必难以为继，便是笃爱如牛郎织女者，也是“你耕田来我织布”地需要务实。但“生命诚可贵，爱情价更高”，若爱情没了，万贯家财很可能只是内战的火药捻；爱情，即务虚的一面。

现在的中国，是空前地务实起来了；市场经济正在淘汰着懒汉和清谈家，这真是个好兆头，没有人不盼望她从此富强。但这并不是说，她过去就多么地理解务虚，连年的文打武斗多不过是虚误罢了；爱情呀，人性呀，人道主义呀，都曾一度做过被唾弃的角色，可见务虚的方面也是多么荒芜。

爱情呀，人性呀，人道主义呀，都曾一度做过被唾弃的角色，可见务虚的方面也是多么荒芜。

辩论先务实还是先务虚，先谋生计还是先有爱的追寻，先增加财富还是先提高文明水平，似乎都是无聊的逻辑。房子有了而找不到爱情，或新娘来了再去借钱盖屋，都是极不幸的局面。为什么不能舍生忘死地爱着，同时又废寝忘食地建设家园呢？虚实相济才是好文章，才有最新最美的图画。

务实与务虚绝不相互抵触。劳累了一天，人们需要娱乐；奔波了一生，人们向它要求意义；作为五十亿分之一，每个人都有孤独和困苦，都希望这个世界上充满善意和爱情。在参天的大厦下和飞奔的轿车里，这些东西会不期而至么？好像不会；名和利都可能会这样，唯善意和爱情是不能不由期盼来催生的。

在“俗人”成为雅号的时刻，倒是值得冒被挖苦的风险，作一回“雅士”的勾当。沉静地坐一会儿，到大厦之外的荒地上走一趟，凭心神去追回被冷淡了的梦想，风吹雨洒，会看见天堂尚远，而梦想未变。于是，虽得不住“俗人”的雅号，反惹一身“雅士”的俗气，心里也不计较了，觉着往前走去似乎有了底气。

多年的虚误，让理想背了黑锅。但理想的性质注定它不会吊死在一棵树上，注定它要发展，和不可泯灭。说不要理想，那是可以理解的，因为不要理想正也是一种对理想的寻求，但凡活着总是要往前走的，不可抹杀的时空保障了这一点；说不要理想，其实只是在发展着理想，和丰富着前途。但说不要理想，毕竟是说错了。原本想说的很可能是：不要再清谈，不要再虚误吧。

多年的虚误，让理想背了黑锅。但理想的性质注定它不会吊死在一棵树上，注定它要发展，和不可泯灭。

《三月风》到了百期，可喜可贺。“三月风”是一派好风，是虚实相济、催化务实的劳作也催化务虚的梦想的风。三月风后，好天气就来了。

1993年1月20日

（本文最初发表于1993年《三月风》）

27 老家

常要在各种表格上填写籍贯，有时候我写北京，有时候写河北涿州，完全即兴。写北京，因为我生在北京长在北京，大约死也不会死到别处去了。写涿州，则因为我从小被告知那是我的老家，我的父母及祖上若干辈人都曾在那儿生活。查词典，籍贯一词的解释是：祖居或个人出生地。——我的即兴碰巧不错。

可是这个被称为老家的地方，我是直到四十六岁的春天才第一次见到它。此前只是不断地听见它。从奶奶的叹息中，从父母对它的思念和恐惧中，从姥姥和一些亲戚偶尔带来的消息里面，以及从对一条梦幻般的河流——拒马河——的想象之中，听见它。但从未见过它，连照片也没有。奶奶说，曾有过几张在老家的照片，可惜都在我懂事之前就销毁了。

四十六岁的春天，我去亲眼证实了它的存在；我跟父亲、伯父和叔叔一起，坐了几小时汽车到了老家。涿州——我有点儿不敢这样叫它。涿州太具体，太实际，因而太陌生。而老家在我的印象里一向虚虚幻幻，更多的是一种情绪，一种声音，甚或一种光线一种气息，与一个实际的地点相距太远。我想我不妨就叫它 Z 州吧，一个非地理意义的所在更适合连接起一个延续了四十六年的传说。

然而它果真是一个实实在在的地方，有残断的城墙，有一对接近坍圮的古塔，市中心一堆蒿草丛生的黄土据说是当年钟鼓楼的遗址，当然也有崭新的酒店、餐馆、商厦，满街的人群，满街的阳光、尘土和叫卖。城区的格局与旧北京城近似，只是缩小些，简单些。中心大街的路口耸立着一座仿古牌楼（也许确凿是个古迹，唯因旅游事业而修葺一新），匾额上五个大字：天下第一州。中国的天下第一着实不少，这一回又不知是以什么为序。

我们几乎走遍了城中所有的街巷。父亲、伯父和叔叔一路指指点点感慨万千：这儿是什么，那儿是什么，此一家商号过去是什么样子，彼一座宅院曾经属于一户怎样的人家，某一座寺庙当年如何如何香火旺盛，庙会上卖风筝，卖兔爷，卖莲蓬，卖糖人儿、面茶、老豆腐……庙后那条小街曾经多么僻静呀，风传有鬼魅出没，天黑了一个人不敢去走……城北的大石桥呢？哦，还在还在，倒还是老样子，小时候上学放学他们天天都要从那桥上过，桥旁垂柳依依，桥下流水潺潺，当初可是Z州一处著名的景观啊……咱们的小学校呢？在哪儿？那座大楼吗？哎哎，真可是今非昔比啦……

我听见老家在慢慢地扩展，向着尘封的记忆深入，不断推新出陈。往日，像个昏睡的老人慢慢苏醒，唏嘘叹惋之间渐渐生气勃勃起来。历史因此令人怀疑。循着不同的情感，历史原来并不确定。

历史因此令人怀疑。循着不同的情感，历史原来并不确定。

一路上我想，那么文学所求的真实是什么呢？历史难免是一部御制经典，文学要弥补它，所以看重的是那些沉默的心魂。历史惯以时间为序，勾画空间中的真实，艺术不满足这样的简化，所以去看这人间戏剧深处的复杂，在被普遍所遗漏的地方去询问独具的心流。我于是想起西川的诗：我打开一本书，/一个灵魂就苏醒/……/我阅读一个家族的预言/我看到的痛苦并不比痛苦更多/历史仅记录少数人的丰功伟绩/其他人说话汇合为沉默。我的老家便是这样。Z州，一向都在沉默中。但沉默的深处悲欢俱在，无比生动。那是因为，沉默着的并不就是普遍，而独具的心流恰是被一个普遍读本简化成了沉默。

汽车缓缓行驶，接近史家旧居时，父亲、伯父和叔叔一声不响，唯睁大眼睛望着窗外。史家的旧宅错错落落几乎铺开一条街，但都久失修整，残破不堪。“这儿是六叔家。”“这儿是二姑家。”“这儿是七爷爷和七奶奶。”“那边呢？噢，五舅曾在那儿住过。”……简短的低语，轻得像是怕惊动了什么，以致那一座座院落也似毫无生气，一片死寂。

汽车终于停下，停在了“我们家”的门口。

但他们都不下车，只坐在车里看，看斑驳的院门，看门两边的石墩，看屋檐上摇动的枯草，看屋脊上露出的树梢……伯父首先声明他不想进去：“这样看看，我说就行了。”父亲于是附和：“我说也是，看看就走吧。”我说：“大老远来了，就为看看这房檐上的草吗？”伯父说：“你知道这儿现在住的谁？”“管他住的谁！”“你知道人家会怎么想？人家要是问咱们来干吗，咱们怎么说？”“胡汉三又回来了呗！”我说。他们笑笑，笑得依然谨慎。伯父和父亲执意留在汽车上，叔叔推着我进了院门。院子里没人，屋门也都锁着，两棵枣树尚未发芽，疙疙瘩瘩的枝条与屋檐碰撞发出轻响。叔叔指着两间耳房对我说：“你爸和你妈，当年就在这两间屋里结的婚。”“你看见的？”“当然我看见的。那天史家的人去接你妈，我跟着去了。那时我十三四岁，你妈坐上花轿，我就跟在后头一路跑，直跑回家……”我仔细打量那两间老屋，心想，说不定，我就是从这儿进入人间的。

从那院子里出来，见父亲和伯父在街上来来回回地走，向一个个院门里望，紧张，又似抱着期待。街上没人，处处都安静得近乎怪诞。“走吗？”“走吧。”虽是这样说，但他们仍四处张望。“要不就再歇会儿？”“不啦，走吧。”这时候街的那边出现一个人，慢慢朝这边走。他们便都往路旁靠一靠，看着那个人，看他一步步走近，看他走过面前，又看着他一步步走远。不认识。这个人他们不认识。这个人太年轻了，他们不可能认识，也许这个人的父亲或者爷爷他们认识。起风了，风吹动屋檐上的荒草，吹动屋檐下的三顶白发。已经走远的那个人还在回头张望，他必是想：这几个老人站在那儿等什么？

离开Z州城，仿佛离开了一个牵魂索命的地方，父亲和伯父都似吐了一口气：想见她，又怕见她，哎，Z州啊！老家，只是为了这样的想念和这样的恐惧吗？

汽车断断续续地挨着拒马河走，气氛轻松些了。父亲说：“顺着这条河走，就到你母亲的家了。”叔叔说：“这条河也通着你奶奶的家。”伯父说：“哎，你奶奶呀，一辈子就是羡慕别人能出去上学、读书。不是你奶奶一再坚持，我们几个能上得了大学？”几个人都点头，又都沉默。似乎这老家，永远是要为她沉默的。我在《奶奶的星星》里写过，我小时候，奶奶每晚都在灯下念着一本扫盲课本，总是把《国歌》一课中的“吼声”错念成“孔声”。我记得，奶奶总是羡慕母亲，说她赶上了新时代，又上过学，又能到外面去工作……

拒马河在太阳下面闪闪发光。他们说这河以前要宽阔得多，水也比现在深，浪也比现在大。他们说，以前，这一块平原差不多都靠着这条河。他们说，那时候，在河湾水浅的地方，随

已经走远的那个人还在回头张望，他必是想：这几个老人站在那儿等什么？

时你都能摸上一条大鲤鱼来。他们说，那时候这河里有的是鱼虾、螃蟹、莲藕、鸡头米，苇子长得比人高，密不透风，五月节包粽子，米泡好了再去劈粽叶也来得及……

母亲的家在Z州城外的张村。那村子真是大，汽车从村东到村西开了差不多一刻钟。拒马河从村边流过，我们挨近一座石桥停下。这情景让我想起小时候读过的一课书：拒马河，靠山坡，弯弯曲曲绕村过……

父亲说：就是这桥。我们走上桥，父亲说：看看吧，那就是你母亲以前住过的房子。

高高的土坡上，一排陈旧的瓦房，围了一圈简陋的黄土矮墙，夕阳下尤其显得寂寞，黯然，甚至颓唐。那矮墙，父亲说原先没有，原先可不是这样，原先是一道青砖的围墙，原先还有一座漂亮的门楼，门前有两棵老槐树，母亲经常就坐在那槐树下读书……

这回我们一起走进那院子。院子里堆着柴草，堆着木料、灰砂，大约这老房是想换换模样了。主人不在家，只一群鸡“咯咯”地叫。

叔叔说：“就是这间屋。你爸就是从这儿把你妈娶走的。”

“真的？”

“问他呀。”

父亲避开我的目光，不说话，满脸通红，转身走开。我不敢再说什么。我知道那不是因为别的，是因为不能忘记的痛苦。母亲去世十年后的那个清明节，我和妹妹曾跟随父亲一起去给母亲扫墓，但是母亲的墓已经不见，那时父亲就是这样的表情，满脸通红，一言不发，东一头西一头地疾走，满山遍野地找寻着一棵红枫树，母亲就葬在那棵树旁。我曾写过：母亲离开得太突然，且只有四十九岁，那时我们三个都被这突来的厄运吓傻了，十年中谁也不敢提起母亲一个字，不敢说她，不敢想她，连她的照片也收起来不敢看……直到十年后，那个清明节，我们不约而同地说起该去看看母亲的坟了；不约而同——可见谁也没有忘记，一刻都没有忘记……

我看着母亲出嫁前住的那间小屋，不由得有一个问题：那时候我在哪儿？那时候是不是已经注定，四十多年之后她的儿子才会来看望这间小屋，来这儿想象母亲当年出嫁的情景？1948年，母亲十九岁，未来其实都已经写好了，站在我四十六岁的地方看，母亲的一生已在那一阵喜庆的唢呐声中一字一句地写好了，不可更改。那唢呐声，沿着时间，沿着阳光和季节，一路风尘雨雪，传到今天才听出它的哀婉和苍凉。可是，十九岁的母亲听见了什么？十九岁的新娘有着怎样的梦想？十九岁的少女走出这个院子的时候历史与她何干？她提着婚礼服的裙裾，走出屋门，有没有再看看这个院落？她小心或者急切地走出这间小屋，走过这条甬道，转过这个墙角，迈过这道门槛，然后驻足，抬眼望去，她看见了什么？啊，拒马河！拒马河上绿柳如烟，雾霭飘荡，未来就藏在那一片浩渺的苍茫之中……我循着母亲出嫁的路，走出院子，走向河岸，拒马河悲喜不惊，必像四十多年前一样，翻动着浪花，平稳浩荡奔其前程……

我坐在河边，想着母亲曾经就在这儿玩耍，就在这儿长大，也许她就攀过那棵树，也许她就戏过那片水，也许她就躺在这片草丛中想象未来，然后，她离开了这儿，走进了那个喧嚣的北京城，走进了一团说不清的历史。我转动轮椅，在河边慢慢走，想着：从那个坐在老槐树下读书的少女，到她的儿子终于来看望这座残破的宅院，这中间发生了多少事呀。我望着这条两端不见头的河，想：那顶花轿顺着这河岸走，锣鼓声渐渐远了，唢呐声或许伴母亲一路，那一段漫长的时间里她是怎样的心情？一个人，离开故土，离开童年和少年的梦境，大约都是一样——就像我去串联、去插队的时候一样，顾不上别的，单被前途的神秘所吸引，在那神秘中描画幸福与浪漫……

一个人，离开故土，离开童年和少年的梦境，大约都是一样……

如今我常猜想母亲的感情经历。父亲憨厚老实到完全缺乏浪漫，母亲可是天生的多情多梦，她有没有过另外的想法？从那绿柳如烟的河岸上走来的第一个男人，是不是父亲？在那雾霭苍茫的河岸上执意不去的最后一个男人，是不是父亲？甚至，在那绵长的唢呐声中，有没有一个立于河岸一直眺望着母亲的花轿渐行渐杳的男人？还有，随后的若干年中，她对她的爱情是否满意？我所能做的唯一见证是：母亲对父亲的缺乏浪漫常常哭笑不得，甚至叹气连声，但这个男人的诚实、厚道，让她信赖终生。

母亲去世时，我坐在轮椅里连一条谋生的路也还没找到，妹妹才十三岁，父亲一个人担起了这个家。二十年，这二十年母亲在天国一定什么都看见了。二十年后一切都好了，那个冬天，一夜之间，父亲就离开了我们。他仿佛终于完成了母亲的托付，终于熬过了他不能不熬的痛苦、操劳和孤独，然后急着去找母亲了——既然她在这尘世间连坟墓都没有留下。

老家，Z 州，张村，拒马河……这一片传说或这一片梦境，常让我想：倘那河岸上第一个走来的男人，或那河岸上执意不去的最后一个男人，都不是我的父亲，倘那个立于河岸一直眺望着母亲的花轿渐行渐杳的男人成了我的父亲，我还是我吗？当然，我只能是我，但却是另一个我了。这样看，我的由来是否过于偶然？任何人的由来是否都太偶然？都偶然，还有什么偶然可言？我必然是这一个。每个人都必然是这一个。所有的人都是一样，从老家久远的历史中抽取一个点，一条线索，作为开端。这开端，就像那绵绵不断的唢呐，难免会引出母亲一样的坎坷与苦难，但必须到达父亲一样的煎熬与责任，这正是命运要你接受的“想念与恐惧”吧。

每个人都必然是这一个。所有的人都是一样，从老家久远的历史中抽取一个点，一条线索，作为开端。

（本文曾收入随笔集《想念地坛》）

人的残缺证明了神的完美（代后记）

史铁生说，我们找个通风的地方聊天吧，在房间里我会喘不过气来——这是他的身体现状。

清晨的广州，还有着蒙蒙的雾气，南方的潮湿，让这个久居北京的人，难以适应。我推着轮椅，走在酒店一楼的回廊里，不远处阳光打在细碎的青草上，凉风轻拂。这个几乎与我父亲同龄的北方男人，脸上始终带着微笑，缓缓前行的那一刻，我的心中涌起久违的感动——他如此乐观。

他说他喜欢霍金——另一个坐在轮椅上的人，他用作品照亮了宇宙。而史铁生，照亮的是人类的心灵。

他是一个细心的人，为了得到更好的录音质量，他将录音机拿在了手里，我竟忽略了这点。

我们的交谈始终很愉快，一个多小时的时间不知不觉流逝，他叹了口气，对不起，我累了，觉得喘不过气来。

当我们问到什么时候不用做透析时，他说，到死的时候。我们都沉默，他却呵呵笑了起来——他对死如此从容。

“我不想居住在一个有名的地方，我要让我住的地方变得有名。”——这句话让我联想到了史铁生和地坛。

地坛以前是一片荒地

记者：首先恭喜您获得“华语文学传媒大奖·2002年度杰出成就奖”。这个奖在您心中的分量如何？

史铁生：这样的文学奖是头一次办，以前像这么隆重的奖好像还没有。我了解到这个奖的宗旨是“公正、独立和创造”，“反抗遮蔽，崇尚创造，追求自由，维护公正”。它的出现，我在答谢词中也写了，我觉得应该具有里程碑式的意义。改革说到底是一句话，就是建立公正、透明的规则。所以我认为，这个奖要是能够一直坚持下去，应该可以成为各种评选制度的典范。

记者：以前的文学奖都是文坛内部的圈子化的东西，作为传播媒体的《南方都市报》来创办文学奖，是否能够跳出圈子，代表某种民间立场？

史铁生：对。因为过去的评奖，一般是在作协这样一个机制内进行的。现在一个是企业赞助参与颁奖典礼，另一个是媒体自己斥资来设立奖项，参与评选的人比较广泛。这可能也是他们追求公正、独立和创造的一种方式。

记者：多年来，您的作品很受读者欢迎，但是您获得的文学奖却不多，您怎么看这件事？

史铁生：也有，也有过。我的东西是不是读者面不是很大？好像是这样：喜欢读的人很喜欢，不喜欢的人干脆不看。

记者：但是您的《我与地坛》的影响是很广泛的。

史铁生：有时候可能是碰上一个机遇。正好那年发表的时候，没有什么奖。

记者：我记得有人这么评价："《我与地坛》这篇文章的发表，对当年的文坛来说，即使没有其他的作品，那一年的文坛也是一个丰年。"

史铁生：那是韩少功说的。韩少功这句话快成了我这篇东西的广告语了。他这话比我的作品传播得还广（笑）。

记者：现在地坛怎么样？

史铁生：现在修得已经比较规整了。以前我在那里的时候，那里基本上是一片荒地。门上挂的是"地坛公园"，实际上也不收票，很多人从里面穿行。白天的时候，好像没人。我在那里看书，包括有些东西也是在那里写的。那是刚开始的时候。我在那儿待了十五年。

思想不妨先锋一点，行为不妨保守一点

记者：我对您的一句话很感兴趣，"大家都生活在生活中，这样的真实如果够了，那还要文学干嘛？"但在您所有的作品

中，《我和地坛》和《病隙碎笔》影响却是最大的，反而虚构的小说却没得到这样的关注。大家从您的散文随笔中看到您的生活和思考，也认同这种真实，这与您的话好像有冲突？

史铁生：其实我觉得也不冲突。就算是写实的，也有生活里不被发现的东西。我就觉得真实应该算文学一个很好的品质，但不应该算文学的最高标准。如果仅仅是真实，我觉得文学的意义就要小得多。其实文学更多的是梦想。人要有梦想，因此人创造了文学这种方式。我还有一个长篇叫《务虚笔记》，其中也写到，其实一个人的很实的生活是很少的。像每天的衣食住行就是很实的，但当你走路的时候，你会想到一些东西。写作不一定是纸和笔的问题，只要你脑子里在对生活做一种思考的时候，我觉得就是一种写作。

记者：也就是说您生活的真实和文学的真实是两方面的。

史铁生：真实这个词要是仔细追究起来，应该是一个被公认的真实。不被公认我们怎么能说它是真实的？所以我在《病隙碎笔》里也强调，“写作需要真诚”。因为我没有办法保证它一定正确，它很可能是一种探索。你的梦想，你很难说它真实，但你完全可以说它很真诚。你再不着边际的梦想，也可以是很真诚的。可是在梦想里真的可以给生活开辟很多新的可能性。如果说仅仅是我们已经有了的东西，已经被公认了的东西才是真实的，那么它的领域可能被束缚得很狭窄。

记者：那您的梦想是什么？

史铁生：梦想？每个人都可能会有他具体的梦想。但是说到文学的梦想，我想还是终极的问题：你活着到底为了什么？你总归要为你的生活找到一个你认可的根据，你认可的目的。不能说已经实现了的东西是你的目的，肯定你的愿望有很多是远远没有实现的，这都可以叫梦想。它跟做梦还不一样。当某一天你在干什么的时候，脑子会走神，会想起你的某种愿望，这都可以是梦想。这种愿望怎么实现，怎么不能实现，遇到什么困阻，这可能都是写作形成的。其实作家不过是把这些东西看得更多，试图看得更仔细。有很多人是没有发表作品，但跟他聊起来，他的很多想法都是非常美妙的，只是没写而已。有很多事情，我觉得应该把它写好。一个人开始写作的时候，你为什么开始呢？因为你有很多想法。这些想法还没有被文字捕捉到，还没有形成文章，还不能表达。它只是在你的意识里，甚至在潜意识里。用我的话说，就是用文字把这些东西“捉拿归案”。你为什么有时候写着觉得不对？有什么不对？因为你的文字和你心里的东西不对。你觉得写得最得意的时候，对了！跟你心里头的对了，不是跟别的东西对了，是跟你心里的愿望对了。

记者：那您现在每天写作的时候，有这种“对了”的喜悦吗？

史铁生：太有了！没有的时候，你写了很多段都不对，不是它，所以你就把它扔了。终于对了的时候，你觉得太好了！

今天有收获。你也许会说你脑子里已经有了，为什么还非要写出来？实际上脑子里是个朦胧的东西，当你用文字把它“捉拿归案”的时候，不仅是“捉拿”给读者看，也是捉拿了给自己看。自己也会很欣喜，很惊奇，我终于找到它了！

记者：可以看出您是一个很乐观的人。曾经有一个评论家说“史铁生是最爱笑的作家”，是什么让你保持了这种乐观的情绪？

史铁生：中国人都爱笑，咱们刚才也一直都在笑。乐观要看怎么理解，不是说笑就是乐观。

记者：您理解的乐观应该是怎样？

史铁生：我常说这样的话：“人的思想不妨先锋一点，人的行为不妨保守一点。”那么写作也是那样。你写的时候，可能不见得那么乐观，因为你感觉到了问题和困惑，如果你觉得很顺畅的时候，我觉得反倒没什么可写的。所以在写作上，我不排斥悲观主义，也不排斥怀疑主义。但在生活中，你既然选择了活着，干吗要痛苦地活着呢？不过，傻乐可不成啊！傻乐不算是乐观。所以“悲观”“乐观”这样的概念放到文学上，应该有重新的定义。

人生来就有问题、缺陷

记者：最近跟一些朋友谈起您，他们一方面是关心您的《病隙碎笔》是在什么状况下写的；二是想知道您的身体怎么样？

史铁生：所以我说这个奖对我鼓励特别大。因为我肾衰竭之后，真的是没有力气，我觉得可能就写不了了。但是幸亏有透析，要是倒退二十年，这个病就是绝症，就没有办法。在近五六年，透析技术才比较成熟，所以我还能有这个状态，但仍然很疲劳。昨天我坐飞机到广州，因为贫血，缺氧，晚上都觉得喘不过气来。所以我说到一楼的花园来进行采访，空气好一点。很累，特别容易疲劳。在开始写《病隙碎笔》的时候，我觉得我能写，我不能放下，放下可能就放下了。刚开始比较困难，每天写几行字。一星期我要去医院透析三次，在上飞机前一天我还去透析了一次。这样，一星期三天就没有了。剩下的四天，上午可以写两三个小时。所以我现在写得非常少，非常慢，但我在坚持，坚持每天都写。《病隙碎笔》大概写了四年，从透析之后到去年，共有十几万字。

记者：这个书名就把您的写作状态概括出来了。

史铁生：对，这个书名自然而然地就呈现了。确实是“病隙碎笔”，所以形式上也就一二三这么往下写。

记者：您的《病隙碎笔》出来之后，在哲学界、思想界引起了震动。

史铁生：应该没有那么严重吧，我觉得可能是我们一般人看哲学书看得少。我说那点零碎，人家大师全说过，我不过是把有的地方改得更容易懂一点。

记者：我看您的《病隙碎笔》，其实给我震撼最大的反而不是一些讨论生命本体这一类的问题，而是您在书中谈到的“残疾情结”。您非常坦然并正视自己的残疾，并引用了马丁·路德·金的话：切莫用仇恨的苦酒来缓解热望自由的干渴。

史铁生：OK，这个太好了！你注意到这个，我特别高兴和欣慰。好多人没注意到，但我很希望别人注意到这个。其实不光残疾人，我们很多人都有这种情结，这个情结有时候会左右人，左右得一塌糊涂。中国人几十年来反复犯一些错误，就是太情绪化，缺乏理性思考。我跟“残联”的接触很多，参加他们会议的时候，发现里面就有一种情绪：“我们残疾人……我们残疾人比你们健全人要困难，因此我们残疾人比你们健全人要优秀。”一下子就把两者划开了，但这其实完全不合逻辑。

记者：就是说，他把残疾当成一种特权？

史铁生：对，当成一种特权，并且演变成一种自我感动，自我原谅。这会对人的心理造成非常不好的影响。那你说健全人有没有类似的心理？也会有的。

记者：当您发现所有人都有不同程度的残疾，会不会豁然开朗，觉得您写的是全人类的问题？

史铁生：我想是这样。曾经一度，有的评论家把我的写作分成几个段，1985 年之前很多写的是残疾人，之后更多是写人的残疾，就是人的缺陷。按照宗教的观点，就是“原罪”的问题。人生来就有问题、缺陷，不可能天生完美。

记者：所以您说，“人的残缺证明了神的完美”。

史铁生：对。你用什么证明神的存在？当你觉得自己是残缺的，而有一个不残缺的比照着的时候，神就存在了。

哲学和宗教永远不可能结束

记者：在您的作品中，有不少关于忏悔、末日审判的思考，并引用了不少《圣经》故事，您是否觉得，宗教信仰不可或缺？

史铁生：宗教有很多，对宗教的看法也有很多，对神的看法每个人都不尽相同。我不说宗教，我说信仰。我觉得人是应该有一个信仰的。信仰就像刚才说的，我觉得我是残疾的，但有一个完美的境界存在，那么这就成为我的信仰了。所以讲信仰是一条路。我不喜欢那种功利的信仰，比如信到一定程度我就能如何如何了。我认为信仰和梦想差不多，没那么多实际的好处，它只是给你一种心灵的好处。

记者：说到神的问题，您有个朋友这样评价，“史铁生证明了神性，却不想证明神”。您的解释是，证明神性比证明神重要。因为没有信仰固然可怕，但假冒的神更为可怕。怎么理解您的这句话？

史铁生：信仰可以做成世界上最美好的事情，也可以做成世界上最糟糕的事情。我觉得“神到底是什么”，这是很重要的。在中国文化里面，不说是缺失，也是一个很弱的部分。这么多年来，人们好像没有认真探讨过这个问题，一说神好像就是迷信。所以我觉得证明神不重要，咱们先要看看神是什么样的，神在哪儿。

记者：那您觉得你的神是什么样的？在哪儿？

史铁生：我的神就是一种境界，在你想使自己达到这个境界的路上。所以有人说到达“天堂”，我说天堂就在这条路上，而不是在某一个地方。

记者：彼岸是只能去跋涉，但不能抵达的？

史铁生：对，不能到达。如果可以到达，就没有过程了，人也没有原罪了，人就成了神了。于是乎，神就被造出来了。只要有一个人到达了完美境界，这对所有人都是非常危险的。他说什么都是对的了，你什么都不用去想了。所以人是永远不能成神的，因为神是对人的一种引领，你怎么能成神呢？所以任何人宣称人就是神的时候，我觉得就可疑了，就是心里想着干别的事了。

记者：您觉得中国人喜欢造神，是不是和这种信仰的缺失有关？

史铁生：有关系。真正的信仰，真正的神是什么，好像从来没谈到过。

记者：我注意到有人对您的评价，“史铁生之后，谈生是奢侈的，论死是矫情的”。我从中看到一种危险，如果有一天，您发现自己被“神化”了，对您来说应该是件很具有讽刺意味的事。

史铁生：很讽刺，很讽刺。我说的是不要干这事，他们就把我推向这事。这是太讽刺了，我觉得这是很糟糕的，应该不会，也没有这么严重吧。

记者：您觉得有没有办法解决中国的这种信仰问题？中国人需不需要自己的一个神？需要一部自己的《圣经》？

史铁生：这要慢慢来。我觉得谈论这个问题是重要的。你看西方几千年来的信仰发展，哥白尼和他的同党也不都被迫害了吗？也有很糟糕的时期。它为什么能最后走出一条路，至少有一个分支是好的。我觉得是因为几千年没有断过，没有断了思考神到底是什么的问题。尤其在二战之后，有些人产生了疑问：奥斯维辛之后，还有没有神？这神对人间的事情还关注不关注？这引导他们进行了很多深入的思考。而我们的信仰，咱们就说佛教断了大概上千年，就不再讨论了。

记者：您经常说你在贡献自己的迷途。您的“迷途”指的是什么？是不是也跟信仰有关？

史铁生：我的迷途可能从我坐上轮椅就开始了。那时候，一个非常简单的，非常自然而然的问题就产生了：你为什么活着？如果活得很快乐，你活着是有明显的道理，可你这样的还要活着，到底为什么？可能所有的问题就从这里开始了。人类的信仰也好，哲学也好，可能开始都源于这一疑问。加缪在《西西弗的神话》里说过：“真正严肃的哲学问题只有一个，就是自杀。”就是说为什么人要活着，而不去死，活着的价值是什么？追根溯源，我想哲学和宗教就开始了。所以，哲学和宗教永远不可能结束，因为人永远不可能圆满。当人类完满，人类也就结束了。

不知死，安知生

记者：通过写作，您体会到的还是荒诞吗？

史铁生：人生还是有许多荒诞的地方，这不宜深说。一深说，你会觉得我是个非常悲观的人。

记者：那您在地坛的时候，是不是觉得百无聊赖？

史铁生：没有，那时候一鼓干劲，没有看到荒唐。那时候好像目标很短浅，因此很坚定。所以你看那些科学家也是，一个小科学家非常乐观，而大科学家，像爱因斯坦这种人，就难免有悲观情绪了。因为他看到了无限。当然，我这可不是自比。

记者：您的乐观和悲观好像一直是互相交织的，正如《病隙碎笔》封底的那句话："其实每时每刻我们都是幸运的，因为任何的灾难前都可能再加一个'更'字。"

史铁生：可能我们都没遇到过真正的灾难。困难不算灾难。

记者：那在您看来，什么是灾难？

史铁生：你先设想一下你忍受不了的东西。比如我在透析中心见过一个大学生，是独生子女。他肾坏了，又没有公费医疗，你说这个母亲怎么办啊？这我就觉得太可怕了！在那个地方你就觉得，连人的生存平等权都尚未解决。

记者：那么顺便问一句，您的透析要做到什么程度才可以不做了？

史铁生：做到死就不做了。因为我的身体状况，不能换肾，只能靠透析。

记者：贾平凹说，“病是小死，死是大病”。您认同他这个说法吗？

史铁生：病是小死，死是大病（笑）。这应该很对，应该是这样。也许有人一生不病，但是没有人不死的。可是人对死的看法却完全不一样。孔子说，不知生，安知死？我是觉得，不知死，安知生？北京有句骂人的话，叫“你不知死！”

物质是没有限度的

记者：您很少参加文坛的会议、活动，您对很多人热衷于媒体炒作、拉帮结派有什么看法？

史铁生：我说一句可能会得罪你们做媒体的话。媒体在未来可能有很大的危险性。咱们就说电视，我觉得电视就是把文化档次往下压。我觉得电视剧什么的是把大众的思想和艺术趣味往底线推，而不是往上边提。

记者：但对普通老百姓来说，这可能是一种需要。

史铁生：是一种需要。但在满足需要的条件下，应该让它逐渐往上走。一个民族的文化水平，它既不决定于最上，也不决定于最下，而电视剧水平恰恰可能是一个坐标。就是说我们多数人的思想和欣赏口味最能说明这个民族的文化水平。对于观众的口味，我觉得不能一味顺应。

记者：可能这个水平是创作方面有问题，不是观众的问题。上海、北京最近上演了音乐剧《猫》，据说都取得了很强烈的反响，所以说在影视创作或者说文学创作上是不是存在一种误区？

史铁生：是这样，确实有些东西是属于少数人看的，有些是多数人看的。但不存在高雅的东西就一定要亏本的定论。现在这成了一种借口，说为了挽救一个企业，就消灭一个艺术，那也不成。像那几年演的《克莱默夫妇》，它不算最先锋的，也不是很低俗的东西，但它在中国很卖座。我觉得不要用“卖座”就把这个问题全掩盖了。“我们得活啊！”这话是没错。崔健说那些假唱的，“你们总说为了糊口，你们糊口要多少钱呀？”所以写作这个东西要有一个限度，物质是没有限度的。说到糊口，吃饱了也算糊口，天天吃鱼翅也算糊口。

记者：在他们的创作观念里面，就是中国的读者、观众比较傻。老是觉得搞深沉一点，读者理解不了，观众看不懂。这是不是对他们的一种低估？

史铁生：我觉得是低估，肯定有低估。实际上你想投其所好，说不定“投来”、“投去”人家反而不爱看了。人们想看一个东西，肯定想看高于自己，出乎自己意料的东西。如果在大街上看见什么，你们电影里还给我演什么，那还有什么意思？

性是爱的表达，是一种仪式

记者：读者关心的可能还有一个问题，您在这么多年生病的状况下，本身在生活上就存在很大的困难，又写了这么多东西。对于您的生活也好，写作也好，您的妻子应该给您提供了很大的帮助。她是否牺牲了自己的事业……

史铁生：那是。尤其我肾坏了之后，其他的事情我都不管了，我可能每天做的事情就是透析、睡觉，有精力的时候写东西。透析的时候最多只能看点报纸，因为那个时候，大概有三四百毫升的血都在体外。对于那种比较艰深的东西，根本就看不动，看到一半就非常累了。因为透析把你血里的营养也透走了，它没有善恶的选择，只有分子大小的选择。透完析就特别累而且饿，然后就吃，等身体补起来了，毒素又够了，又得去透析了。

记者：就是说，如果没有您太太，您这几年的写作是不可能持续下去的。

史铁生：肯定的。至少透析以后我是什么事都不能做的。

记者：谈到家庭，您的作品有不少关于爱和性的精辟论断，您能不能用最简练的语言谈谈爱跟性的关系？

史铁生：现在我正在写一个这方面的小说。我本来在写一个短篇，写着写着成中篇了，再写着写着看样子要成长篇了。我觉得这两者一个是肉体的，一个是精神的，这是最简单的。

我还说过一句："性是爱的表达，是一种仪式，一种语言。这种语言说滥了就没意思了。"

记者：但现在好多人爱和性是分离的。

史铁生：对，有这种分离。分离也是不要紧的，我的意思是说最好的状态应该是什么样。

记者：你也会宽容这种行为？

史铁生：你不宽容也不成，它存在啊！

（本文访问者：《南方都市报》记者许庆亮、陈祥蕉）